目录
CONTENTS

革命
传统教育
丛书

WANXI HONGSE WENHUA RENWU GUSHI DUBEN

皖西红色文化人物故事读本

马启俊 程东霞 潘 应/主 编

北京师范大学出版集团
BEIJING NORMAL UNIVERSITY PUBLISHING GROUP
北京师范大学出版社

图书在版编目(CIP)数据

皖西红色文化人物故事读本/马启俊，程东霞，潘应主编.
—北京：北京师范大学出版社，2019.11
ISBN 978-7-303-25203-9

Ⅰ.①皖… Ⅱ.①马… ②程… ③潘… Ⅲ.①中国共产党—历史人物—生平事迹—安徽 Ⅳ.①K820.854

中国版本图书馆 CIP 数据核字(2019)第 221239 号

营销中心电话 010-57654738 57654736
北师大出版社职业教育与教师教育分社网 http://zjfs.bnup.com
电子信箱 zhijiao@bnupg.com

出版发行：北京师范大学出版社 www.bnup.com
北京市西城区新街口外大街 12—3 号
邮政编码：100088
印 刷：天津旭非印刷有限公司
经 销：全国新华书店
开 本：787 mm×1092 mm 1/16
印 张：14.25
字 数：255 千字
版 次：2019 年 11 月第 1 版
印 次：2019 年 11 月第 1 次印刷
定 价：35.80 元

策划编辑：鲁晓双 责任编辑：李春生
美术编辑：焦 丽 装帧设计：焦 丽
责任校对：陈 民 责任印制：陈 涛

让红色精神闪耀新时代的光芒

马德俊

我是以激动的心情读完由皖西学院文化与传媒学院诸位教师集体撰写的这本《皖西红色文化人物故事读本》的，激动是因为书中所记录的人物和事件像道道闪电照耀了一段段激情燃烧的岁月；还因为学者们通过对地方红色历史的挖掘和传承，为地方红色历史的研究树立了新的标杆。

六安是著名的革命老区鄂豫皖苏区的重要组成部分。习近平总书记三年内先后两次来大别山视察，高度肯定这块土地为“两源一基地”，即中国革命的重要策源地、人民军队的重要发源地、中国共产党的建党基地。

六安最早的先驱者朱蕴山、沈子修、高一涵等人，承担了旧民主主义革命的先锋、新民主主义革命的启蒙者的重要角色，他们在革命和文学的领域都留下了战斗和转变的印迹。而在俄国十月革命的影响和推动下，以无产阶级为领导的反帝反封建反侵略的、为了建立独立自主的国家而进行的革命运动，更是创造了六安苏区的革命文化，这个文化在五四新文化运动中萌芽，在土地革命的斗争中产生、发展，结出了累累硕果。它不仅在当时起着推动革命的作用，而且对以后的抗日民族解放战争、中国人民解放战争和中华人民共和国成立后进行的社会主义文化建设，都有着深远的影响。

六安的红色文化历史，有这样几个人和事，要引起我们特别的关注。

革命文学前驱蒋光慈在安徽文学史和中国现代文学史上都是一个响亮的名字。蒋光慈于 1921 年春天和刘少奇、任弼时、萧劲光等被党组织选派到莫斯科东方大学中国班学习，不久加入中国共产党。他下决心要做一个“革命的诗人、人类的歌童”，用他的笔来讴歌革命。蒋光慈创作了诗集《新梦》《哀中国》，小说《少年漂泊者》《冲出云围的月亮》《咆哮了的土地》等作品，在上海滩形成一股“蒋光慈热”，被战友们誉为“革命文学之师”。由于蒋光慈在倡导革命文学上的杰出成就，1929 年

12 月，他与鲁迅等 12 人被中央文委确定为中国左翼作家联盟筹备小组成员。1930 年 3 月 2 日，中国左翼作家联盟在上海成立，蒋光慈为候补常委，并负责主编机关刊物《拓荒者》。

身居上海的蒋光慈，十分关注家乡爆发的轰轰烈烈的农民大革命。他曾经深入开掘中国共产党创建苏维埃和红军的主题。1927 年年底，他的家乡已有共产党员创办的农民协会组织，1929 年年初发表的长诗《乡情》就是明证。在诗的开端，蒋光慈写道："从故乡来了一个友人，向我报告了许多消息。"可见，蒋光慈搜集了许多有关土地革命的第一手材料。1930 年 6 月，蒋光慈父亲携侄儿从家乡来到上海小住一个多月。在和父亲的长谈中，蒋光慈知道自己的老师、同学、亲友都发动和参加了家乡的农民起义，投入到创建苏区和红军的革命中。蒋光慈在创作《咆哮了的土地》这部中国现代文学史上最早描述土地革命战争的长篇小说时，故乡的三仙山、金刚台、王家老楼被原封不动地搬到小说里，作为红军游击队活动的根据地。游击队最后冲破敌人的包围圈，"去向那金刚山入伙去，在那里有很多很多的朋友"，几乎所有的文学史家都称赞这传奇的一笔，说其"艺术地再现了井冈山道路"，可是很少有人知道，大别山第二主峰金刚台就离蒋光慈家不远，而且此时正是皖西苏区的核心区域。蒋光慈写到三仙山后，就很自然地想到金刚台，并把它和"井冈山"暗联起来。

叶集的"未名四杰"及霍邱作家群是中国现代文学史上一个奇特的现象。1925 年 8 月，在鲁迅的倡导下，于民国时期北京大学所在地沙滩的一栋宿舍楼内，成立了中国现代文学社团"未名社"。除鲁迅、曹靖华外，其他 4 人韦素园、台静农、韦丛芜、李霁野都来自安徽省霍邱县叶集镇。这 4 人被家乡人自豪地称为"未名四杰"。社团以翻译出版俄国、北欧、英国、日本文学为己任，在引进和介绍十月革命后的苏联文学方面更是独树一帜。我们之所以把"未名四杰"看作中国现代文学史上一个奇特的现象，还有一个因素，即在他们的影响下，涌现了一个在中国文坛活跃大半个世纪的霍邱作家群。王冶秋、李何林、王青士、赵赤坪等一批霍邱革命青年先后进入北京，成为该社的非正式成员，后来在革命和文学事业上也各有建树。时至今日，徐贵祥、陈斌先、张子雨、黄圣凤、柳冬妩等仍在接续未名社的传统和影响。

六安是鲁迅瞩目过的土地。1930 年"左联"成立后，曾号召作家到民间去、到工厂去、到苏区去。文坛旗手鲁迅曾想到鄂豫皖苏区来，像《铁流》一样写红军，惜未成行。

1932 年 10 月下旬，鄂豫皖苏区红四方面军第十二师师长陈赓因在第四次反

“围剿”作战中负伤，由于当时红军医疗条件很差，党组织就秘密地把他送到上海治疗。他在治病之余，两次和鲁迅长谈。为了便于讲解，使鲁迅听得更明确，陈赓从鲁迅书桌上拿起一张纸片，迅速而又准确地绘制了一张鄂豫皖苏区军事形势的草图。这张地图不大，上面用铅笔写着六安、黄安、商城、苏家埠、大别山、淠河、史河等城镇和山川河流的名称，还画着不少线条、箭头。陈赓着重讲了红四方面军反击国民党第四次“围剿”的几次战斗。鲁迅抽着烟，侧着头，凝视着陈赓，全神贯注地听着。当他知道自己所熟悉的阿Q式闰土式贫穷而又软弱的农民，在红色根据地已站起来当家作主并积极参加战斗时，脸上露出欣慰的笑容。当陈赓说到红军战士冲锋时端着枪，不避敌人子弹，大喊“缴枪不杀”时，鲁迅插话说：“这叫先声夺人啊!”

鲁迅问，农民分了地主的土地，地主有没有反扑？他们是怎样反扑的？又问，现在农民的生活情况怎样？卫生条件有没有改善？一个个问题，鲁迅都得到满意的答案。

与陈赓的两次谈话，使鲁迅沉浸在写一个像《铁流》那样具有战争气氛的中长篇的构想中，考虑到写作的需要，也为了纪念这次谈话，他把陈赓亲手绘制的地图和冯雪峰送来的油印素材郑重其事地藏来藏去。由于当时种种条件的限制，后来鲁迅没有来得及把这本书写出来。但是，这段佳话，却在皖西苏区红军革命史上写下了比小说更为动人的篇章。

1933年年底，鲁迅又帮助来自鄂豫皖苏区的省委宣传部长成仿吾找到党组织，前往江西瑞金中央汇报工作，促成了红二十五军的长征……这些资料至今还珍藏在鲁迅纪念馆里。

纵观《皖西红色文化人物故事读本》，可知红色文化在六安的发展是中国革命史的重要组成部分。

鄂豫皖三大起义之后，革命根据地在不断形成发展中，迫切要求革命与文化艺术的紧密配合，工农群众也要求有自己的文化艺术，即以革命文化反对封建文化和帝国主义侵略买办文化，打破国民党反动派的文化专制。

舒传贤、周维炯、詹谷堂、窦克难等领导针对皖西北落后的文化状况，为了宣传革命理论、动员群众，采取了一系列措施。如成立宣传队，由“较聪明而善说话的人充当队员”①，每队多则十几人，少则三五人，由立场坚定、政治观点清楚的共产党员当队长。宣传形式多样，有政治演讲、教唱歌曲、表演节目、张贴标

① 《中共皖西北特委报告之四——宣传工作报告》，1931年6月。

语、散发传单、火线喊话等。早期的宣传队，诸如1929年年底成立的汤家汇文艺宣传队，光是女演员就有廖赤见等10余人，内分歌舞、戏剧两小队，是经常性开展活动的组织，多数是在重要纪念日、重大活动时临时组织，过后即解散。直到1932年10月以前都是如此。

中共鄂豫皖中央分局要求各地“立即组织宣传队，苏维埃、工会、童子团、雇农工会、贫农团、妇女生活改善委员会等群众团体都可以组织，要由党员在里面起核心作用，由支部监督各党员的工作，根据宣传大纲，以村为单位，向群众宣传”①。又提出应当马上“组织党的、团的、苏维埃政府的、妇女、童子团、少先队等新的捷报宣传队”②。此后，分局决定宣传队由临时组织改为“经常的组织”，免得“每逢一次需要宣传队的时候，都是手忙足乱地临时组织起来”，并且“可以锻炼专门的宣传鼓动家”。③

1930年4月1日，六安中心县委作出专门的文化工作决议，提出4条措施：(1)号召一般青年学生及乡村的知识分子举行新文化的研究；(2)组织各种新文化团体，如书报流通处、图书馆、读书社、研究社等，吸收广大群众参加这一运动；(3)出版定期或不定期的带研究性的刊物；(4)集资购买新文化书籍以广泛宣传。④

六安苏区的革命文化事业，从其诞生时就是党所领导的革命事业的一个重要组成部分。毛泽东同志曾经说过：“革命文化，对于人民大众，是革命的有力武器。革命文化，在革命前，是革命的思想准备；在革命中，是革命总战线中的一条必要和重要的战线。”⑤鄂豫皖苏区革命斗争和文化运动的实践，充分证明了毛泽东这一论断的科学性、正确性。

为反对反革命的文化“围剿”，鄂豫皖苏区成立各种社会文化团体，建立各种文化设施，使广大群众具有施展才华的空间和舞台，逐步兴起并持续发展群众文化运动。1930年4月17日，中共《六安县委报告第五号》称：“在召开六区苏维埃大会时，组织新剧团，化妆演讲，重要的剧目如《混战》、《独山暴动》、《夺取政权》、《新生活》等，完全是新编的。”

“新剧团”是由爱好文艺的工农群众和革命知识分子组成，为区别旧剧团而得名，多为各级俱乐部的组成部分，县以上为专业的，区镇为业余的，表演形式包

---

① 《中共皖西北特委报告之四——宣传工作报告》，1931年6月。
② 《鄂豫皖中央分局万急通知》，1931年5月29日。
③ 沈泽民：《宣传队的组织》，载《列宁报》，第57期，1931年10月。
④ 《中共六安中心县委关于六霍等六县目前工作计划的决议案》，1930年4月1日。
⑤ 《毛泽东选集》第二卷，708页，北京，人民出版社，1991。

括戏剧、歌舞、曲艺等。1931 年秋，鄂豫皖区苏维埃文教委员会在新集举办新剧团干部培训班，成立省苏维埃新剧团，内设两个分团，一个在新集公演，一个在各地巡回演出。同期，皖西北地区，除六安、霍山、霍邱、商城 4 个苏区县已有专业剧团外，其他各地俱乐部也都建立了小型剧团。各剧团演出的剧目大都是围绕党的中心任务自编自导的，即使是上演 3 省边区流行的楚剧、汉剧、倒七戏(即今庐剧)和花鼓戏、采茶戏(后统名为黄梅戏)等，也用来表演革命内容。

1932 年元旦，为了庆祝红军胜利和苏区建设成就，六安县苏维埃政府所在地独山举行了盛大的灯会活动。皖西北道区俱乐部派出了新剧团到独山镇慰问演出。这次演出在独山广大群众中影响很深，特别是歌舞《八月桂花遍地开》，除歌曲优美外，舞衣、道具、舞姿设计都很讲究。一出场，8 个女演员穿着绚丽的舞衣，挑着全用彩色丝线扎成的花篮，边唱边舞，十分悦目、动听。镇上人如潮涌，车水马龙，欢声雷动。新剧团连续演出了 5 天，对苏区人民提高文化素养、增强政治热情，起到了其他方式所不能替代的作用。

六安苏区的革命文化，既是战争硝烟催生的革命之花，也是皖西大地丰厚的民间文学土壤滋养出的民间艺术之花。大别山区的工农群众在劳动时爱唱山歌、茶歌、秧歌以及各种小调，春节和元宵节期间爱舞狮、舞龙、挑花篮、撑旱船、踩高跷、跳花鼓灯，很多民歌小调填上新词，配上动作，即成为一种新的歌舞，故素有“歌舞之乡”的美称。革命根据地的创立、巩固与扩大，大大激发了工农兵群众的创作热情。他们在苏区党的政策积极引导下，以当地发生的重要事件为内容，运用传统歌舞的艺术形式进行创作，紧密配合党的中心任务。

革命知识分子在六安苏区文化的创建中起着骨干作用。他们根据群众和实际斗争需要，利用战斗间隙和工作之余，进行文艺创作，以革命的政治内容和当地群众喜闻乐见的艺术形式，去宣传革命，推动革命。

中共鄂豫皖省委宣传部部长、原创造社著名作家成仿吾于 1931 年秋创作的京剧《七夕泪》，全剧 15 场，反映的故事是鄂豫皖苏区东部贫农周克耘之妻李纺勤被恶霸地主田半坡强占，造成妻离子散的悲剧；后来红军解放了这个村庄，镇压了田半坡，使周家团圆。因团圆之日正值农历七月初七，故名《七夕泪》。这个戏曾在新集、皖西金家寨、古碑一带演出过，反响很大，并在 1952 年上海的戏剧杂志上被安南改编后刊登过。1958 年由金寨县老红军曾静华献出剧本，翌年由金寨县梅山京剧团作为革命文献剧排演，赴安徽省会合肥会演。

在六安这块土地上诞生的，以当地民歌《八段锦》曲调填词的《八月桂花遍地开》，抒发了工农群众翻身做主人的喜悦心情，描绘了欢庆苏维埃诞生的热烈场面。这首歌曲迅速传遍六安苏区，后又随着红四方面军的长征，传播到川陕地区。中华人民共和国成立后，《八月桂花遍地开》又被编入大型革命音乐舞蹈史诗《东方红》之中而传唱天下。

舒城人胡底，被周恩来称为中国共产党“情报三杰”之一。胡底到江西苏区后，主要从事政治保卫工作和文化教育事业。1931 年 12 月，在红军反“围剿”不断取得胜利和全国抗日反蒋浪潮推动下，国民党第二十六路军约 17000 人在江西宁都起义，被改编为中国工农红军第五军团。为加强对这支起义部队的思想教育，时任中华苏维埃政府主席的毛泽东同志要胡底、钱壮飞、李伯钊三人组织演剧队兼宣传队。胡底他们演了《为谁牺牲》这出戏，大大推动了部队的思想教育工作。后来为加强苏区的宣传工作，胡底又同钱壮飞、李伯钊等同志筹建“高尔基戏剧学校”，为苏区培养了一大批宣传文化工作人员。在苏区的三年多时间里，胡底勤勤恳恳，以丰富的政治内容和生动活泼的艺术形式献身于党的文化教育工作，是红军里创作剧本最多的一个。只可惜，长征路上，他被叛徒张国焘杀害。

土地革命后的全面抗战中，活动在六安的安徽省动委会的共产党人将《太行山上》略加改动，变成《大别山上》，一经演出便传遍整个大别山；周立波创作了反映六安市抗战英雄田守尧的报告文学；姚雪垠在金寨创作了小说《差半车麦秸》。解放战争时，刘邓大军的文艺工作者创作了脍炙人口的歌曲《歌唱大别山》，刘白羽创作了报告文学《挺进大别山》和长篇小说《破晓记》。艾煊、杨美清等六安子弟随着人民解放军的炮火参加革命，在新社会的外地写下了《风雨下钟山》等有影响的作品。这些红色文化的丰硕成果，经历了时间的考验与岁月的淘洗，记录着中华人民共和国成立之前及之后宝贵的革命历史与精神历程。

《皖西红色文化人物故事读本》这本书能够让人们重温一段段红色历史与革命往事，深入了解革命背后一个个动人的故事，深刻感悟光荣的革命文化是如何用无数革命文艺战士的鲜血和智慧凝成的。

让我们深入钻研六安苏区的红色历史，使其以更鲜明的细节，更宏大的叙事展现在我们眼前。让红色精神闪耀新时代的光芒！

（作者为六安市委宣传部原副部长、市文联党组原书记，中国作家协会会员）

朱蕴山

皖西学院被誉为独具特色的湖中学府、岛上大学。2018 年 12 月 8 日，皖西学院迎来了建校百年华诞。追溯源头，其实这所百年老校的创办人之一便是本篇故事的主人公朱蕴山先生。

（朱蕴山）

朱蕴山是从皖西革命老区走出去的杰出的爱国民主人士，足迹遍布祖国的大江南北。为了实现革命理想而上下求索，矢志不渝。他是中国共产党的亲密朋友，是意志坚强的革命战士和政治活动家。在近百年的生命历程中，先生以其特立独行的人格、纵横捭阖的文风、高瞻远瞩的思想、经世致用的理念，在风云激荡的岁月里立下了让后人无比敬仰的高标。

一、少时蓄养浩然正气，拜师学艺苦读诗书

朱蕴山(1887—1981)，安徽省六安市金安区嵩寮岩乡人。嵩寮岩是朱先生的出生地，地属大别山区。这里崇山峻岭、交通闭塞、民风淳朴、思想保守。在旧时代，这一带极少出现闻达显贵之人，多数人家都是耕读传家，安于贫素，鄙薄功名。不过，朱蕴山出生于名门望族，其父朱纮是当地首屈一指的名人，曾参加过太平天国起义，还一度追随豫王胡以晃赴天京任职达两年有余，后又回到安徽庐州追随太平天国英王。据说朱纮在太平军中的地位很高，官职等同于清朝布政使之类。最终因太平天国失败，他逃归故里隐居，入嵩寮岩庙(今双蟾寺)，削发为僧。几年后，朱纮又蓄发还俗，还参加了科举考试，录为秀才，继又补为贡生。从此朱纮在地方授徒讲学，成为很有声望的经师和开明绅士。朱蕴山一生饱含革命激情与斗志，应该与其父的言传身教、潜移默化是分不开的。

朱蕴山天资聪颖，敏而好学。他的启蒙老师为“庐阳三怪”之一的朱景昭先生(号默存)，此人在地方上是一位极负名望的经师，其弟子布满皖西、皖中一带。

据朱蕴山自己在《致钱世明》的书信中所记，他于九岁遵父嘱，拜朱景昭为师，苦读经书。在启蒙老师那里，朱蕴山的学习从《诗经》三百篇到《春秋》三传，再到《楚辞》的华辞章句。特别是屈原的《离骚》，被朱蕴山奉为“爱国之祖”，一生反复诵读，继而成为心中不灭的爱国火种。

20 岁那年，朱蕴山进入六安赓飏书院读书，并在六安州预考中考中第一名案首秀才。其后，由于朝廷废除了科举考试，他未能参加更高一级的考试，功名便止步于此。不过，青年才俊朱蕴山因学识出众，早已在家乡嵩寮岩一带的同辈中负有盛名。且看先生早年写的《古风十四章(其六)》一诗：

吾生十四五，立志尚矜奇。
读书观大义，心与游侠期。
中经事变多，南北徒奔驰。
忽忽年三十，反泣世路岐。
去者日已远，来者犹可追。
努力益自爱，大道终有时。

从中可以看出朱蕴山面对世路坎坷，却仍怀着坚信人间大义大道存在的革命豪情。

晚清末年，排满声浪越发高涨，社会上掀起了启迪民智、提倡新学的思潮。在皖西一带，朱纮的事迹流传甚广，许多接受新思想洗礼的爱国人士纷纷慕名前去朱家大院拜访朱纮，久而久之，朱家就成了当地新思想新文化传播的摇篮。朱蕴山自小耳濡目染，一边接受传统儒家经义的熏陶，在万卷书中汲取养分，蓄养锻造大丈夫的方正品格，一边又接受身边开明士绅新思想的洗礼，这就为朱蕴山后来的反清反封建的革命运动打下了坚实的思想根基。

光绪三十一年(1905 年)冬，朱蕴山与皖籍的其他几位有志青年(刘希平、朱石安、高霞长等)积极谋划筹备成立六安的第一家白话报社，主张改革、提倡新学。又计划于 1906 年春成立讲学会、天足会，还拟开新式学堂。不料这些计划当处于提议阶段，就遭到地方守旧乡绅的极力反对与阻挠，最终未能实施。但这些计划可以视作朱蕴山投身反清反封建革命运动的起始，从此，朱蕴山踏上了漫长而艰辛的革命征程。

二、恩师徐锡麟起义失败，弟子朱蕴山刑场陪斩

光绪三十二年(1906 年)秋，朱蕴山考入安徽巡警学堂，遇到了对自己影响极大的一位老师——光复会重要骨干、会办兼学堂堂长徐锡麟。在徐锡麟的引导培

植下，朱蕴山秘密加入光复会，正式投入反满运动，参与了刺杀安徽巡抚恩铭的行动。这在朱蕴山的生命华章中留下了浓墨重彩的一笔，今人再次回想起那段往事，仍觉惊心动魄，九死一生。

徐锡麟是浙江绍兴人，早年曾留学日本学习警务，回国后，捐了个道台出身，经人介绍来到安徽图谋大业，不久便得到时任安徽巡抚恩铭的赏识与信任，被委派到安庆创办安徽巡警学堂，并亲自担任学堂堂长和巡警会办。但是，令恩铭万万没有想到的是，徐锡麟实际上是光复会的重要骨干。光复会由蔡元培于1904年在上海成立，创会目的非常明确——推翻封建帝制，建立共和国。到了1905年，光复会又与当时的兴中会、华兴会联合成立了同盟会。据说孙中山先生当年特别重视徐锡麟在安庆的活动，甚至特意从海外写给徐锡麟一封密函，下达了武装起义的具体指示。后几经波折，徐锡麟最终决定在1907年5月28日举行武装起义，因为这一天恩铭将莅临安徽巡警学堂，参加毕业典礼，这当然是一个刺杀恩铭的绝佳机会。

结果造化弄人，计划有变。恩铭从上级探报获悉有革命党人要在江皖一带滋事扰乱，须多加防备，于是决定提前两天(5月26日)举行毕业典礼。这个临时决定让徐锡麟等革命党人有些措手不及，但徐锡麟思虑再三，决定应时而变，起义也提前于26日举行。

这一日，恩铭带着一班人马趾高气扬地来到巡警学堂，依次一一入座公案后面观礼。徐锡麟身穿警服，镇定自若地指挥着学员列队整装，待报数完毕，郑重其事地将毕业学员名册递送到恩铭案前接受呈验，并肃穆行礼，高声说道："报告大帅，学员已经到齐，请大帅点名!"话音刚落，徐锡麟突然从军靴筒中抽出一把手枪，对准近在咫尺的恩铭的脑门就是一枪，直中要害，恩铭应声倒毙。接着，徐锡麟振臂高呼："革命军今日起义了!"随即又击毙恩铭身边的几个随从。面对突如其来的刺杀行动，不明就里的官吏衙役还有部分学员无不惊慌失措、两股颤颤，待反应过来是革命党起义时，便如惊弓之鸟四处逃散，会场顿时乱作一团。徐锡麟见此情景，立即召唤二十余名青年革命党人整队待命，其中就有朱蕴山。徐锡麟带领他们一路疾驰到安庆北门，迅速武装占领了军械所，顺利夺取了枪支弹药，以图大举。孰料军械所存放的枪支因日久年深的闲置，早已腐蚀锈钝到无法使用。而此时闻讯赶来的安庆巡防营官兵已把军械所围得水泄不通，革命党人如笼中困兽。徐锡麟与朱蕴山等革命党人情急之下只好用刺刀和枪杆与巡防营官兵贴身格斗，试图冲出重围。无奈寡不敌众，十余名青年革命党人壮烈牺牲，其余人包括徐锡麟与朱蕴山都在被捕之列。五二六起义迅速失败。

经过一段时间的审讯后，清廷明示新任巡抚冯煦将徐锡麟就地正法、剖心砍首，以祭恩铭；朱蕴山等人刑场陪斩，以儆效尤。临刑当日，徐锡麟被五花大绑，头插亡命旗，游街示众，但徐锡麟傲然挺坐，面无惧色，一路长啸高呼："满虏必灭，汉族必兴!"围观的民众无不感动落泪，群情激奋。临刑前，徐锡麟仰天大笑数声，引颈而待。刽子手旋即刀起头落，徐锡麟身首两处，鲜血如注，后遭剖膛剜心。朱蕴山跪在一旁目睹老师从容就义的全过程，心如刀绞，悲痛不已。徐锡麟气壮山河的无畏气概、从容赴死的凛然气度强烈地震撼了朱蕴山。在日后的革命征程中，徐锡麟犹如一股无形而又强大的精神力量，激励着、鞭策着朱蕴山一路前行。这里，有朱蕴山的悼亡诗《过百花亭追忆徐伯荪师》为证：

苌弘一去两千载，碧血常留天地间。

公舍私恩殉公义，杀身应比古贤坚。

苌弘亦作"苌宏"，又称苌叔，周景王、敬王的大臣刘文公所属大夫。刘氏与晋范氏世为婚姻，在晋卿内讧中，由于帮助了范氏，晋卿赵鞅为此声讨，苌弘被周人杀死。传说死后三年，其血化为碧玉。朱蕴山以"苌弘化碧"的典故比喻徐锡麟的意志坚定、杀身殉义。

这次五二六起义的失败，以及惊心动魄、悲愤交集的陪斩经历，不仅没有让朱缊山退却，反而更加坚定了他推翻清王朝统治的信心和决心。此后，朱蕴山不断加强与革命党人的紧密联系，一次又一次地参与更大规模的反清爱国军事暴动，因表现神勇，声望渐起，成为革命党的重要骨干。中华民国成立后，朱蕴山又指挥或参与了许多运动，如 1915 年的安庆起义、1920 年的废督裁兵运动、1930 年至 1940 年的反蒋抗日运动，等等。朱蕴山一路走来，从青年时代的反清革命党人，最终成为中国共产党的拥护者与亲密朋友。特别是在国共联合抗日期间，朱蕴山为统战工作作出了巨大贡献，最有名的就是下面要详述的"三上太原"的故事。

三、三上太原会晤阎锡山，建立抗日民族联合战线

1935 年 8 月，中共中央发表了著名的《八一宣言》，宣言以"团结、抗日、救国"为主题，为日后建立抗日民族统一战线奠定了重要的政治基础。朱蕴山当时是华北民族革命同盟主任，他的主要工作任务是贯彻落实大同盟的政治纲领精神，进一步推动"反蒋联共抗日"和"建立抗日民族联合战线"，以及改组国民党政府为民主抗日政府。

国家兴亡，匹夫有责。在那外族入侵、国难当头的险要时刻，一致抗日是每

一个中国人应该担负起的使命与责任。作为华北民族革命同盟主任，朱蕴山责无旁贷地肩负起密切建立与中共中央华北地区地下组织的联系与合作关系的使命。出于推动北方联合战线工作的需要，除了要做中央军、东北军、西北军的工作外，朱蕴山还着重考虑要做好山西方面阎锡山的工作。

1936 年春天，朱蕴山不辞舟车劳顿，前往山西太原，首次会晤阎锡山。世人皆知，阎锡山拥兵自立，占地为王，统治山西一带已达 20 余年，根基深厚，党羽众多。朱蕴山通过短暂接触，洞察此人并无诚意抗日，但仍继续晓之以理动之以情。朱蕴山说明此行目的是为实行孙中山先生改组国民党和他的遗嘱三大政策的主张，大敌当前之际，恳请山西方面与陕北红军联合抗日救国，并表态但凡山西方面有任何合理需要，他本人都愿意尽全力相助达成。言已至此，阎锡山仍抱观望徘徊态度，不愿合作，所以这次太原会晤成效寥寥。

会谈结束后，时隔不到两个月，朱蕴山于 5 月中旬又应南北时局的变化需要，再次奔走太原与阎锡山会晤。第二次会晤较第一次会晤有了较大进步。阎锡山一见到朱蕴山就说，蒋介石剿共政策是不可能改变的。他说他曾在南京对蒋进言共产党是抗日的，蒋介石却说共产党不是抗日，是在抗蒋。朱蕴山对此表态说，共产党的目的是在抗日，为了促建统一战线，朱蕴山再次表示愿意作为中间人促成双方商谈，为联共抗日政策铺平道路、搭建桥梁。阎锡山见朱蕴山诚意满满，终于首肯。

那段时间，为了抗日救国，朱蕴山南下北上、积劳成疾，身体每况愈下，在山西突发胃出血，身体与精神遭受着双重的折磨，但他无怨无悔，带病坚持奔走四方。就在完成第二次会晤后，朱蕴山休养不到一年的时间，于 1937 年 5 月，再次临危受命，应邀前往山西晤谈。这一次，朱蕴山携同中共代表南汉宸、彭雪枫两位同志一起前往太原，就如何联合抗日的具体办法，以及合组民族革命团体问题与阎锡山进行了第三次密谈，并面交中共中央毛主席致华北民族革命同盟转阎锡山的密函。其实这次来太原，朱蕴山之前的胃出血并没有痊愈，结果旧病复发，会晤期间一直呕血不止。阎锡山见状恳请朱蕴山留在太原养病，治好病再走不迟。但朱蕴山事务繁忙，故谢绝立即治疗。回到天津后，朱蕴山呕血更加严重，几度昏厥，危急之下，才到北平*协和医院就诊。医生诊断的结果是，朱蕴山已经不是简单的胃溃疡引起的呕血，而是严重到了胃穿孔的地步，再不认真配合治疗，

---

* 1928 年 6 月北京改名为北平。1937 年 10 月北平又改名为北京。1945 年抗战胜利后，北京恢复原名北平。1949 年 9 月北平又改名为北京。

将命不保矣。在亲属和部下的极力劝说下，朱蕴山才入院治疗，接受外科手术。不久，卢沟桥事变发生，朱蕴山伤口还未痊愈，就迫不及待地出院，再一次投入火热的救国事业中。

四、改革教育培养青年，众志成城筹建“三农”

1917年11月，朱蕴山来到芜湖、安庆一带，与刘希平、李光炯、卢仲农等人见面，共商在皖西筹建安徽省第三甲种农业学校（简称“三农”）事宜。此时正值列宁领导的十月社会主义革命取得胜利之际。十月革命的胜利，马克思主义思潮也在中国先进的知识分子中间迅速传播。朱蕴山认为，要想除旧布新，就应该争取在学校、机关长期埋头下去，从改革教育，培养新青年入手，通过普及国民教育，提倡新文化，竭力而慎重地介绍新思潮，以期达到提高民众社会责任心和使民众觉悟的目的。

实际上，安徽的新文化运动应是从芜湖第五中学开始的。当时在安徽方面，安庆、芜湖两地以进步的教育界人士和青年学生为中心，组织了全省教职员联合会和全省学生联合会。当时的文化运动有两股力量：一股是以陈独秀为代表的新文化运动倡导者。早期陈独秀在芜湖长街一带创办过“科学图书社”。后来，虽然陈独秀离开了安徽，但是他所创办的《新青年》杂志，早在1915年就已在安徽出现。安庆、芜湖两地先进人士和各校爱国进步青年受其影响非常大。另一股力量是以李光炯为代表的反清、反北洋系的民族主义思想的文化界人士，他们在文化界具有极强的号召力和影响力。至于陈独秀与李光炯两人，早有深交，只是在政见上有所不同。朱蕴山此次回到芜湖、安庆筹建“三农”，实则也是受到当时安徽两股思潮的影响与驱使。他清醒地认识到，要想推动反帝国主义和封建主义的斗争，尤其需要从工农群众入手，去广泛传播科学文化知识和先进的革命思想。

1918年春，根据安庆会议对教育改革的研讨，朱蕴山接受了大家的建议，亲自回家乡六安筹建“三农”。在回乡途中，朱蕴山目睹物是人非的变化，触景生情，写下不少诗词，如《舒城道中闻雁》诗云：“去年我北尔正南，风萧萧兮江水寒。今年我南尔正北，雪满长途天如墨。来时草草去草草，残腊将更春尚早。我笑尔时尔亦笑，一年一遇舒城道……秋风有信吹红蓼，相期同见青天杳。”诗作意境苍茫厚重，情感真挚动人。

到六安后，朱蕴山先是做了一些教育方面的调查研究。9月，朱蕴山前往大别山拜访了一位故人——桂月峰先生，并力邀他出山，共谋建校大计。桂月峰慷概应允。办学校可不是件小事，难度也不是一般的大，需要校址、办学经费、教员等，缺一样也不行。好在当时的六安县县长李铭楚是个极其开明的地方官，在其鼎力相助下，县劝学所垫借三千元，各界捐助两千元，共计五千元，作为办校经费，六安原赓飏书院旧址被圈定为“三农”校址。朱蕴山拿到经费后，就雷厉风行地建起学校来，很快于当年的冬天告竣。同时，朱蕴山还在六安城西筹备建立六安女子学校，推举刘希平为女子学校筹办员，聘请周佩隐女士（朱蕴山妻子）为该校校长。周女士是师范学校毕业的进步青年，素来赞同提倡科学民主、振兴中华的新风，主张男女平等。她与朱蕴山志同道合，后来结为夫妻。

（朱蕴山全家合影）

安徽省立第三甲种农业学校建立起来后，原定朱蕴山担任校长，但朱蕴山根据当时安徽教育界的实际情况，主动让贤，建议改推在当地负有学望的沈子修担任“三农”校长。朱蕴山这种以大局为重，不计名利，敢于放权的君子之风和雷厉风行、务求实效的行事风格一直以来为人称道。

1919 年春，“三农”正式开始招生。沈子修担任校长，桂月峰担任学监，朱蕴山自己只担任文牍兼修身课（即政治课）教员。同时，钱杏邨任国文教员、晏从白任数学教员、苏章之任英文教员、沈子臣任体育教员、江伯良任农林业管理教员、乐天章任林政建设教员、李晴峰主管总务。

他们从改革教育入手，大力推广新文化新思想。例如，在学校管理方面，他们废除一切陋习陈规，主张师生平等；并于 1919 年 3 月正式成立学生会，学生会干部有权参与决定学校重要事务。在教学内容上，他们取消孔孟经书，采取白话教学；提倡科学，宣讲唯物进化论思想；树立新的道德观念，提倡男女平等，反对吃人的礼教。这样一来，“三农”在办学伊始，就在安徽省教育界带起了一阵新风气。由于教员认真执教，学生踊跃报考，短短几年的时间，安徽省立第三甲种农业学校就成为安徽省最知名的新型学校。由于学校实行公费就读，当时家庭困难的一批学生，如后来成为中国共产党领导人的王明等都愿意报考该校。

实际上，朱蕴山在该校除了负责日常教学任务外，还办起了平民夜校，深入社会，普及教育。他还组建六安农会，号召农民争取实现永佃制和耕者有其田。“三农”开学不久，学校就成立了教职员工会和学生自治会，并都加入了省教职员工会和省学联。凡是学校有关重大问题的决定，都须征求这两个组织的意见。在朱蕴山的提议与支持下，学校还同意学生成立各种进步社团，传播新文化新思潮。在朱蕴山、沈子修、桂月峰等领导与管理下，“三农”成为皖西新文化运动的火种和中心。

1919 年 5 月 4 日，五四运动在北京爆发，安徽各地的广大青年纷纷起来响应北京青年学生的爱国运动。五四运动前，当时在北京的陈独秀和在安徽的朱蕴山、刘希平、李光炯等人都有密切联系，从某种意义上说，这三人实际上是陈独秀在安徽的代表。当北京一发动运动，朱蕴山等人就在安徽积极响应推动，发表宣言，组织游行，“三农”在皖西于是成为一股反帝反封建的巨大推动力。在青年学生的宣传动员下，工人、知识分子、工商业者和广大城镇居民也纷纷行动起来。当运动一旦深入，封建军阀、地方官僚就暴露出他们的凶恶嘴脸。5 月下旬，安徽督军倪嗣冲、省长吕调元先后发布命令和布告，开始疯狂镇压学生运动。后来，倪嗣冲下令解散“三农”，强令学生回原籍。就这样，“三农”一度处于停顿整改状态，直到两年后才恢复办学。

尽管这次“三农”学生爱国运动遭到无情镇压，但斗争并没有停止。五四运动的反帝反封建革命精神和科学与民主的进步思想，鼓舞教育了广大的皖西人民，开启了民智。朱蕴山在极其艰苦的条件下创办安徽省立第三甲种农业学校、开展进步思想的传播、探索对青年学子的培养，至今仍是教育者学习的楷模典范。

五、人海沧桑里，苍茫独咏诗

朱蕴山是一位不折不扣的诗人，对古典诗词情有独钟，在其革命生涯中笔耕不辍，曾写有多达 1000 余首的诗词作品，其中有 200 多首力作被收录于《朱蕴山纪事诗词选》中。朱蕴山有许多作品强烈地表达了他一生不慕虚名、廉洁奉公、淡泊名利的思想情怀，具有很强的现实教育意义，如创作于抗日战争胜利不久的一首诗《答谭平山并示石父》：

南北东西一野鸥，虚名虚利不虚求。

愿将一片丹心火，化作人间老马牛。

朱蕴山清醒地意识到，抗战胜利之日，也是内战迫在眉睫之际。国共两党针锋相对的斗争一触即发，这将直接决定中国的前途、两党的命运。鉴于当时的实际局势，朱蕴山等一批爱国民主人士顺应民心，郑重提出“民主统一，和平建国”的口号，但蒋介石方面却阳奉阴违、毫无诚意，这不免引起朱蕴山的无限追思与感慨，于是便写下这首广为传颂的诗篇。此类表明心志之作还有不少，如《答力报记者胡希明》“造茧依然不顾身，春蚕到死为求生。漫言丝尽春将老，化作飞蛾犹斗争”；再如《附胡原作》“春蚕到死丝虽尽，造茧依然缚自身。翰与飞蛾扑烈焰，愿将微命殉光明”等。

作为杰出的爱国民主人士，朱蕴山的诗词创作与他个人的民主革命的历史进程是密不可分的。这些作品主要集中记录了他从投身反满运动，经过辛亥革命、反北洋军阀斗争、第一次国内革命战争到抗日战争、解放战争，直至1949年中华人民共和国的成立，40余年间的革命斗争史实。例如，早期的《闻韩蓍伯被刺》一诗：

如何萁豆竟相煎，雨泣神州又暮天。
敌骑纵横君去早，双眸炯炯国门悬。
白刃相仇实可诛，同安岭下血模糊。
人亡剩有诗篇在，夜半闻鸡拜董狐。

朱蕴山通过此诗深切缅怀韩蓍伯这位辛亥革命时期的重要人物，深刻揭露了当时安徽革命党人内部发生的刺韩惨案，最后指出虽然韩蓍伯已经被杀害，但是他的功名仍在，而诗人自己则做一回这桩史实的陈述者，予以记录和揭示。

朱蕴山的诗歌强烈地表达出自己对革命信念的坚守与追求。这方面最优秀的词作莫过于《沁园春》：

苦雨孤征，长夜萧镫，故园梦飘。想翠辇西来，只余碌碌，大江东去，难挽滔滔。狐鼠满街，豺狼当道，内战汹匈(汹)杀气高。待明日，望残云风卷，净扫妖娆。

憔悴早已非娇，犹靠他人卖弄舞腰。惜中山仲恺，空留遗策；宋婆何姥，坚守贞操。时代多娇，人民世纪，朽木于今不可雕。忆往事，看纤手竖子，断送南朝。

朱蕴山拜读了毛泽东长征入陕时所作词《沁园春·雪》，并得知毛泽东重庆谈判期间又将此作赠给国民党著名左派诗人柳亚子，有感而发，乃步其韵，拟词以和之。在那样一个动荡不安、战火四起的特殊时期，朱蕴山借词作勉励自己，劝诫国人，要时刻保持一颗警醒、觉悟的心，要以天下为己任，遵循正途而行，千万不要忘记救国救民的初心与使命。诗中借用狐鼠豺狼来讽喻现实，明讽暗喻，告诫时人要充满凛然正气，在乱世中力挽狂澜，各自努力，团结一致，同心同德，争取最终的胜利。

六、中国共产党的亲密朋友

1981 年，朱蕴山因病于北京逝世，享年 94 岁。

1987 年，97 岁高龄的农工党中央名誉主席季方撰文纪念朱蕴山逝世 6 周年，我们在这里摘录一段原文以表纪念之情：

> 当年国民党临时行动委员会成立时，我们都是邓演达的忠实同志。邓演达的主张是：中国不需要第三党，要么是适合中国国情的共产党，要么是忠于孙中山新三民主义的国民党。蒋介石裹胁的那一批人不能代表国民党，他是中山先生的叛徒，应该清除。所以邓演达主张以国民党的左派同志为核心、骨干，继续高举孙中山的旗帜，去完成中山先生的未竟之业。朱老是赞同邓先生的主张的。邓先生被捕后，他极力营救。邓先生受难后，国民党临时行动委员会上层分裂，朱老因反对搞第三条路线而离开，即与李济深、徐谦及十九路军的高层搞联合反蒋工作。后来在香港发起组织了民革。但他始终坚持的正是邓先生的主张啊！为了实现这个主张，他真诚地接受了中国共产党的领导。我们终于在新中国成立时重逢了，都深深认识到：只有在中国共产党的领导下，才能实现并且超越邓先生的遗愿，这是足可告慰先烈的！朱老一贯关心以国民党临时行动委员会为前身的农工民主党，即使在文革中，民主党派靠边站，被造反派勒令停止办公的情况下，朱老担心当年老人只剩他和我寥寥数人，有关历史将来会湮没不明，而于 1971 年 2 月 1 日至 2 日写了一封长长的信给我，详述他所了解的民主革命阶段中的这个片断，至今捧读，感慨万端！

中华人民共和国成立后，朱蕴山始终与中国共产党领导的新政府站在一起，历任中华人民共和国中央人民政府政务院人民监察委员会委员，民革第二至四届中央常委、第五届中央主席，第五届全国人大常委会副委员长，第五届全国政协副主席。朱蕴山不顾年老体衰，疾病缠身，一直都在为团结广大海内外爱国人士，建设社会主义，推进第三次国共合作贡献着力量。即便是在“文化大革命”期间，朱蕴山也经受住了严峻的考验，始终坚信只有共产党才能领导中国人民建设美好的新社会，始终坚信乌云遮不住太阳。为了建设社会主义新中国，朱蕴山真的做了一头“老马牛”，任劳任怨，默默耕耘，鞠躬尽瘁，死而后已。

（六安市金安区朱蕴山塑像）

（六安市金安区朱蕴山纪念馆）

（崔玲撰稿）

沈子修

（沈子修）

沈子修（1880—1955），原名全懋，安徽省霍山县凡冲乡人，安徽省著名的社会活动家、教育家。他自1907年加入同盟会，至1955年病逝于安徽省人民政府副主席任内，在近半个世纪的革命活动中，长期与中国共产党真诚合作，安危与共，为民族解放和人民革命事业作出了重要贡献。

一、参加辛亥革命，发起倒袁之役

1880年，沈子修出生于安徽省霍山县凡冲乡一个农民家庭。幼时家贫，其父勤劳俭朴，后又在县城开了一家小杂货商店，家境渐宽，在当地堪称小康。沈子修年少好学，清光绪二十九年（1903年），考入南京两江优级师范学堂读书，开始接受新思想。当时南京反清思潮活跃，沈子修常与进步同学漫谈时事，交换阅读各种违禁书刊，反清意志益坚。1907年，他在毕业前夕，秘密加入同盟会，决心投身革命。

沈子修毕业后，经革命党内友人介绍，即在南京任教，并于辛亥革命前在南京曾策动青年学生参加当时的反清斗争。他在南京任教时间不长，后受同盟会苏皖支部派遣，回安徽从事革命活动。

安徽的反清运动也和全国各地一样，风起云涌。面对安徽如火如荼的革命形势，沈子修兴奋不已，工作十分积极。虽然每天有干不完的事情，但是他依然红光满面，笑呵呵的。他经常对革命战友说："清朝已经走向末路了，是推翻它的时候了。"在同盟会的领导下，他经常奔走于安庆、芜湖、桐城、舒城、霍山等地，从事组织、联络、发动工作，是安徽革命党人中的活跃分子。

武昌起义前，沈子修奉命回霍山发动革命。1911年10月29日，沈子修、李晴峰等人领导以霍山同盟会分支为首的革命团体，配合民军百余人攻打县城。当天早上，天刚蒙蒙亮，沈子修就率领大批军民，来到城门外，伺机攻城。慑于革命声威，稍经抵抗，县知事王崇礼就逃出城外。沈子修大喊一声："冲啊！"随即率领军民冲进城内，霍山宣布光复。民国元年(1912 年)初，沈子修、李晴峰等人被选为霍山县临时参议会议员，协助军政分府推行新政。袁世凯窃国后，各地反动势力死灰复燃，霍山军政分府也为反动势力所把持，沈子修等进步人士被排挤出霍山。

1912 年秋，沈子修在芜湖的安徽公学任教。此时的芜湖，江涛拍打着潮湿的沙岸，鸥鸟不断地被咿咿呀呀的桨声惊扰得四处乱飞。一艘艘木船成群结队地在江面上来往穿梭，间或有高悬万国旗的轮船鸣着汽笛从江心驶过。码头上搬运工们正挥汗如雨地装卸着稻米产区运来的又要向外埠运去的大米。芜湖，一座位于水陆要冲的滨江小城，此刻正享受着米市带来的光鲜、忙碌和喧嚣。安徽公学原是安徽革命的重要活动中心之一，辛亥革命前夕曾遭到清室摧残。沈子修刚来安徽公学时，学校尚处于恢复时期。与他同校任教的有李克农、王肖山等进步知识分子。

1913 年在讨袁斗争中，沈子修作为安徽公学的积极分子，白天组织游行示威，晚上写文章声讨袁世凯。尽管付出了很大的努力，讨袁依然失败了，沈子修为此气得几天茶饭不思。后来袁世凯为了称帝而倒行逆施，扶植安徽军阀倪嗣冲掌握军政大权以推行帝制，因而激起安徽人民极大义愤。

1914 年，沈子修受聘到安庆法政专科学校任教，在学校认识了同乡朱蕴山，于是就和朱蕴山等人在安庆继续策划倒袁。

1916 年，朱蕴山、沈子修、杨允中、段瑞兰在安庆密谋举行武装起义。朱蕴山先与段瑞兰筹集资金约 2000 元，设地下据点两处：一处在安庆旧藩署前面的味莼园酒馆，朱蕴山自任经理；一处在安庆大南门中药铺楼上，由杨允中负责，药铺储存有炸弹。杨允中与上海方面接洽，约定旧历端阳节前一日(公历 6 月 4 日)运回手枪 20 支，准备在端阳节夜间起义。不料事情败露，警务处于端阳节前一日下手，缉拿朱蕴山、沈子修等人归案。警务处督察长翟少垣(朱蕴山好友，倾向革命)夜半将此消息告知朱、沈等人，并送来两张通行证，朱蕴山为了掩护同志，就把两张通行证给了瑞兰和子修，让他们迅速离去，朱蕴山随即遭到了逮捕。时值半夜，瑞兰和子修仓促出城，天黑咕隆咚的，两人一边跑一边担心朱蕴山的安危，正好在途中遇见杨允中从上海购买军火归来，杨允中在得知起义失败的消息后也一起返回上海避难去了。这次反袁起义虽然失败，但是民主共和的历史潮流不可改变，袁世凯做了 83 天皇帝，终于在全国人民唾骂声中忧惧成疾而死，他对革命党人的通缉令亦随之撤销。因此，沈子修从上海回到安庆，继续在法政专科学校任教，并兼任省教育会总干事。

二、创办“三农”，领导师生反帝反封建斗争

1917 年 11 月，朱蕴山、沈子修、刘希平等皖西教育界人士开会商议，认为黑暗的统治局面甚长，这并非安徽一省的现象，应从改革教育、培养青年入手，去提高青年们的社会责任心，以图长期革命、改造社会。他们在省教育界知名人士李光炯、卢仲农、王肖山等人的支持下，决定回皖西创办安徽省立第三甲种农业学校(简称“三农”)。1918 年秋，省教育厅批准了在六安筹建“三农”的方案，当即协商组成了以沈子修为校长的建校筹备委员会。皖西向来教育落后，没有中等专业学校，因而在六安创办“三农”受到皖西各界人士的普遍欢迎和支持，建校工作进展较快。1919 年春，六安“三农”已筹建告竣，开始招生。

六安“三农”校长沈子修、学监桂月峰、文牍兼修身教员朱蕴山等人都是先进知识分子、激进的民主革命斗士，他们先后礼聘了一批进步的知识分子如钱杏邨(阿英)、王痴吾、乐天宇、汪溶生等人来校任教，把救亡图存、振兴桑梓教育作为办学宗旨。“三农”建校伊始，就拓地 70 亩为农场、林场，作为学生实习的园地；教育学生关心国家大事，反对闭门读书，引导学生走出校门，参加社会活动。

在教学内容上，“三农”贯彻以传授科学知识为主，一扫以尊孔读经为主的陈腐教条。招收霍山、六安、英山、太湖等地的青年，对他们进行新文化新思想教育。特别是在五四运动之后，沈子修和朱蕴山通过种种渠道，把大量革命书刊传入校园，组织学生阅读，学校成为皖西地区马克思主义传播的主要阵地，进一步推动了新文化新思想运动的发展。

六安“三农”开学不久，北京爆发了五四爱国运动，消息传到六安，全城群情激昂，整个“三农”立即沸腾起来。师生们通电北京，积极响应，沈子修、朱蕴山、桂月峰、钱杏邨等人带领全校师生员工及社会上的进步人士，于 5 月 8 日走上街头，进行游行示威，满街贴标语、散传单，高呼爱国反日口号：“打倒帝国主义！”“外争国权，内惩国贼！”揭露北京政府丧权辱国的罪恶行径。游行后，“三农”学生分成许多小组，在街头巷口、茶楼酒馆，慷慨陈词、挥泪讲演，介绍北京学生斗争情况，历数曹汝霖、陆宗舆、章宗祥的卖国罪行，号召各界人士关心中华民族存亡大事，奋起救国；同时发出宣言和通电，声援北京的爱国运动，要求北洋政府罢免并惩处曹、陆、章。

10 日，沈子修等人又发动“三农”学生，联合其他各校师生，组织了“仇货纠察队”，开始抵制日货的斗争。“三农”师生首先把自己用的日货如洋伞、洋皂、洋

布衣服、洋瓷制品集中到老衙门台子当众砸烂销毁，表达不用日货用国货的决心，并就地集会宣传。沈子修带头砸了自己和父亲用的洋瓷盆、洋瓷缸，烧掉了洋伞、毛巾、牙刷等日货，并组织了纠察队，到各商店检查封存日货。沈子修和学生会干部翟启春相继登台演说，宣传反对列强侵略和抵制日货之意义。会场上，蓝天白云，人头攒动。沈子修说："日本船坚炮利，我非其敌，如果抵制日货即可渐渐摧毁其经济实力，进而摧毁其军事实力。"他慷慨陈词，掌声雷动。会后，师生再次游行示威，沿途有许多烟工、抬扛工、篾工和商人、店员、市民加入游行队伍。"三农"学生边走边唱："黑奴红种相促进，唯我黄人梦未醒……"哀声四起，悲壮激昂。"仇货纠察队"到各商号检查日货，逐件登记，规定其售完勿再购进。一时间，在六安形成了以抵制日货为荣，买卖日货为耻的风气。在沈子修等人的劝说动员下，5 月 27 日，六安商会也发出了"坚持到底、不购日货，以为外交后盾"的通电，表示了爱国决心。有一些商户还在自家门口贴大红纸声明："本店主系爱国商人，即日起不进日货。"自此，六安市场上日货大为减少。在这场抵制日货的斗争中，沈子修领导的"三农"学生起到了骨干作用。

1921 年夏天，统治安徽的军阀公然动用数百万元公款进行省议会第三届议员贿选。这种扼杀民意的可耻行为，遭到全省民众的强烈反对。省学联、教联等十公团成立了"安徽各公团澄清选举办事处"，沈子修为其成员之一。朱蕴山任主笔的《评议报》成为反贿选的重要舆论阵地。省学联号召全省各县学生，利用暑假调查各县贿选情况，搜集证据，就地向法院起诉。

沈子修、朱蕴山、桂月峰、许克治等在"三农"成立了选举监视团，监督六安选举。六安劣绅史野芹、陈翅生等在初选时采取封锁消息、逃避监督等手段，将选票暗交各保董，由竞选人花钱找人代写整批整捆投票，因而各劣绅均获复选资格。复选在六安云路广场举行。六安巨绅高鸿万（又名高子舞），凭借其财政局董的财势，出场竞选省议员。他上拜军阀为门客，下结豪绅为盟主，并雇有一批打手包围选场，威逼利诱，妄图当选。选举当日，选举监视团布置"三农"学生手持童子军棍，监视选举。选举进行中，监视团发现舞弊，当众宣布选举无效，并历数劣绅在选举中的种种卑劣行为。选场秩序顿时大乱，学生愤怒地砸了选票箱。接着，"三农"师生一面向《评议报》投书，揭发六安选举丑行，一面公推朱蕴山、许克治到省高等法院告状。在此期间，无为、桐城、舒城等 40 余县皆因选举舞弊起诉。省府宣布全省议员选举无效，六安劣绅贿选失败。

1921 年 8 月，安庆爆发了驱逐反动省长李兆珍的斗争，"三农"师生积极支持"驱李"。沈子修往来于六安、安庆间，并与各地皖籍知名人士联系。全省人民誓死斗争，终于将上任刚 10 天的李兆珍赶跑。

1922 年 3 月，省长许世英任命原司法部刑事司司长骆通为六安县知事。骆通到任后，勾结豪绅曹锟，为其贿选竭力效劳，引起六安人民的强烈不满。骆通在为曹锟贿选筹款而主持钱粮附加的一次县政会议上，遭到沈子修及学联代表的强烈反对。骆通竟借军阀势力，恐吓辱骂学生，引起公愤。沈子修、刘希平、朱蕴山等人为办好桑梓教育，要求撤换地方教育机构中的老朽官吏，代之以进步人士管理教育的提请，又被骆通无理拒绝。骆通的种种倒行逆施，使之与以“三农”为代表的进步力量间的矛盾日益尖锐。

这个时候，六安有一女青年向县衙控告男家逼婚，要求保障女权，请骆判决。骆通本来应该判决离婚，但由于接受了男家贿赂，竟判女方不准离婚，并与县学联代表黄人祥、张月潭等人发生冲突，从而引发了“驱骆”斗争。

“三农”学生在沈子修的支持下，学生会通过了驱逐骆通的动议。钱杏邨写了《驱骆宣言》，列举骆到六安数月来勾结劣绅、横征暴敛、贪赃枉法、压制民主、尊孔守旧、阻挠革新、政以贿成等十大罪状，将宣言印成传单，广为散发。骆通竟下令不准学生集会，扬言要逮捕进步学生。在形势剑拔弩张之际，“三农”学生会一面联合各校师生商讨驱骆事宜，一面急电省学联和芜湖学联，请予支援。六安县学联派出代表，日夜兼程赶到安庆，在省学联的配合下，向省长公署控告骆通罪行，要求将其撤职查办。沈子修、朱蕴山等人在《评议报》上呼吁驱骆，刘希平、李光炯等也极力支持，并在省城成立了驱骆后援会，开展驱骆斗争。暑假回乡的六安籍学生许继慎、宋伟年、周范文、胡苏明、杨溥泉等在城关一高成立了旅外学生会，与“三农”等校师生联合召开驱骆大会。

驱骆大会在云路街广场举行，除各校师生外，还有工、农、商各界人士参加。大会通过了向省长许世英控诉骆通的电文，各界代表历数骆通罪行。会后结队游行，一路高呼驱骆口号。城关的烟工、抬扛工、商人、市民纷纷加入游行行列，队伍很快由二三百人增加到五六百人。当游行队伍行至县署门口时，愤怒的群众迅速将县署包围，并冲进署内，将骆通架出，押送到东门外，驱逐出城。“三农”等校学生还分组将六安的 6 道城门日夜轮流把守，以防骆通入城。7 月 7 日，省长许世英迫于舆论压力，免去骆通县知事职务，驱骆斗争取得胜利。

1922 年寒假，旅外同学齐集六安，他们和县学联一起，在沈子修、朱蕴山、刘希平等人的指导下，为革新桑梓教育，再次提出撤换教育机构中的封建老朽官吏，代之以进步人士的问题。六安县当局迫于进步师生的压力，撤销了教育界封建顽固派的职务，任命了一批民主进步人士担任领导。自此，六安的教育面貌大有改观。1923 年年底，沈子修调任芜湖“二农”校长，离开六安。

沈子修在担任六安“三农”校长 5 年时间内，始终站在反帝反封建斗争的前列，不愧为民主革命的斗士。六安“三农”也成为皖西革命的摇篮，培养出一大批革命人才。

（“三农”旧址）

三、拥护三大政策，发动六霍起义

1923 年 6 月，中共三大确定了建立革命统一战线的方针，决定国共两党合作。1924 年 1 月，孙中山在中共的帮助下，召开了国民党第一次全国代表大会，决定改组国民党，提出“联俄、联共、扶助农工”三大政策。共产党积极帮助国民党改组，实现了第一次国共合作，掀起了轰轰烈烈的工农革命运动，革命形势迅速发展。

沈子修面对迅速发展的大好形势十分高兴，他总结对袁斗争失败的教训，衷心拥护孙中山的三大政策，积极赞成国共合作。自此，他开始了与共产党亲密合作的战斗历程，开始了他革命道路上的新起点。

沈子修到“二农”任校长不久，安庆、芜湖相继建立了共产党组织。“二农”校内也有进步教师和学生加入中国共产党。对他们的革命活动，沈子修一直积极支持。1925 年 4 月，“二农”学生会邀请恽代英（当时在宣城师范任教）到校演讲，听众很多。不料被军警发觉，将学校大门把守，情况危急。沈子修一面布置学生会干部在恽代英之后继续演讲，一面领恽代英从学校后门速出，直趋江边，雇一条小船，送恽代英暂避鲁港，安然脱险。事后，有人问他为何如此胆大，他说：“恽先生讲的是真理，我衷心拥护；恽先生是我们的客人，就是冒再大的风险，我也要保护他。”此事一时在学生中传为美谈。

五卅惨案发生后，消息很快传到芜湖。6 月 2 日，各校师生借纪念六二学潮之机，上街游行示威，抗议帝国主义屠杀中国工人的罪行，声援上海被捕工人、学生。接着芜湖学联和外交后援会组织发动了全市罢工、罢课，连续召开群众大会，发通电、散传单，斗争一直持续到 6 月底。在一个月的斗争中，沈子修不仅积极支持学生运动，而且多次上街，与青年学生一起并肩游行。

1925 年冬，沈子修奉国民党组织部调遣，到安庆筹建国民党安徽省党部。

第一次国共合作前，安徽国民党组织涣散，到了 1925 年冬，在全国革命运动蓬勃发展的形势下，安徽国民党改组已到了势在必行的时候了。于是便由朱蕴山、光明甫、沈子修等国民党左派在共产党员柯庆施等人的帮助下，着手改组。

1926 年 1 月 16 日，在国民党第二次全国代表大会上，安徽代表朱蕴山、沈天白、黄梦飞做了《安徽党务报告》，详细报告了安徽国民党组织情况。国民党二大闭幕后，由高语罕、朱蕴山推荐，并得到陈延年、谭平山的有力支持，国民党中央发布光明甫、周松圃、朱蕴山、沈子修、常藩侯（即常恒芳）、史恕卿、黄梦飞、薛卓汉、周范文 9 人为国民党安徽省党部临时筹委会（左派）执行委员。不久，在安庆邓家坡设立临时省党部，沈子修任组织部长，柯庆施为秘书长。这是一个国民党左派省党部，他们拥护三大政策，积极发展工农运动，筹建总工会、省农会，接办《通俗教育报》进行革命宣传，并对国民党右派的反共活动进行了坚决斗争。

1926 年 7 月，北伐战争开始。常藩侯被任命为安徽宣慰使。为配合北伐进行军事和政治工作，左派省党部积极工作，迎接北伐军的到来。常藩侯任命沈子修为国民革命军皖西中路司令，与朱蕴山等潜回六霍，组织民军参加北伐。朱蕴山回到六安山王河，与其弟朱恒山组成了一支民军。沈子修回到霍山，密约李晴峰、沈子成、陈龙甫等会商组织霍山民军，并计划让沈子修的弟弟沈子成（时任霍山警备营长）率部起义。此时驻六安的马祥斌旅闻讯后，遂将沈子成逮捕，并解往六安处决。沈子修闻讯悲痛不已。六安山王河、霍山诸佛庵两部民军见霍城事败，急忙赶往霍山西镇与李晴峰的民军会合，与马旅董营之追兵激战于漫水河，民军不支，于是退至湖北罗田僧塔寺，编入柏文蔚之三十三军。六（安）霍（山）起义失败后，沈子修被军阀陈调元通缉，流亡上海。左派省党部亦因受陈的压迫于上一年秋迁沪。沈子修、周松圃、黄梦飞在沪招待新闻界，声讨陈调元在皖迫害左派的恶劣行径。

1927 年 2 月，北伐军攻占武汉，安徽省临时党部又由上海迁往武昌。当时安徽国民党人流亡武汉的很多，于是省党部（左派）便在武昌开办了一所安徽党务干部学校，沈子修担任校长，有学员 120 余人，目的是为安徽各县培训党务干部。该校在 1926 年年底至翌年春，曾延请毛泽东、陆沈讲授农民运动，恽代英讲授青年运动，李立三讲授工运，李达讲授经济学，邓演达讲授三民主义。沈子修对这些著名的共产党人很尊敬，赞许共产党的政治主张，真诚与共产党合作。在武汉七一五反革命事件发生前夕，沈子修等一批安徽国民党左派和共产党人流亡上海。轰轰烈烈的大革命运动失败了，而沈子修为拥护孙中山的三大政策，真诚与共产党合作，与国民党右派的斗争是十分坚定的。

四、与中国共产党长期亲密合作

大革命失败后，安徽反动势力对沈子修监视甚严，他潜居上海达5年之久，但没有消沉。弟弟沈子成去世之后，他就把侄儿沈清濂(沈子成之子)带在自己身边一起生活。据沈清濂回忆："伯父家中每日高朋满座，谈论抗日，分析时局。后来才知道其中不少人是共产党员，如周新民、柯庆施等都与伯父有密切交往。"

1932年秋，沈子修回到安徽，任贵池第一乡村师范校长，推广乡村教育。此校新办，人事多由他选聘。他聘请了童汉章任教务主任，吕惠生任农场主任。当时国民党反共恶浪迭起，但他仍敢于聘用共产党员和被国民党通缉人员，表现了他的政治态度和革命胆识。

1937年七七事变后，日军大举侵入关内，华北及东南沿海很快沦陷。安徽省会于翌年1月迁至六安，5月又迁立煌县(现金寨县)，国统区仅有皖西大别山区、皖南山区部分县。此时，国共两党第二次合作抗日局面已经形成。安徽省主席李宗仁接受了朱蕴山的建议，于3月在六安组建了安徽省民众总动员委员会(简称动委会)，发动、团结全省各阶层人士和广大人民群众开展全面抗日救亡活动。沈子修任组织部长，朱蕴山任总务部长，常恒芳任后勤部长，光明甫任宣传部长。他们全是安徽知名的进步人士。当时的动委会"实质上是地下党通过进步人士、通过动委会这种组织形式，推动全省抗日救亡运动的开展"，所以"安徽省动委会名义上是国民党桂系举办的，但在全面抗战初期，实际是中共地下党员和一些进步人士在起作用"。

动委会成立后，立即在六安北大营办了训练班，培养了一大批抗日青年，分赴各县开展抗日工作。全省有40个县成立了县动委会，成立了41个直属工作团和30个委托工作团，以及各类抗敌协会，全省动员了44.8万多人参加抗日活动，因而出现了全面抗战初期全省总动员、团结对敌、共赴国难的动人局面。

沈子修在筹备和成立动委会的各项工作中，与共产党员亲密合作，很尊重一些共产党员的意见。当时为加强各县抗日力量，共产党组织还决定派一批共产党员和进步人士到各县地方行政部门任职，沈子修与中共地下党组织密切配合，共同商定名单，再由沈子修等人出面向省政府推荐任命。共产党员到各县工作都发挥了很大作用，迅速改变了那里的局面。

自 1939 年 4 月至 1945 年夏，沈子修一直住在湖南芷江，生活异常艰苦。他常说："国家民族遭此大劫，我生活苦一点没有什么，唯望抗战早日胜利。"忧国忧民之心溢于言表。当时安徽逃往芷江一带的难民很多，无以为生。沈子修在高一涵(当时任两湖监察使，住在芷江)、许世英(任国家救济总署负责人)的帮助下，弄了一笔款子，办了个小本信贷处，为流亡到湖南的安徽难民开辟生活门路。沈子修不管账，不经手钱，只负责审查贷款和检查收贷情况。他还不让家中人经商，全家生活仅靠其微薄的薪金维持。当时两湖监察使署有一个国民党党棍苗沛成曾要沈子修出来做官，被他严词拒绝，他说："国民党的官我不做，国民党的钱我不赚。清苦生活我过惯了，请你不要扰乱我。"

1946 年沈子修回到芜湖，承担恢复芜湖公立职业学校的筹备工作。一年后，调任安庆高级工业职业学校校长，并被选为安徽省教育理事会理事长、省参议员。1947 年 10 月，国民党宣布中国民主同盟为"非法组织"，明令取缔，可是沈子修却于 1948 年参加了民盟，1949 年年初成立了以他为首的民盟皖中工作委员会，负责安庆及怀宁、桐城、望江等地的民盟工作。为迎接解放，他手执一根手杖，到安徽大学和各中学，以及社会中上层人物中进行串联，做稳定人心的工作。他在安大发展了齐坚如、吴清泉等入盟。就是民盟的同志，他也亲自到他们家中商谈工作，每天忙个不停。他将各中学校长联络起来，并劝告和相约大家一致拒绝省教育厅把学校南迁的意图，各校照常上课。民盟组织还制订计划，指定同志做安庆的调查工作，以备中华人民共和国成立后提供有关方面参考。

1949 年年初，安庆民盟皖中委员会根据中共组织的指示还做了策反工作。例如，策动怀宁县参议长、地方实力派(有 3 个营兵力)钱镇东率部起义，迎接解放，使得安庆免遭国民党撤退时的破坏。沈子修对此作出了一定的贡献。他利用省教育会会长这个"合法"身份，与反动军政当局打交道，各方面工作做好后，最后由沈子修、光明甫出面向省政府要求，让钱镇东当了怀宁县长。

1949 年 4 月 23 日，沈子修和人民群众一起热烈欢迎中国人民解放军顺利进入安庆。中共党组织和人民政府对沈子修为首的民盟工作给予了充分肯定。1949 年 9 月，根据民盟中央指示，民盟安庆市分部临时工作委员会成立，沈子修任主任委员。

五、廉洁正直的生活作风

1952 年 8 月，沈子修当选为安徽省人民政府副主席。1953 年，民盟安徽省委员会成立，沈子修先后任副主任委员、主任委员。

沈子修此时已年逾古稀，但他对工作仍积极负责，日夜操劳。他经常对晚辈说："积我五十年革命之经验，只有跟着共产党走，革命才能成功，国家才会昌盛，人民才有幸福，我个人才有前途。共产党是最大公无私的，也正因如此，才得到全民的信赖和拥护。"他对党的民主集中制称赞不已，认为"这才是真正的民主"。他的一言一行都表露出对中国共产党的充分信赖和衷心拥护。

沈子修一生生活俭朴，不喜欢铺张浪费。早在创办六安"三农"时，作为教育界的社会名流、学校校长，社会地位高，自然很受人尊敬。办学之初，沈子修公务繁忙，最初学校校委会曾经开会商量为学校领导每人安排出行的交通工具，但是被沈子修否定了，他说："现在是新学堂，校长、普通教师、学生人人平等。"言出必行，他出门从不坐轿子，进校也不准校役喊"老爷"。他与学生同堂共餐，要求教师生活自理，一改当时社会上呼奴使婢的陋习。他对学生要求也很严格，严禁纨绔子弟喝酒赌博，每到一校都以"诚朴、勤俭、好学"作为校训。他为革命多次遭反动当局通缉，颠沛流离，一贫如洗，经常靠典当衣物和友人接济维持生活。全面抗战期间他在芷江 7 年，住的是茅棚，吃的是粗杂粮，数年未添一件新衣，年逾花甲还自己动手种菜灌园。他多年管理小本信贷处，掌握款项成千累万，可是他在抗战胜利后回安徽，途经武汉时，囊空如洗，连衣服、路费都是其另一侄儿资助的。中华人民共和国成立后，他虽然地位高了，生活待遇好了，但他艰苦朴素、严于律己的作风仍一如既往。省政府为他配备了汽车，可是他到近处开会、办事，总是携杖步行，并且从不允许家人用公家的汽车办私事。他主张对亲朋故旧要正确帮助他们进步，要晓以大义，不徇私情。有一次他回故乡霍山，有位亲戚有事相求，他只说了一句话："听从当地政府安排。"他的正直为人和廉洁作风，受到人们普遍的尊敬和赞扬。

1955 年 11 月，沈子修病逝于任内，终年 76 岁。中共安徽省委、省人民政府对他作出了很高的评价。

（潘应撰稿）

蒋光慈

（蒋光慈）

1908年早春，天刚蒙蒙亮，一声声抑扬顿挫的朗读声穿过田野、越过树林，打破了乡村的宁静。这里是安徽省霍邱县南乡白塔畈（现属于金寨县），地处大别山的一个偏僻乡村。在村私塾里，身材高大、手拿戒尺的蒋从甫先生神情严肃地一个个考问12位学生的功课，这些学生大的17岁，最小的年仅7岁。"如恒，你把昨天教你的《孟子·梁惠王上》给我背一下。"被叫学生姓蒋，学名蒋如恒，他就是后来的中国现代革命文学奠基人之一的蒋光慈，是蒋从甫先生最小的儿子。上私塾刚到两个月，已熟背《三字经》《百家姓》和《论语》诸篇。听到先生提问，年仅7岁的蒋如恒从座位上站起来，恭恭敬敬地站在先生的面前，背着手，仰头目视先生，一字一句大声地背诵着。蒋先生一边听一边频频点头。小儿子两个月的功课超过了一般孩子两年的功课，被周围乡民誉为神童。蒋先生注视着眼前稚嫩的小儿子，不由得感叹，老蒋家要出人喽！

一、漫漫求知求真路

时间又过了三年，自负学富五车的私塾兼职先生蒋从甫不得不面对教不了自己小儿子的无奈现实。为了完成光宗耀祖的神圣使命，年仅11岁的蒋光慈被父亲送往50华里外的邻省河南省的固始县志成小学。蒋光慈在志成小学接触并初步学习了语文、算术、历史、地理。在这里，蒋光慈遇到了一生中重要的启蒙老师詹谷堂。詹谷堂是来自大别山金刚台下的晚清秀才，他思想激进，能诗善文，在豫皖周边一带有很高的名望。在詹谷堂老师的精心培养下，16岁的蒋光慈不负众望，以全校第二名的成绩考入了河南固始中学，成为家乡远近闻名的才子。

在固始中学，蒋光慈因不满校长刘春阶欺侮贫穷同学，带领几个有血性的同学痛打校长，造成了严重后果，被学校开除学籍。1917年春，17岁的青春少年蒋光慈在同乡好友李宗邺的介绍下，结束了大半年在家闭门思过的难熬时光，赴芜湖第五中学继续完成他的学业。在芜湖五中，蒋光慈深受当时的学界名人——具有强烈爱国思想的刘希平和《新青年》编辑高语罕等老师的熏陶，完成了从旧时代的才子文人、孝子贤孙，到新时代活泼稚子的蜕变。俄国十月革命的胜利，为中国送来了马克思主义。随着十月革命影响的传播，蒋光慈把名字改为"蒋光赤"，成为五四时期安徽学生运动的领袖。他痛打反动商会会长，创办报刊，当选为芜湖学生联合会副会长，这一时期，他以"赤"而闻名安徽。

（詹谷堂）

1920年秋，为了输送优秀革命青年赴苏俄学习，为中共培养干部，陈独秀等人在上海法租界办了一个外国语学社。同年9月，在老师高语罕、刘希平的推荐下，蒋光慈进入上海外国语学社，主要学习俄语和马克思主义著作。这里一时聚集着刘少奇、任弼时、萧劲光、罗亦农等全国各地新文化运动中涌现出的青年精英。1920年年底，蒋光慈和刘少奇等人一道，成为中国首批社会主义青年团团员。1921年5月，在党组织的安排下，化装成新闻记者的蒋光慈和化装成裁缝的刘少奇、萧劲光，化装成理发师的任弼时、罗亦农等人，乘邮轮远赴苏俄留学，他们也是中共第一批派往苏俄的留学生。同年8月，蒋光慈进入莫斯科东方大学，开始了崭新的学习生活。

在东方大学，蒋光慈较为系统地阅读了马克思列宁主义著作，这使他扩大了政治视野，把中国革命和世界各国革命斗争联系在一起，把殖民地半殖民地人民的解放运动和国际工人运动联系在一起，进行观察和思考。1922年12月7日，中共中央执行委员会委员长陈独秀来到东方大学，主持召开党员大会。会上，经陈独秀提议，会议正式讨论通过了蒋光慈的入党申请。蒋光慈成为中共旅莫组早期党员之一，这时全国党员总数不超过300人。加入中国共产党是蒋光慈一生中的重要转变和崭新起点。为了追求光明，他经历了漫长的学习和探索，现在终于实现了自己的崇高理想和愿望。从此，蒋光慈把自己的一生和共产党融为一体。他把无产阶级革命和共产主义事业作为终生奋斗的目标，义无反顾，竭尽全力，直到生命的终止。

二、皖西革命的播种者

1924年1月，中国国民党在广州召开了第一次全国代表大会，国共两党实现了第一次合作，轰轰烈烈的国民革命拉开序幕。由于全国革命形势的需要，共产党员彭湃到广州主持农民讲习所，毛泽东到湖南兴办湖南农民运动讲习所，发展党员，培育革命运动新生力量。1924 年 7 月，肩负着神圣的使命，蒋光慈回到了阔别四年的家乡。

（蒋光慈）

从上海坐轮船到芜湖，从芜湖取道合肥，从合肥前往家乡，走着四年前一样的路，蒋光慈看着眼前越来越熟悉的小道、山岗和河塘，脚步却不由自主地慢了下来。“近乡情更怯，不敢问来人。”年迈的父母身体怎么样了，母校志成小学的詹谷堂老师近况如何？这次回来能不能完成任务？一时难以理出头绪。挨近傍晚，蒋光慈才穿过狭长安静的白塔畈街道，来到自家门店前，轻轻推开门，走进里屋。一家人刚吃过晚饭，正坐在院子里乘凉，看到眼前不声不响地突然走进来一位身材高大的年轻人，大家一时竟愣在那里。“娘，你看，你老儿子回来了！”大嫂眼尖，最先认出了小叔子蒋光慈。几近失明的母亲陈氏，循声站了起来，一双小脚颤颤巍巍，她扑向朝思暮想的小儿子，双手抓住小儿子，颤抖地抚摸着儿子的脸庞，情不自禁地号啕大哭起来。蒋光慈紧紧拥抱着母亲：“娘！老儿子回来了！”

一阵喧闹之后，侄嫂们纷纷散去，只剩下父母和他三人，院子又回复了往日的安静。父亲蒋从甫咕噜咕噜一口接一口地抽着水烟，在一旁看似无心地听着母子之间的谈心。“上回，你打信回来说是到俄国念书去了，那地方远吗？那地方听说冬天都能冻死羊的呢。你这些年读书没要家里寄钱，一个人又是怎么过来的呢？”母亲想问的话太多了，一时不知从哪开始。“有一万多里路，从上海坐轮船再坐火车都要两个多月呢……”“娘，儿子长大了，在外一个人生活习惯了，您在家放心吧。”是的，四年里蒋光慈已由一棵稚嫩的小树，在党组织的培养下，经过红色风雨的洗礼，成长为一棵参天大树了，而且现在，这棵大树还要在家乡散枝播种。

五四运动加快了中国革命的发展，当时皖西在外的一批进步知识分子自己动手办刊物，开书店，办新校，成立进步组织，学习研究传播马克思主义。在皖豫交界的固始县志成小学，以进步教师詹谷堂为核心，逐渐在师生中形成了一批进步骨干。他们主张民主自由，解放思想，彻底砸碎封建枷锁，开展新文化运动。学校里的政治气氛越来越浓。1921 年，由詹谷堂倡议，志成小学成立了读书会，吸收了一大批思想进步的老师和学生参加。读书会不仅收集了当时最有影响的《新青年》等进步刊物，而且还得到了一些马列著作的传抄本。他所教授的国文课，灌输无产阶级革命理论与新文化思想的倾向日益明显。随着革命形势的发展，读书会逐渐发展到一百多人，活动形式也由过去的口头宣传、秘密酝酿而变为公开行动。学校周边的安徽省叶集镇、河南省陈淋子镇等几个较大的集镇，每逢节日或庙会期，他们都组织学生集会演说、游行示威。读书会逐渐成了建团建党的基础。1924年7月，蒋光慈回家乡带来的革命火种，点燃了志成小学以读书会为核心的这堆蓄势待发的干柴。

盛夏的夜晚，气温渐渐凉起来。因为放暑假，地处大别山的志成小学显得一片宁静。在一间简陋的教室里，一盏明亮的台灯下，一对师生正在促膝交谈。“北峰，终于把你给盼回来了。”北峰是蒋光慈在志成小学读书时的学名。“听说你到俄国的大学读书，见到列宁了吗?”随着俄国十月革命的胜利和马克思主义在中国的传播，列宁在当时中国进步青年人的心目中可以说就像中国知识分子心目中的孔子一样伟大神圣。老师詹谷堂迫不及待地想了解眼前这位学生所经历的世界。

“见到了！刚去的那年7月9日，正赶上共产国际在莫斯科召开第三次代表大会，我与同去留学苏俄的刘少奇、任弼时、萧劲光他们到大会现场进行了旁听，远远地看到了主席台上的列宁。老师，我现在回想起来心情还是非常激动。”说到这，蒋光慈的脸庞微微泛着红光。

“唉!”思绪一转，蒋光慈轻轻地叹了口气，“但是在今年2月25日晚上，我们学校通知我们中国学生去瞻仰列宁遗容，敬爱的伟大导师列宁永远离开了我们”。蒋光慈的表情变得痛苦而严肃。师生转换话题，讲起在莫斯科东方大学学习生活的情况和苏联劳动人民的崭新生活，以及师生分别以后发生在学校的事情，詹谷堂特别介绍了学校组织读书会的成员和活动情况。

“老师，您听说过中国共产党吗?”“早就有所耳闻，但是我们不认得共产党成员，也不知道到哪里去联系共产党，没有可靠的途径去真正了解这个党派。去年我们试图找人到武汉联系，但到现在还没有回音。”詹谷堂有些遗憾地说。通过老师对读书会的介绍和渴望了解共产党的愿望，蒋光慈坚定了发展党组织的信心。“老师，您相信我吗?”“当然，你是我最器重的学生!”“老师，两年前我在俄国读书时就加入中国共产党了，我入党还是中央执行委员会委员长陈独秀在东方大学中共党员会议上提议的，他当时到俄国莫斯科作为中国共产党代表参加共产国际第四次代表大会。”“太好了！北峰，你这次回来得太及时了!”

当天夜里，在这间简陋的教室里，蒋光慈为自己敬爱的老师詹谷堂举行了入党宣誓仪式。参加仪式的还有其他七八位师生，他们都是读书会的骨干成员，都是接到通知秘密连夜赶来的。为了衬托仪式的庄严感，蒋光慈在黑板上用朱砂石画了一面鲜红的党旗图案，詹谷堂在党旗的两边兴笔题了一副对联：“漫天撒下革命种，伫看将来爆发时。”在七八位师生的见证下，詹谷堂在党旗下郑重宣誓。宣誓后，看着无比激动的师生们，蒋光慈及时进行了一场党课教育。他说：“读书是要起到作用，要起作用就要过问政治，就要去解决人民生活问题。我们国家在政治、经济上受帝国主义的剥削和压迫，帝国主义的走狗就是军阀，他们帮助帝国主义压迫中国人民。因此，我们要打倒帝国主义，打倒军阀，就一定要学习政治、理论、经济，学习苏俄，学习马列主义……”

1925 年春，詹谷堂来到金寨县笔架山商城甲种蚕科学堂讲学，积极发展党员，成立了当地第一个党小组。同年夏，成立中共商城南溪特别支部，詹谷堂任书记。在以詹谷堂为代表的共产党员的斗争下，皖西、豫南大别山地区的革命烽火一经点燃，便迅速呈现燎原之势。1929 年，著名的立夏节起义、六霍起义爆发，诞生了中国工农红军第十一军第三十二师、第三十三师。后来蒋光慈的家乡金寨县被称为“中国革命的重要策源地、人民军队的重要发源地”，人民会牢记蒋光慈、詹谷堂等先驱先烈的历史殊勋！

三、无产阶级革命文学的先驱

在莫斯科东方大学三年的学习期间，蒋光慈目睹了苏联翻天覆地的变化和蒸蒸日上的生活。这使他坚信，马列主义才是拯救祖国的“真经”，他利用一切机会从马克思、恩格斯、列宁等人的文艺理论著作和苏联革命文学作品中吸收营养，寻找救国的真理。

1925 年 4 月，蒋光慈的第一部诗集《新梦》出版，第一版刚一上市就全部售光。同年 5 月，书局加急加量再版印刷，一位新诗界巨子横空出世。《新梦》是蒋光慈 1921 年至 1924 年留苏时期创作的，他在《新梦》的自序中说：“我生适值革命怒潮浩荡之时，一点心灵早燃烧着无涯际的红火。我愿勉力为东亚革命的歌者！”人们一般会不自觉地把《新梦》和郭沫若的《女神》做比较，《女神》高扬个性解放的旗帜，充分反映狂飙突进的五四时代精神；《新梦》则高扬民族独立和阶级解放的旗帜，成为唤醒国民、鼓舞青年的号角。现代文学理论批评家、文学史家、作家钱杏邨这样评价《新梦》：“简直可以说是中国革命文学著作的开山祖。”此后，蒋光慈先后出版了《哀中国》《哭诉》《乡情集》等三部诗集。诗歌《乡情》曾经入选中学语文课本，他的诗歌为一代人留下了美好的记忆。

在上海大学，蒋光慈一边参加革命活动，一边从事教学和文学创作，诗歌不过是这位革命作家更丰富辉煌的创作的一个前奏。1925 年至 1930 年，蒋光慈进入了小说创作巅峰时期，一发而不可收。学界一般把他的小说创作分为三个时期：发轫时期，代表作是革命青年成长三部曲(《少年漂泊者》《鸭绿江上》《短裤党》)；喷发时期，是“革命加恋爱”模式的滥觞期，代表作是《冲出云围的月亮》《丽莎的哀怨》；成熟时期，代表作是《咆哮了的土地》。

这些作品在当年，每一部都非常畅销，影响巨大。有个事实可以进一步证明那时蒋光慈的作品影响力之大。当时各大书局是按照作品的畅销度给予作者按不同比例抽取版税的。作品畅销，书店赚得多，给作者分得也多，一般分四等，最高抽百分之二十，其次分别是百分之十五、百分之十，最低抽百分之五。同一时期，只有蒋光慈和鲁迅的作品一样，抽百分之二十。

(《咆哮了的土地》封面)

诗歌的创作使蒋光慈获得了驾驭语言的经验，领会到了语言的音乐化、词藻美、表现力，诗人在进行着另一重要尝试，创作他的第一部书信体中篇小说《少年漂泊者》。《少年漂泊者》于1925年11月1日完成，1926年1月正式出版。《少年漂泊者》是蒋光慈继《新梦》之后创作的第一部革命小说，小说成功塑造了青年汪中这个形象，极具时代色彩。通过汪中的流浪，当学生、孤儿、奴仆、乞丐、伙计、茶房、工人、工会工作者，以至最后成了一个革命战士、革命英雄，绘声绘色地反映了五四运动、二七惨案和五卅运动等声势浩大的历史画面，也预示了中国人民所蕴藏的伟大力量必将释放、爆发，为五四以后的革命青年指出了一条奔向光明的道路。

胡耀邦(曾任中共中央总书记)在谈及文学作品对人的影响时，谈到他和当时许多进步青年就是受了蒋光慈的《少年漂泊者》等作品的影响而投身革命的。陶铸(曾任国务院副总理)则说得更直接，他就是怀揣着《少年漂泊者》去参加革命队伍的。朝鲜人民的领袖金日成在其回忆录《与世纪同行》中也提到：“尚钺先生第二次借给我的书是蒋光慈的小说《鸭绿江上》和《少年漂泊者》。我很感兴趣地读了这两部小说。特别是以叫李孟汉和云姑的朝鲜青年男女为主人公的小说《鸭绿江上》，给我留下了难忘的印象。”(金日成于1927年至1930年在吉林毓文中学学习，语文老师是尚钺先生)

(《少年漂泊者》封面)

2016年4月24日，习近平总书记视察金寨县革命博物馆，当馆员介绍蒋光慈时说，胡耀邦、陶铸等老一辈无产阶级革命家都读过他的《少年漂泊者》，这时习近平总书记插话说，当年他的父亲习仲勋也是受《少年漂泊者》的影响，走上革命道路的。

在《习仲勋传》中，有习仲勋当年阅读《少年漂泊者》情景的详细记载：

在前程茫然中，习仲勋想起在小学和师范上学期间非常喜欢的一本名为《少年漂泊者》的书。他又一次打开书卷，便被书中人物的命运和故事情节所深深吸引。

(《鸭绿江上》封面)

"习仲勋再次阅读这本书时，心情开始是郁闷的。但是当他打开小说第一页，就深深为作者情绪高昂、宏朗奔放的《怀拜伦》题诗所感染：拜伦呀！你是黑暗的反抗者，你是上帝的不肖子，你是自由的歌者，你是强暴的劲敌。飘零啊，毁谤啊……这是你的命运罢，抑是社会对于天才的敬礼？""习仲勋在读到第二章时，思想感悟与书中主人公产生了强烈的共鸣。他感到主人公的际遇和自己的经历又是何等惊人地相似。""习仲勋读着这些文字，泪水潸然流下，仿佛是自己跪在双亲墓前，向他们诉说衷情。""书中这些情节和眼前关中正在发生的灾情，和穷人的遭遇又是何等相似。""习仲勋读着读着，完全同书中主人公的命运融在了一起，几乎是同喜、同怒、同悲、同乐。他觉得这正是自己真情实感的反映。眼前只有反抗，只有斗争才是正确的道路。他反复读完这部小说，坚定了他外出干革命的决心。"

1929 年冬季，天气奇寒，人畜、树木皆有冻死。腊月十八起，大雪成灾，大批灾民死于饥寒交迫之中。习仲勋和姨夫党正学等人组织饥民扒了几个大户的粮食分给农民。然而不久，姨夫被捕牺牲。"习仲勋从党正学惨遭杀害的事件中，进一步看到了国民党对人民群众残酷镇压的反动本质。《少年漂泊者》中主人公汪中的影子又活跃在他的脑际。他决心离开家庭，投身到更广阔的革命斗争中去。"从而走上了职业革命家的道路。

"后来，习仲勋曾多次对自己的孩子说过，当时认识到社会这么黑暗，旧的剥削制度要推翻，主要就是受《少年漂泊者》影响极深。"

1930 年，蒋光慈在身患疾病、政治处境艰难的情况下，顶着巨大压力，以非凡的毅力完成了长篇小说《咆哮了的土地》的创作，这是蒋光慈小说最为成熟的一篇。1932 年 4 月，为了躲避国民党当局的查封，小说改名为《田野的风》出版。

20 世纪 30 年代，中国共产党领导的农村土地革命风起云涌，《咆哮了的土地》则第一次以文学的形式对此进行了反映。小说以大革命失败后皖西地区波澜壮阔的土地革命为背景，描写了农民在中国共产党的领导下，武装起来，组织农会同地主阶级进行你死我活的斗争，最后奔向革命队伍的聚集地“金刚山”。

在革命的疾风暴雨中，共产党员、矿工张进德和出身地主家庭的革命知识分子李杰相继回到故乡，他们把新思想带给农民，并在农村撒下反抗的火种，在沉睡的田野上掀起了一股革命的风暴。作品最后安排张进德率领农民武装奔向金刚山，寄寓着作者对中国革命道路的认识。《咆哮了的土地》创作时间正是井冈山根据地建立发展时期，蒋光慈凭借自己敏锐的观察与分析能力，以艺术把握世界的方式，反映了中国革命的出路问题，即中国革命必须走井冈山道路！

《咆哮了的土地》同时也是“红色文学经典”的开山之作，其所形成的创作范式被后来的“红色文学经典”广泛借鉴。

蒋光慈的作品不仅是战斗的武器，在当时也成为引导青年人走上革命道路的灯塔，影响巨大。他的作品，成为“中国革命史上的一个证据”。

四、情定“英雄苏维娅”

1921 年 5 月，从上海起航远赴俄国远东海参崴的轮船上，载着一批由党组织选派前往莫斯科东方大学留学的进步青年。在船舱里，身体略显单薄的蒋光慈手捧着一本波兰作家廖抗夫的剧本《夜未央》，他一时忘却了周边的嘈杂，沉静在阅读的快乐中。蒋光慈被剧本中俄国女革命家苏维娅的英雄故事深深吸引，他对苏维娅那样年轻漂亮的姑娘为争取自由幸福而忘我牺牲的高贵品质无限钦佩，年轻人迷上了美丽坚强的少女苏维娅：“此生不遇苏维娅，死到黄泉也独身！”

“难道是她？”蒋光慈脑海中忽然闪过一个人的名字：宋若瑜。在芜湖五中时，蒋光慈加入了以河南开封省立二中学生曹靖华为核心的学生进步团体青年学会，创办了《青年》半月刊，宣传民主进步思想。他是这个学会唯一一位外省会员，宋若瑜当时就读开封省立第一师范学校，是青年学会 10 多位成员中唯一一位女性成员。蒋光慈经常给《青年》刊物投稿，宋若瑜被蒋光慈的才情深深吸引，蒋光慈同时也被宋若瑜与生俱来的反抗斗争激情所倾倒，两位年轻人开始书信来往，暗生情愫。

“是的，就是她！她就是我可亲可敬的女英雄苏维娅。”

在苏联留学期间，蒋光慈给宋若瑜写信，向她宣传 19 世纪英国浪漫主义诗人拜伦的思想，还自诩与拜伦“同为被压迫者的朋友”。宋若瑜接到蒋光慈的信以后，四处寻找拜伦的诗集。拜伦的诗，震撼了宋若瑜的心扉，中国的拜伦，惹得中州女杰魂牵北国，芳心浮动。

（宋若瑜）

1920年年初，因学潮事件，宋若瑜被学校开除。1922年夏，她以优异的成绩考取了梦寐以求的东南大学教育系。1924年春，因家庭经济困难被迫休学，经友人介绍，受聘信阳省立二女师任教。

1924年夏，蒋光慈留学回国，鸿雁传情更加频繁，两位年轻人的心终于走到一起。他们的相爱，是因为他们都憎恨人间的不平，敢于反抗黑暗的势力，向往光明的未来。诚如宋若瑜在信中所说："侠生！你以为我是一个贪生怕死的贵族式女子吗？哈哈！你错了！你是一个革命者，我也是一个反抗者。"他们有着共同的志向和爱好。宋若瑜有较高的文学天赋，她会写诗，会翻译，有敏锐的感知、悟性和表达能力。蒋光慈多次说宋若瑜"你是我司文艺的女神，你是我的灵魂"。侠生是蒋光慈在芜湖五中读书时的名字，宋若瑜对蒋光慈一直称之为侠生。

1925年夏，从郑州开往北京的火车，缓缓地抵达北京站。出站人流缓缓移动着，站台上一身笔挺西装，戴着眼镜，梳着时髦分头的年轻人显得莫名紧张起来了。突然，年轻人眼前一亮，一个身着浅蓝旗袍，身材偏瘦的女子一下子出现在他面前。梦牵魂绕的一对青年经过了6年多的相知到相爱，今天终于见面了。在众人的目光中，他们不顾一切紧紧地相拥在一起。在将近一个星期的日子里，蒋光慈陪着心爱的"苏维娅"，流连在西山的林荫里，徜徉在北海的水榭中，在景山石径上偎依漫步。他们促膝谈心，研究革命文学，探讨妇女解放，还有对未来小家庭的憧憬。

1925年寒假，在相思和肺结核的共同折磨下，宋若瑜病了整整一个假期。1926年4月，在蒋光慈一再催促和鼓励下，宋若瑜由母亲陪伴从开封来到上海，蒋光慈把宋若瑜安排在上海一家美术专科学校听课。6月下旬的一天，蒋光慈在上海卡德路（今石门一路）租了一间房子，在他朋友们的见证下，蒋光慈宣布和宋若瑜正式结婚。幸福苦短，结婚刚刚一个月，宋若瑜却病倒了，她的肺结核病复发了。4个月后的11月6日，宋若瑜在庐山牯岭医院病逝。这一天，对蒋光慈来说是一个黑色的日子，在他的心灵上留下了永不愈合的伤口。在宋若瑜的周年祭时，蒋光慈把他们多年的通信结成集子，以《纪念碑》为书名出版发行。以后每年的这一天，蒋光慈总要写下诗篇，或以其他方式来悼念自己的知音爱妻宋若瑜。

五、与瞿秋白的革命友谊

（瞿秋白）

莫斯科东方大学按国籍编班，学校专门设立一个中国班，蒋光慈、刘少奇、任弼时等 30 多人，是中国班的第一批学员。在这个班的任课教师中，除一位名叫葛丽哥罗夫的教师会讲中国话之外，其他人都不懂中文，语言不能交流，成为中国学生的难题。于是，东方大学就把北京《晨报》驻莫斯科特派记者瞿秋白请来，担任这个班的助教与翻译。1920 年 10 月，瞿秋白以《晨报》特派记者身份赴莫斯科，他是俄国十月革命后中国进步知识分子最早到莫斯科实际考察学习的人。瞿秋白，中国共产党早期领导人，无产阶级革命家、理论家和宣传家，中国现代革命文学的奠基人之一。

蒋光慈与瞿秋白两位年轻人因为共同的理想和爱好，就此相识并一见如故。蒋光慈刻苦学习俄语，加上瞿秋白热情、悉心的辅导，他的俄语成绩进步很快，半年后，他就能为从法国勤工俭学转来学习的萧三、王若飞等新同学担任课堂俄文翻译了。瞿秋白作为兄长又作为老师，对蒋光慈早期的诗歌创作给予积极鼓励，并倾注了较大心血，他们时常聚在一起读诗论文，交流创作心得。瞿秋白散文集《饿乡纪程》和《赤都心史》，字里行间闪光的思想和非凡的文采，使蒋光慈受益匪浅，他的那些反映对十月革命的坚定信念以及那些鼓动被压迫人民群众向凶残的帝国主义和军阀做斗争的诗篇，有的是受了瞿秋白的启发，有的就凝结着他们两人共同的心血。

1922 年 7 月，瞿秋白的《赤潮集》出版问世，蒋光慈如饥似渴地读着，当读到书前序中有“西来意”三个字时，顿生感慨，随后就以《西来意》为题，赋诗一首，送给瞿秋白：“渡过了千道江河，爬过了万重山岭……不计跋涉的艰辛，俄乡的风雪冷！俄罗斯好似当年的印度，你我好似今日的唐僧……”瞿秋白读后，热情地对蒋光慈说：“你道出了大家的心声！”

蒋光慈、瞿秋白在异国他乡播下革命友谊的种子，回到祖国之后，更是怒放出鲜艳的花朵。

1924 年，蒋光慈回国，经社会学系主任瞿秋白介绍，进入上海大学，任社会学系教授，兼教俄语课。蒋光慈一边教书，一边坚持进行革命文学创作。这段时期，他们住在同一个弄堂里，蒋光慈便成了瞿秋白家的常客。瞿秋白的夫人杨之华回忆说："蒋光慈经常到我们家里来，同秋白谈论文学工作方面的问题，了解革命斗争的情况。他是一个努力从事革命文学创作又有文学才能的同志。"蒋光慈习惯把自己的创作计划和构思告诉瞿秋白，他看中瞿秋白批评家的敏感，信赖他的文学鉴别力。对蒋光慈来说，没有谁比瞿秋白能够更深刻地向他揭示中国革命每一个现象和事件的真实含意，指出其发生原因，预料其结果，把他的思想引导到正确的轨道上来。这一时期，蒋光慈先后完成了第一部短篇小说集《鸭绿江上》和第一部中篇小说集《少年漂泊者》，集内的每篇作品，瞿秋白都给出了修改意见，经反复斟酌后定稿。

1926 年 10 月至 1927 年 3 月的半年中，为配合北伐军的进攻，上海工人在中国共产党的领导下，先后举行三次武装起义。由于作家的敏感性和责任感的驱使，这段时间，蒋光慈经常到瞿秋白家里，了解上海工人武装起义情况。1927 年 2 月，在上海工人第二次武装起义爆发不久的一天晚上，蒋光慈再次来到瞿秋白的家里。一见面，蒋光慈就兴奋地说："我要写一部反映无愧于这个时代的小说！""好，我将毫无保留地向你提供材料。"当第三次武装起义胜利的消息传来，蒋光慈激动地说："当此社会斗争最剧烈的时候，我且把我的一支秃笔，当作我的武器，在后面跟着短裤党一道儿前进。"

在革命精神的感召下，蒋光慈怀着空前的热情把全部的精力都投入到《短裤党》的创作上，仅用半个月时间就完成了中篇纪实小说《短裤党》。这是中国现代文学史上第一部描写工人阶级进行大规模革命斗争的小说。据蒋光慈留苏同学郑超麟回忆道："书中的杨直夫和秋华夫妇，就是瞿秋白和杨之华夫妇的化身，鲁得甫即彭述之，史兆炎即赵世炎。"小说中的杨直夫，作为中央委员，被塑造得栩栩如生，活灵活现，一看就知道是瞿秋白的化身。在中国现代文学史上，蒋光慈是将瞿秋白写进文学作品的第一位作家。据有关人员回忆，《短裤党》写作的主要素材由瞿秋白提供，书名也是和瞿秋白共同商定的。"短裤党"三个字，源出法国大革命史，即指"共产党"之意。

1927 年 3 月，《短裤党》一经问世，宛如一颗炸弹强烈爆响，在社会上引起轩然大波，反动势力更是由恐惧而诅咒。此时，瞿秋白挺身而出，义正词严地肯定这部作品的时代意义和现实价值，并明确指出，"暴民专政"不应成为"众矢之的"，"恰是短裤党这篇小说的理想，值得嘉许"。

1927 年，蒋光慈编著《俄罗斯文学》一书，他将自己所写的《十月革命与俄罗斯文学》作为该书的上卷，并将屈维它（瞿秋白的笔名）所写的《十月革命前的俄罗斯文学》作为该书的下卷，由上海创造社出版部印行。瞿秋白和蒋光慈，是师生，是同志，更是战友。这部书的出版，不仅说明蒋光慈和瞿秋白的战斗友谊之深，也是蒋光慈的一份光荣。

1927 年 1 月，蒋光慈的第二本诗集《哀中国》，由汉口长江书店出版，瞿秋白为诗集做了题署。

四一二反革命政变发生后，白色恐怖笼罩上海。5 月初，蒋光慈追随瞿秋白来到武汉。在武汉，瞿秋白住在汉口辅义里 27 号(今吉庆街 126 号)，蒋光慈住在党创办的长江书店里。在武汉期间，蒋光慈与钱杏邨、孟超、杨邨人以文会友，经常往来。瞿秋白提议要筹办一种刊物，专为当时一些进步的工农兵作家提供发表园地，并委托蒋光慈等为刊物命名。于是，蒋光慈约请了钱杏邨、孟超、杨邨人等议定以"太阳"作为刊名。正当他们紧张地投入集稿编辑工作时，突发七一五事变。风云突起，时局恶化，使蒋光慈等人的编刊计划落空。不久，党中央由武汉迁回上海，蒋光慈亦随之回到上海。同年冬，蒋光慈与钱杏邨、孟超、杨邨人一起，创办春野书店，出版《太阳月刊》。1928 年年初，蒋光慈发起成立太阳社，瞿秋白出席了成立大会，并对太阳社热情支持。据太阳社蒋光慈的得力助手、著名文艺批评家钱杏邨回忆："秋白同意参加太阳社，是光慈动员的。太阳社成立春野书店，出版《太阳月刊》，是经秋白同意的。当时秋白是总书记，不便常出来，太阳社成立会和一般活动他都不来，光慈常有机会去找他。"

天妒英才，1931 年 8 月 31 日，蒋光慈因长期写作，积劳成疾，患肠结核病、肺病，在上海虹口医院病逝，年仅 30 岁。1935 年 2 月 24 日，瞿秋白在福建长汀县被国民党军队逮捕，6 月 18 日在长汀县罗汉岭英勇就义，时年 36 岁。20 世纪二三十年代蒋光慈和瞿秋白这对文坛知己与战友的故事在中国革命文学史上，随着时间的推移，愈发熠熠生辉。

（江琼撰稿）

李霁野

(李霁野)

李霁野(1904—1997)，原名李继野(又作“季野”“寄野”)，号则先，安徽省霍邱县叶集镇人(今属六安市叶集区)，“未名四杰”之一，现代著名作家、诗人、翻译家、教育家和鲁迅研究专家。

李霁野的家乡叶集，地处大别山北麓两省(安徽、河南)三县(霍邱、金寨、固始)交汇处，西边濒临史河，是一个土地肥沃、交通便利的平原小镇。由于史河上通大别山区，下达淮河，水运发达，加之沿史河岸边又是南北官道，所以叶集自然就成为了木材、茶叶、毛竹等农林产品以及贝母、柴胡等中药材的集散地。乾隆、道光年间，叶集的南北街道及港口分布着徽、晋、赣、豫、陕、鄂六家商务会馆和六百余家货行、商店、手工作坊。叶集5里长街的街心青石板上，被河南、山东等地的牛马车、手推车碾轧出几指深的陷沟。集市商场门前、街后，各种山货水产、土货洋货，一应俱全，堆积如山，琳琅满目。《霍邱县志》载：“同治八年，邑中舟车之集，商贸所聚，以叶集为最。”可见叶集当年的繁荣。只不过到了近代，由于史河改道，西移约十里，叶集就慢慢衰落下来了。

一、忠厚传家训，勤奋读书郎

李霁野的父亲名经纬，字子久，在叶集北街经营一家卖粮食的商号，店号“李锦源(元)”。家中有酒坊，烧大曲酒，名曰双湍大曲。李霁野兄弟四人，即李霁野、李耕野、李昭野、李星野；还有一位姐姐李素野。李家在当地是有近二百年历史的“老户人家”，几辈经商，诚实守信，童叟无欺，宽厚为怀。李家到李霁野父辈这一代时已是“地无寸土，夜无存粮的破落户了”。虽然贫穷，但李家依然遵循着传统的伦理道德，保持着严谨的家风，对内守孝悌重大局，对外讲礼义主正义，在当地颇有点威望，算是“名族”。

李霁野的父亲虽只受过私塾教育，但继承了祖辈的美德，为人慈蔼诚实、宽大慷慨，有正义感。在他的主持下，原本易起纠纷的旧式大家庭，却能够保持基本的和睦团结，社会关系也很融洽。他对人诚恳忠厚，乐善好施，即使家境并不宽裕，也从不催要欠款，尽己所能扶危济困，周济饥民。有一年，北方旱灾严重，颗粒不收，不少人逃荒到叶集。灾民一路奔波，再加上也很难要到饭，每天都有人饿死。看到这种情形，李霁野的父亲发动全家，从自己的口粮里节省出粮食，煮粥蒸馍，连夜送到灾民聚居的地方。在他的带动下，镇里很多人也都纷纷伸出援助之手。你家送点小米，他家送些咸菜，从此灾民每天至少都能吃到两碗粥了，有时还会有馒头，再也没有出现饿死人的现象了。

乡邻之间若因矛盾发生争执，李霁野的父亲也常常主动站出来，排解纠纷，主持公道。大家都愿意听从他的劝说，信服他的教导。有一次，南北两头的回民发生冲突，眼看一场势必流血的械斗就要发生。李霁野的父亲听到消息，马上约了几个年长的人，匆匆从后街绕到人群聚集的史河沙滩，用身体挡在准备械斗的两支队伍之间，竭尽全力劝说大家顾念乡情，真诚沟通，不要因为一时冲动，造成灾难性后果。最终，在他和其他长辈的劝说下，人群散去，一场灾难被制止了。父亲的善良和正直深深影响着李霁野，在他幼小的心灵里播下了仁爱正义的种子。一年春节，为了弄点钱买书，他与陈姓同学一起卖对联，却将所得的大半都给了陈同学，因为陈同学比他更贫困。

20 世纪初的中国积贫积弱，内忧外患，社会混乱，难有宁日，本已没落的家族度日为艰。李家兄弟合家而居，是一个大家庭。伯父不谙商道，其子又浪荡败家，李霁野的父亲独自支撑，常常难以为继，生活捉襟见肘。但他却从不抱怨沮丧，始终友爱兄长，善待家人。勉力经营家事之余，读书写字，弹琴吹笛，培育花草，教育子弟，生活清贫，却不失快乐和从容。有这样一位心胸开朗，坚强乐观的父亲，也就不难理解为什么李霁野少年即胸怀大志，眼界高远，不落流俗，敢于追求；成年后即使身陷困境，屡履险境，也能坚守理想，矢志不移，不忘初心了。李霁野曾写过一篇散文《父亲》，文中通过几件小事勾画了父亲的形象：对小儿纠缠的忍耐，亲手做字丁、做抄书本教孩子认字，无偿替镇上兵丁写家书，在大家庭的忍辱负重……星星点点，尽是人间琐事，却呈现了一位传统中国家庭中好脾气、有责任、谦和儒雅的父亲形象。李霁野说："在对事对人上最使我受影响的，只有父亲一人。从我记事以来，我觉得没有人比父亲再慈蔼，再诚恳，再牺牲自己，再宽容别人的了。我自愧不能有约翰·布朗(Dr John Brown)那样动人的笔，像他给约翰·卡恩思(John Cairns)写信似的，写出父亲的生活来，我所能写出的，只是几件我永世不能忘记，而且每一念及就心底里涌出欢欣感谢之情的小事。”

李霁野自幼沉默寡言，读书为主，不多事，也不爱好体育运动。八岁的时候，他被父亲送到镇上的一家私塾，塾师董卓堂是位秀才。拜见塾师那天，没说两句话，塾师就让李霁野扫地。李霁野拿着比自己矮不了多少的扫把，仔细地扫了起来。看着他虽吃力却认真的样子，塾师微微地笑了，转身对他父亲说：“这孩子可以念念书。”塾师的话在父亲心里留下了深刻的印迹，从此即使家境艰难，他也从未想过让李霁野放弃读书。

塾师平和敦厚，从不苛责学生，待人极好。但对学生读书学习的要求却并不放松。在读些启蒙课本之后，塾师就给李霁野讲《孟子》。他把书逐句翻译成白话，有声有色，引人入胜。“王曰，叟！”塾师高声说：“国王说，你这个老头子呀！”直到很多年后，塾师当年讲书时的场景还历历如在他的眼前。塾师还要求李霁野自己阅读《三国演义》。对于幼童，这种要求看起来似乎过早过高。不过，《三国演义》里曲折跌宕的故事，各具神采的人物反而激起李霁野对古典小说的极大兴趣。他开始到处搜罗各种古典小说，家里仅有的几部古典明清小说，还有《西厢记》等，根本满足不了他对书籍的渴望。父亲看到他如此爱读书，又买不起太多的书，就开始帮他手抄。在塾师和父亲的帮助下，李霁野从读书中获得了极大的快乐，读书也成了他一生的嗜好。

李霁野的伯父是个品行端庄、仪表严肃的人，一般群众因此对他敬而远之，除韦素园的父亲与之交好外，似乎别无亲近的朋友。他的儿子因从小被姑息宠爱，不加管教，以致懒惰成性，染上很多坏习惯，甚至吸食鸦片烟，这让伯父很心痛，却也无奈。伯父终生爱看《申报》，对世事颇有些见识。知道李霁野爱读书学习，非常欣慰，待他比对自己的孩子还要耐心，常常和他谈心，在他身上寄予了深切的期望。伯父曾反复给他讲述沈周等画家在艺术上精益求精的故事，提醒他：“学如逆水行舟，不进则退。”伯父在外工作返乡时，还带回六十张精印的名人图，为子侄们详细解说他们的生平简历，希望他们以名人为榜样，积极进取，努力向上，成为对社会有用的人。李霁野非常感念伯父真挚温和的教导，牢牢记在心里，从未感到厌烦过，始终如伯父所望，保持着一颗力求上进的心。伯父虽不苟言笑，但善良勤俭，洁身自好，相当自律。他的生活作息严谨有序，绝不轻易改动；他的房间挂满了文人字画，清爽整洁……李霁野曾多次表示，成年后无论环境多么艰苦，他都能恪守有规律的生活作息，努力保持良好的身体和精神状态，不能说没有小时候伯父对他的影响。

辛亥革命后私塾要改变了，最初清末举人孟振先于1912年冬在叶集创办了蚕桑学校，因战乱、灾荒，入学的人寥寥，失败了。两年后的1914年9月，台介仁、孟振先、叶兰谷等人在蚕桑学校旧址办了叶集第一所小学——明强小学。李霁野就从私塾转去学习，他的塾师也进入明强小学去做了国文教师。当时由私塾一同转入明强小学的还有“未名四杰”中的其他三人——台静农、韦素园、韦丛芜，以及后来将他们引荐给鲁迅的张目寒。这几个少年同居一条长街，在牙牙学语时就一起玩耍，日后又齐聚北京，促成了鲁迅领导下的新文学社团未名社的诞生。

明强小学的第一任校长台介仁，是李霁野的同班同学、后来成为地下党员的台一谷的父亲。他为人耿直、严肃，学生都很怕他。不过，他对学生却极好，从不责骂学生，更不允许体罚学生。在他的管理下，学校的学习风气很浓郁，学生也都有很好的修养。有一次，李霁野与同学台静农、张目寒、韦素园等未经许可跑到镇东的灌山去看石刻佛像。回来后，校长并未训斥，而是温和地劝导他们注意安全，以后不能这样了。后来他还主动带领全校外出郊游一次。教国文和地理课的老师叫何棣伍，有进士旧学的底子，讲古文很深透，每次讲完后，他都要求学生朗读背诵，这为李霁野他们打下了坚实的古文基础。何老师还自学地理，虽眼睛很近视，但只要学生试问他一个地名，他总用指头一按，说声“在这!”向来没有错过，令学生十分佩服。

教历史的老师是韦素园的大哥韦凤章，他在外乡大城市做过教育工作，经验较多，知识面很广，对学校发挥了多方面的作用。韦凤章提倡相信科学，破除迷信，他向学生推荐新式报刊，介绍外面时事，在这些十多岁孩子的心里撒下追求自由和民主的火种，使他们受到外部世界的感染和触动。同学们纷纷互相剪掉辫子，推倒了校舍里面的泥塑像。冬夜里，李霁野、台静农、韦素园等几位朋友，常围坐在一盆炭火旁，畅言各自的理想志向，纵论国家大事……其中内容虽还显得有些幼稚，但时代的风潮已将他们推到台前，并很好地连接在一起。语文老师董卓堂称赞说：“他们几位，不仅学习优异，在对待事物、时政的见解上，已超出同龄人许多，他们诗、词、歌、赋、书法全面发展。”13岁的韦素园就在他们四人的合影上题诗明志：“他年若得男儿志，大地苍茫任我求。”李霁野则书写一副对联做座右铭：“牢记清贫不为浊富，固守已性岂做人奴。”台静农用“立定脚跟撑世界，放开斗胆吸文明”抒发理想。年龄最小的韦丛芜也赋诗一首：“崇高遵孔训，仰慕敬岳忠。纬武经文备，魁英冠世雄。”可见，少年“未名四杰”已胸怀大志。

二、孜孜求知路，异地觅蓬莱

小学毕业后，李霁野考进了包吃住完全公费的阜阳安徽省立第三师范学校。学校虽然偏远，在五四运动之后不久，也受到不小影响。此前先进校的有韦素园、陈素白，此后一年进校的有李何林、韦丛芜。李霁野进校时，韦素园已离校，在上海准备去苏联学习。去苏联前，韦素园给他们寄去了《新青年》等刊物和一些宣传共产主义的书刊，其中有《共产党宣言》。鲁迅先生在《新青年》上发表的随感录和《狂人日记》，激发起李霁野对封建文化，特别是封建道德的强烈反感。尤其是封建的婚姻制度的罪恶更是让他深有感触，因为这是青年最切身的问题，他为此深感苦恼。李霁野曾多次表示："在阜阳的师范学校读书时，每月有一件难以忘却的事，这便是《新青年》的寄到。拆开来第一先看看有否鲁迅先生的文字……这些都是最深切地引起我对于文学的嗜好。"

当时还在第三师范学校的几个年轻人既是老乡同学，又心气相投，常常聚在一起读书谈天。他们自己订买了《新潮》《少年中国》，有副刊《学灯》的《时事新报》和有副刊《觉悟》的《民国日报》。李霁野他们还将书刊借给同学们阅读，有时也张贴一些宣传品，不过并未形成组织。

那时在武昌读书的小学同学台静农约请他们一起合办一个刊物，名曰《新淮潮》，得到了大家的一致赞成。因为阜阳没有印刷条件，刊物就在武昌出版。《新淮潮》是份 24 开的小刊物，1921 年刊印，一共只出了 2 期，主要内容是宣传反帝反封建的新思潮，拥护白话文，反对旧文化。李霁野所写的第一篇短文就是在这个小刊物上印出来的，大意是说人要诚诚实实做人，脚踏实地做事。

1921 年秋开学不久，陈素白和韦丛芜都因病住进疗养室，李霁野为护理他们，也移住到那里。因为要照顾两个病人，他几乎很少上课，更谈不上参加其他活动了。一天晚饭之后，校园里钟声大作，有人找李霁野去开会。会上，一个人妄称李霁野、韦丛芜等盘踞疗养室，搞阴谋诡计，要把"洪水猛兽"引进三师，号召大家批判他们，但并没有人发言响应他。面对莫须有的罪名，李霁野非常气愤，简单驳斥几句后，回到疗养室，将会议的情况告诉了韦丛芜。为了表示抗议，也为了离开是非之地，两人决定退学。于是，一两日后，李霁野和韦丛芜毅然离开了阜阳三师。

回到家的李霁野，很担心父亲因他失学而失望。但父亲并没有责备他，了解了事情的原委后，反而安慰儿子，既然没有做什么错事，就不必挂心。这让李霁野很感安慰，一点也没有前途茫茫的感觉。他开始安心在家自学，靠查字典阅读三师高年级英文课本。《天方夜谭》里飞毡神灯的故事开辟了一个新的天地，让他对之无限神往。李霁野下决心先掌握英文作为工具，以备以后好好学习世界文学。

自学的同时，他和韦丛芜也开始寻找新的入学之路。他们本想转学到安庆，但因为师范学校是公费，学生有地区的限制，转学的事成了泡影。这时韦丛芜的大哥在安庆办商品陈列所，商务印书馆在那里设了一个售书处，李霁野和韦丛芜便去为他们义务看柜台。因为没有一个顾客来打扰，他俩可以整天看书。在看柜台之余，两人还为《评议报》办了一个《微光周刊》，主要是攻击封建主义的旧道德，特别是攻击封建的婚姻制度，宣传新文化。他们亲自把周刊散发给女学生，引起周围人的不少议论。但受五四运动的影响，女学生们并没有因此回避，反而落落大方地接受。稍后，他们又在《皖报》上办了几期《微光副刊》，李霁野还在上面发表了几首短诗。

在小学受了点启蒙教育之后，李霁野已朦胧觉得封建主义的旧家庭毁了不少可以有为的女子，在五四运动发生后，这种感觉就形成明确的思想了。不仅是他的姨母最初使他有这种感觉，更是他自身的遭遇让他有了深切的认识。小时候李霁野便有了指腹为婚的对象，而他初恋的女子却被许配给了一个结核病人。后来为"冲喜"，女孩早早就结了婚，但婚后不久，丈夫就病死了。这个女子可以说就更是这种封建旧家庭的牺牲品了。为此，李霁野写下了平生第一首诗：

不眠叹永夜，虫声唧唧哀。
思君君不至，月下独徘徊。
与君为近邻，两小无嫌猜。
衷曲无由诉，目语表情怀。
冥思睹君影，不觉笑颜开。
两愿结同心，奈何习俗乖！
无计破牢笼，何处觅蓬莱。
我有指腹约，君已待于归。
密约化泡影，连理梦成灰。
悠悠我心悲，衷肠诉于谁？

和他有相似遭遇的还有韦丛芜。两个年轻人为了追求恋爱婚姻的自由，借着办报的便利，在周刊上发表了要求解除封建婚约的信。信刊出后，他们把报纸寄回家乡，在故乡引起了震惊。解除封建婚约自然不是那么容易，为此李霁野几年都没有回家，直到1926年夏，接到父亲通报母亲病重的信后，李霁野方赶回故乡。也正是这次回乡，取得了父母的谅解。在经历了一些周折，延宕了许多时日后，因决心的坚定，父母到底尊重了他的选择，问题最终被合理地解决了。

1923年春，韦素园来信劝李霁野到北京读书，而此时台静农已经在北京大学旁听了。李霁野到北京后，无钱上补习班，只能住在学生公寓里，先自修半年英文。初到北京的头二三年，李霁野的生活是比较艰苦的，有时甚至为交饭费当了御寒的大衣。有一个时期，李霁野和韦素园、赵赤坪、韦丛芜同住在沙滩小楼一间小屋里，自己做饭吃，佐餐的总是一盘清煮大白菜，但几个年轻人却吃得津津有味。不过时近春节，即使连这样的饭菜他们眼看也要断炊了。

为谋取生活费用和学费，李霁野常写点短文章或编译点文字，投寄给报纸换取稿费，维持自己的生活。1923年秋，李霁野转入美国长老会办的崇实中学，主要目的是想学英文。在崇实中学时，李霁野常常和同学一起用无神论反驳外国传教士的宗教宣传，用中国需要革命的论点，反驳他们宣传的改良主义。

为帮助李霁野修习英文，台静农在北大为他借来俄国作家安特列夫的剧本《往星中》的英译本，恰好韦素园有俄文本剧本，大家便劝李霁野将它翻译过来。这个提议在今天想来亦颇为大胆，毕竟李霁野还是一个中学生。不过，1924年的暑假，李霁野用了一个假期，真的把《往星中》译了出来，韦素园又用自己的俄文版为他校对了一遍。为了庆贺翻译成功，台静农建议大家去看一场卓别林的电影。没有钱买票，台静农便当了一件衣服。这样，他们不仅看上电影，还吃了一顿馄饨火烧。

三、谨遵导师言，未名岁月长

1924年9月20日，小学同学张目寒将李霁野的《往星中》译稿送请鲁迅审阅指教。1924年初冬，李霁野在张目寒的引荐下前往鲁迅家里拜访，亲聆教诲。作为文化名人，鲁迅“绝无傲态、和蔼若朋友然”。约谈时，鲁迅不仅指出了《往星中》需要修改的地方，还提醒李霁野注意安特列夫悲观主义影响，希望他多翻译些进步的俄苏文学。

1925年从崇实中学毕业后，李霁野进了燕京大学。为多点自己可以支配的时间，他选了课程较松闲的国文系，这时未名社已经成立。

未名社的成立是因为当时很多出版社不愿出版没有名气的青年作者的书，特别是翻译作品。鲁迅本就极端厌恶以销售为标准的出版家，不愿和他们有什么交涉。为了替《往星中》这样的青年译作找出路，便鼓励李霁野他们自己成立出版社，自己印书。鲁迅亲自参与组建，筹集钱款，李霁野、韦素园、台静农、韦丛芜、曹靖华，也各筹五十元，作为未名社的第一批印费。未名社创立的最初，社址定在北京大学一院对面沙滩新开路五号韦素园所住的一间小屋——鲁迅称之为“破寨”，他常常在下课后来送校稿或谈天。未名社的第二个社址则在北京大学二院对面的西老胡同一号。

从1925年成立到1931年解体，未名社存续期间共有20多种出版物，在当时文坛产生了不小的影响。未名社出版发行的第一本书，是鲁迅先生翻译的《出了象牙之塔》(1925年12月)，作为“未名丛刊”中的一册。书中收录日本作家厨川白村的文艺论文十篇，并邀请美术家陶元庆先生作封面画。《出了象牙之塔》给李霁野的影响是积极的，特别是谈到英国诗人勃朗宁健康乐观的人生观，使他的精神为之一振，此后李霁野逐步摆脱了安特列夫悲观绝望的影响。“未名丛刊”专收译述，主要是俄罗斯苏联文学。其中李霁野翻译的作品就有剧本《往星中》，戏剧《黑假面人》，小说《不幸的一群》，文论《文学与革命》(与韦素园合译)、《近代文艺批评断片》等。五四时期，李霁野就初步接触了马克思主义，而《文学与革命》的翻译使李霁野的思想得到了解放，视野也更扩大了。

李霁野在未名社出版的期刊《莽原》半月刊(后改名《未名》半月刊)上，还发表有多篇散文、诗歌、译文等，他创作的短篇小说集《影》，收入未名社创作丛书“未名新集”里。

1926年8月，鲁迅先生避祸南下，韦素园接任《莽原》半月刊主编，李霁野负责发行。1926年年底，韦素园的病情渐趋加重。1927年春，李霁野、台静农等把他送到西山福寿岭疗养院。至此，未名成员中一人卧病，两人不在北京，一人还在上学读书，而台静农为了一个朋友，也顾不上社事。所以只好由李霁野负责主持未名社的事务。人手的缺乏，限制了未名社各项活动的进一步开展。为了撑持社务，李霁野于1927年秋从燕京大学休学。他一面在孔德学校教书，一面翻译《文学与革命》。作为其中最为负责的一员，李霁野硬是撑到了最后。在近五年的时间里，他始终执行鲁迅定下的刊物的进步方向。李霁野曾借翻译《黑假面人》热情呼唤“我们的新的将来”：“经过一九一七年的革命，俄国虽然还没有成功的新的文学发生，然而精神上已经积极地向新的未来奔驰了：安特列夫的精神早已和现在俄国的精神相左了。但是我们的新的将来在哪里呢？似乎还很渺远。因此我还将这译稿印行，希望有一天能以接受这剧本一样热诚的心情，将这剧本抛弃。”

1928年2月，李霁野的译作《文学与革命》由未名社出版。恰逢济南第一师范有几个学生组织了一个未名社书刊代销处，李霁野就寄去一包请为代售。山东军阀张宗昌派人查获了这包书，并向北京有关方面进行了通告。北京警察厅得到消息，于 1928 年 3 月 26 日查封了未名社，逮捕了李霁野、台静农、韦丛芜，台静农的住处还因此遭到搜查。韦丛芜因病只关了一周，李霁野和台静农则被关了五十天。对于狱中的非人生活，李霁野曾在《〈不幸的一群〉后记》中有过描述："听到在重刑之下大叫的汉子，细声呻吟的少女，以及威声雷动的惊堂木……我才知道我究竟生活在怎样的社会中。"

出狱后，李霁野立即着手翻译若干被压迫民族的短篇小说，结集为《不幸的一群》，以此献给曾经出力、关心和受累的先生和朋友。这本书在李霁野被捕一周年时由未名社出版，表达了对恶势力的控诉。被捕事件让李霁野清醒地认识到："自由究竟是珍贵的，甜蜜的，也是应当斗争保护的。"李霁野启开了"西老胡同 1 号"的封条，他向鲁迅表示，虽屡遭磨难，但未名社不仅要存在，而且还要发展。鲁迅非常同意李霁野的意见，于 7 月间将准备再版的《坟》校改本及韦素园的《黄花集》译稿寄来社中，以表支持。

在被捕释放后不到两个月，即 1928 年 7 月，因在家乡霍邱县暴动被通缉的李何林和王冶秋、王青士兄弟先后逃到北平。为了给他们一个落脚之地，未名社于 1928 年 10 月在景山东街 40 号开设了一个门市部，搞了三间房屋作为售书处，由他们负责具体事务。李何林在未名社期间，选编出版了《中国文艺论战》和《鲁迅论》。王青士则以未名社售书处伙计的公开身份，担负着共青团北平市委书记的重任。

未名社的售书处不仅卖自己的书，也代销别家出版的书刊，尤其在不显痕迹中推荐进步的书刊。这种以传播文化为目的，而非以盈利为追求的态度，正反映了未名社的精神。于是全国各地的知识分子纷至沓来，大有"门庭若市"的气象。朱自清先生就曾亲自来这里为清华大学图书馆购书，一次就是几十本。国外有些爱国华侨，直接汇款到未名社买书，见到有的书注明不重版，还来信表示惋惜。特别是某些偏僻省份，如云南，因为军阀不准向外汇款，而读者对新书需求殷切，当地的书店便想方设法"巧立名目"，给售书处寄来火腿换书刊。售书处成立不到一年，未名社出书十多种。可以说，正是售书处营业的渐入佳境，迎来了未名社的鼎盛时期，李霁野称之为"黄金时代"。看到亲手开创的事业不断发展，鲁迅非常欣慰。1929 年 5 月他回北平探亲，百忙中竟三至社里，一次"谈至晚"。

1929 年秋，李霁野经人介绍到孔德学院教英文。同时，为了偿还债务，赶译《被侮辱与被损害的》。1930 年暑假，经李何林等介绍，李霁野到天津河北女子师范学院英语系任教，直到抗日战争全面爆发为止。

（李霁野）

李霁野离开北平后，未名社由韦丛芜负责主持。由于书款难以收回，未名社面临着经济困境。同时，未名社内部也出现意见分歧。韦丛芜打算和骆驼社的周作人、张凤举、徐耀辰合作，办一个综合性的《未名》半月刊，李霁野坚决反对。他认为办综合性刊物迎合小市民情趣，有失未名社进步方向的宗旨和传统。同时，他还与台静农提议办一个旗帜鲜明的进步刊物，以响应鲁迅在上海参加的“左联”。

1931年，韦丛芜也经人介绍到河北女子师范学院做教授。由于严重的思想分歧，未名社已无法继续开办下去了。鲁迅也宣布退出未名社。1931年5月，未名社正式解散了。社名取消，存书由开明书店接收。结束时，在北平和上海刊登了公告。

李霁野主持未名社近5年时间，期间不仅承担了编辑、印刷、出版、发行等大量工作，而且敢于出版禁书，接待地下共产党人，即使被捕，也不畏惧。在1928年白色恐怖嚣张的时候，他出版了曹靖华从苏联寄来的反映十月革命斗争的小说《烟袋》和《第四十一》(前者原名为《共产党的烟袋》)。利用主持未名社的社务活动，不仅收留、掩护王冶秋、李何林、王青士、赵赤坪、韦佩弦、李耕野等多位共产党员和进步青年，还在1928年4月7日被捕前，接待过路过北平去绥远工作的两个党员在未名社住了十几天。这在四一二之后的白色恐怖中，是极其冒险的！

参与及主持未名社活动期间，李霁野不仅在实践中丰富了自身的文艺创作水平和翻译技巧，而且由于鲁迅的引领，他始终有坚定进步的政治方向和文学方向。同时，李霁野还以自己坚定正确的政治方向深深影响着他周围的青年学生。因为，他深知没有正确的政治方向，青年就会失去奋斗的目标和前进的动力。1938年，李霁野应聘任教于辅仁大学，在传授知识的同时，他经常与学生谈论分析时事，向学生指明共产党是唯一可以复兴中国的政治力量。不少学生就是听了他的谈话，才决心去延安解放区的。

四、辗转京津时运艰，回天无力滞边陲

在天津河北女子师范学院英语系任教期间，李霁野边教边学，同时还做翻译工作。李霁野是一位典型的直译派，他一贯主张“直译为主，意译为辅”的原则。

这种直译法，在当时的历史条件下，可以说是一场翻译方法论上的革命，是我国近代翻译史上的一次重大变革。1935 年，李霁野译完《简・爱》，由鲁迅介绍给郑振铎，作为《世界文库》单本发表。他的《简・爱》译本受到了鲁迅、茅盾、胡适等文学大师的肯定和称赞。茅盾先生曾高度评价他运用"直译法"原则翻译的《简・爱》，并专门写了一篇评论，题为《〈简・爱〉的两个译本——对于翻译方法的研究》，充分肯定了李霁野的翻译观。

为了能看到国内看不到的书刊，深入了解英国社会，1935 年秋，李霁野利用译《简・爱》所得稿费作为川资，休假一年去英国考察学习。留学英国，为他从事外国文学作品的翻译工作打下良好基础，使他能以一种全新的眼光来观照本民族的生活，广泛吸收运用外国多样化的文学样式和手法，促使其文学语言和形式更加接近人民大众。

1936 年李霁野回国。在 1936 年 4 月 22 日的鲁迅日记中有这样一句话，记载"李霁野自英伦来，赠复印欧洲古木刻三帖"。据此可知，李霁野从英国回国当天就直接去了上海大陆新村 9 号鲁迅寓所看望先生。4 月 24 日晚，李霁野再度拜访了鲁迅。他们聊至深夜，李霁野没想到这是他与先生的最后一次见面。

1936 年 10 月 19 日鲁迅逝世。不到一个月，李霁野就写出了他的第一篇纪念文章《忆鲁迅先生》。之后，他陆续写有《鲁迅先生的精神》《鲁迅先生和青年》《鲁迅先生对文艺嫩苗的爱护与培育》等近八十篇(首)纪念、缅怀鲁迅的诗文。这些文字都集中在《李霁野文集》第二卷。他曾说："我总自勉在译书上不偷闲躲懒，在做事上不苟且敷衍，就因为在我的心中永远存在着鲁迅先生这样一个典范。"在鲁迅研究中，李霁野常以亲历者身份纠正一些错误认识，维护着鲁迅。作为鲁迅研究专家，李霁野从不推辞出版社出版的鲁迅著作及鲁迅研究著作的审阅工作，为传播鲁迅精神竭尽全力。20 世纪 90 年代初，耄耋之年的李霁野还将自己收藏的友人遗存的涉及鲁迅之物捐赠给北京鲁迅博物馆和上海鲁迅纪念馆，为鲁迅研究和纪念事业尽最后一份力。

鲁迅逝世后，李霁野也始终关心鲁迅遗属的生活。无论教书译书多忙，李霁野都会经常去鲁迅母亲处问安，替先生尽孝道。只身逃离北平时，他仍不忘嘱托夫人刘文贞常去看望太师母。

鲁迅为社会改造、民族解放而战斗的精神一直鼓舞着李霁野。在黑暗的旧中国，他坚持鲁迅等新文学工作者开启的这一战斗传统，敢怒、敢言，把笔杆当作枪杆使，虽几经入狱，仍矢志不移。抗战全面爆发之初，新婚的李霁野留在京津地区潜心翻译托尔斯泰的《战争与和平》。1938 年秋，北京辅仁大学增设女生部，邀请他去教课。李霁野同以前一样，边教书边译书，120 万字的《战争与和平》共用四年半时间译完，分期寄给办事处移到九龙的中华文化教育基金委员会。对他来说，此时翻译该作品有着战斗的意义：“我终日译书，觉得《战争与和平》对我们有了特殊的意义……东条英机的下场也许比拿破仑更糟糕。”可惜的是 120 万字的《战争与和平》译稿毁于日寇侵占香港的炮火。

在辅仁大学教书时，李霁野冒险加入了学校的秘密组织“文教委员会”。该组织的主要工作是输送学生到未沦陷区和帮助滞留在北京的文化教育界人士解决生活问题，以免他们不得已而与日寇合作。李霁野明知学校有日伪特务监视，仍毫不畏惧，甚至在班上侃侃而谈，做学生思想政治教育工作。在日寇逮捕了“文教委员会”两位成员的严峻时刻，李霁野只身逃离华北沦陷区。

[1937 年，李霁野(左一)为郑天挺、罗常培、魏建功、杨佩铭等赴长沙送行]

本准备回故乡避祸的李霁野，到达安徽界首时听说故乡再度沦陷，他只好转去洛阳，在那里滞留了五十天，过了一段地狱似的生活，后又转去重庆。

受鲁迅启发，特殊时期，古体诗也是对敌斗争的武器。于是从那时起，他开始了古体诗创作。下面这首就是李霁野从洛阳去重庆时所作的绝句，概括这一段的生活感受，用曲笔抨击了国民党的腐败政治(《李霁野自传》)：

既伤国破群奸误，复叹家亡音信无。
入蜀道难惊绝巘，妖气窒息放狂呼。

再如《愤世》一诗：

愤世忧时肝胆捶，回天无力滞边陲。
神州疆土陆沉久，误国元凶万罪魁。

李霁野逃出后，他的妻子被日本宪兵逮捕。敌人威胁她说出李霁野的地址，并要求她劝说李霁野回去和他们合作。李霁野的妻子内心气愤，但采用了敷衍的策略，最终日本宪兵在得不到任何消息的情况下，不得不在三个星期后将她释放。

颠沛流离中，李霁野仍然坚持翻译了格鲁吉亚“诗圣”卢斯达维里著的民族史诗《虎皮武士》，以及描写苏联卫国战争的短篇小说集《死后》(解放初期，改名为《卫国英雄故事集》重新印行)。这些作品所表现出的民族精神、反抗精神，对于当时处在民族危亡之际的中国读者来说，极具现实意义。

1943 年 5 月，经曹禺介绍，李霁野到当时在重庆北碚的复旦大学教书，生活和工作慢慢恢复正常。他又开始了《四季随笔》的翻译，分期在一个刊物上发表。但当时的复旦大学有一些乌烟瘴气，让他很不愉快，便决定离开。1944 年 2 月，李霁野接到台静农来信，邀他去白沙。3 月 8 日他便从复旦大学辞职，来到白沙女子师范学院。因为住房紧靠台静农家，所以就在台家搭伙吃饭。白沙女子师范学院有老朋友和旧学生任教，友谊使他精神上得到很大的安慰，在这里生活十分愉快，工作也很顺利。李霁野业余译成的《虎皮武士》与《杰基尔大夫和海德先生的奇案》，在重庆印行。为练习艺术，他还用五七言绝句译出了《鲁拜集》，这本书只有少数人看过，后来在十年浩劫中连同其他诗作损失了。

（李霁野、台静农与四川白沙女子师范学院同人合影）

白沙女子师范学院的学术活动很少，学生陆续要求李霁野讲演，李霁野于是多次就青年所关心的问题和年轻学生进行交流。由于演讲之前只写出简单的纲要，后来，他凭借记忆整理了其中六次演讲，分别题为《读书与生活》《桃花源与牛角湾》《至上的艺术——爱》《试谈人生》《“严父慈母”的新估价》《漫谈食睡哲学·希腊悲剧·包公案·性别及其他》。抗战结束后，在途径上海去台北时，他将讲稿交给了鲁迅夫人许广平。许广平从中选取了几篇发表。后又将全部讲稿交给文化生活出版社印行，这就是中华人民共和国成立前夕出版的《给少男少女》。这本集子主要是根据青年学生的年龄特点、学习生活与思想水平量体裁衣，用爱的哲学敞亮青春的心扉，集中表现了李霁野对人生现实问题的深刻感悟和对青年学生的关爱。

作为翻译家，李霁野对西方文化和文学的接纳，主要是通过文本阅读实现的。广博深厚的西方文学给予他丰富的营养，磨炼了他的思想和情操，也影响了他的散文创作。《给少男少女》笔调上追求从容与亲切，在内容上则往往追求知性的表达，具有非同一般的艺术品位，获得了很高的评价：“《给少男少女》诸篇接近蒙田的风度……李霁野先生是一个蒙田式的新型人文主义者，他的这些文章的谈话风格不是孤芳自赏的抒情独语，而是一个洞察人情却不世故的智者与读者推心置腹

的交流。”(详见解志熙《“严肃的工作”——〈李霁野文集〉阅读札记》)

五、远赴台湾兴文化，一朝回归愿无违

1945年日本投降，抗日战争结束。但国民党在美国的协助下，开始调兵遣将，内战的乌云已经布满天空。白沙女子师范学院因掀起反国民党风潮被解散，李霁野心中充满愤懑，他在诗中写道：“八载停烽火，重操同室戈。家园空入梦，插翼渡天河！”1946年3月8日，李霁野离开白沙，一路颠簸，费尽周折，终于在5月11日回到故乡叶集同家人团聚。而此时，国民党发动的内战实际上已经开始。由于暂时不容易找到工作，李霁野计划在故乡陪父亲生活一二年，只写作译书。但9月他却接到许寿裳的信和电报，约他到台湾省编译馆当编纂，编译西洋文学名著。李霁野接受了邀请，与李何林等相约一起前往台北。途经上海时，他们一起看望了许广平，并拜谒了鲁迅先生墓。许广平约郭沫若、茅盾、巴金等设宴为去台湾的一行人饯行，鼓励他们一定要把工作做好，不被日本人耻笑，表达了文化界人士对台湾文化重建的关注。

1946年10月中旬，李霁野等坐船到达台北。李霁野先在编译馆做编纂，编辑西洋文学名著丛书。他将之前已翻译发表的英国文学名著《四季随笔》重新加注。许寿裳精通英语，他和李霁野都赞赏这本书充满的爱国主义热情和对本民族文化的自豪感，认为适合在台湾印行。正如李霁野所说：“这本书所表现的强烈的爱国热情和民族自豪感，深深激动着读者的心。”1947年1月，《四季随笔》由台湾省编译馆出版，这是台湾光复后出版的第一本世界名著。许寿裳还特意嘱咐加印五十本，题字赠送大陆各大学图书馆，以纪念台湾回归祖国。

(李霁野、台静农与台湾省编译馆同人合影)

由于人手不够，编译馆工作一时未及全面开展。而几个月后，就发生了二二八起义，编译馆被迫解散。经许寿裳推荐，李霁野转到台湾大学外文系教书，业

余翻译长篇小说《在斯大林格勒战壕中》。1949年年初，有传言国民党特务机关认为李霁野曾掩护过在台北的共产党员，要逮捕他。因为事情乃子虚乌有，李霁野并未理睬，而是继续把《在斯大林格勒战壕中》翻译完，然后寄到上海印行。

台湾大学所藏西洋文学书比国内任何大学都丰富，李霁野想安下心来，系统地多读点书。但是事与愿违，许寿裳因传播鲁迅精神为台湾当局所不容，于1948年2月18日在台北家中被害。许寿裳的被杀令李霁野十分震惊和愤怒。在许寿裳追悼会上，李霁野一反温文尔雅的常态，拍案而起，痛斥国民党前前后后编造的各种流言蜚语，要别有用心的人站出来，他要当众打他们的耳光(详见黄猷《他身上有一抹历史留痕》)。李霁野的这种敢于和帝国主义、反动统治做坚决斗争的精神与鲁迅不屈不挠的战斗精神可谓一脉相承。

因为李霁野是受许寿裳之邀来到台湾的，是为消除日本殖民统治时期“皇民化”，推行国语、传播新文化的重要成员，所以，要逮捕他的传闻一日胜似一日。1949年4月，为免受时局的危害，他不得不深夜携家逃亡。在中共台湾地下组织的帮助下，李霁野经香港，几经周折，终于在1949年五一劳动节前平安到达了他的第二故乡天津。李霁野不禁即兴赋诗，表达内心的喜悦：

阳光灿烂白鸥飞，意在般般伴我归。

我向自由天地去，从今似尔愿无违。

在台湾的时间虽不长，但对李霁野一生的影响却很大。他一直保有对台湾的一份独特的感情和关注。1988年，《给少男少女》以《爱与人生》为名，由台湾新雨出版社出版。他的另一部广为流传的译作《简·爱》早在1978年即由台湾远景出版公司出版，到1988年已印至第六版。2004年，台湾桂冠图书股份有限公司又出版了这本经典译作。李霁野非常看重自己的作品在台湾受到读者的青睐，他希望自己的文字能为两岸文化的融合略尽微薄之力。正如他在1984年《新年和台湾文艺界谈谈心》一文中所言：“愿海峡两岸的文艺工作者携起手来，共同谱写《东风颂》，像雪莱谱写《西风颂》一样，将希望的种子播种到中华各族人民的心田，扎根、发芽、开花、结果。”

六、坚贞傲骨定难摧，青春虽逝有豪情

1949年9月，李霁野受聘到天津南开大学外文系任教，直到退休。除教书并负责行政工作外，他身兼多职，经常参加各种社会政治活动，热情投入新中国的文学和文化事业。在南开大学任教的同时，建国初李霁野兼任天津市文化局领导，

经常应邀协助黄敬市长接待来访的重要外宾，推动对外文化交往与合作。他谨遵时代之命，经常应《天津日报》约请，紧密配合当前形势与任务，写作发表了大量杂文和诗歌，热情赞颂祖国新貌，讴歌第三世界国家人民的解放斗争，痛斥帝国主义侵略和霸权行径，批评社会生活和文化领域的某些弊端，论点鲜明，笔锋犀利。由于在中国现代文学史上的代表性和重要影响，李霁野后来被选为中国作家协会名誉副主席。

早在天津民进地方组织创建伊始的1952年，李霁野就加入了民进组织。他和著名科学家、教育家、南开大学校长杨石先教授，以及著名汽车内燃机专家、教育家潘承孝教授，都是天津民进组织早期领导人，为天津民进组织的发展壮大作出了贡献。1953年10月4日，民进天津分会选派李霁野等人为代表，参加第三届赴朝慰问团，慰问朝鲜军民和中国人民志愿军。1956年，李霁野加入了中国共产党。从那时起，他就抱定终生为党的事业而奋斗的信念。在党的文化领域、教育领域和统战工作方面，李霁野呕心沥血，勤奋工作，发挥了别人无可替代的重要作用。

中华人民共和国成立以后，李霁野的足迹踏遍了半个中国，所到之处，即兴成咏，写景抒情，浑然一体。收录在文集和文集补遗中的诗集共有五集，即《乡愁集》《露晞集》《国瑞集》《卿云集》《琴与剑》，共收诗歌四百多首；还有两部叙事长诗，即《海河岸上人家》(1108行)、《史湾赵平》(2000行)。《海河岸上人家》描写工人子弟王大虎在朝鲜战场上勇敢、无畏的表现，树起一块礼赞英雄的碑石。《史湾赵平》写"一位英勇战士的业绩"，这位战士就是革命烈士赵赤坪，"史湾赵平"实际就是"叶集赵赤坪"。李霁野在长诗后记里说："我自己知道这算不了诗，只是奉献对万千先烈的虔诚薄奠罢了。"1957年，李霁野还参加文化代表团访问了意大利、瑞士和法国，后来写就了《意大利访问记》。

"文革"中，因为一本没有发行的旧诗集，李霁野被南开大学的当权派抓了出来，并被抄家。他的诗成了反党的铁证。"素交相携访乡贤，果腹糟糠衣带宽。国事日非言路绝，相期枯坐只谈禅。"这首诗是在重庆写的，抒发了李霁野对蒋管区的不满和愤慨之情，却被说成是污蔑现实。他于1945年8月在四川白沙写的诗中有"不卜何时能渡峡，心思先伴月明归"的句子，是要渡过山峡早回故乡的意思，却被曲解为梦想渡过海峡投奔蒋介石，并以此诬陷他是蒋介石派过来的特务。李霁野一向温文尔雅，但还是有铮铮傲骨的。他贴出上万字的小字报给予批驳，为此遭到刑讯折磨，也曾因此被扫地出门，一个人住在被称为"西伯利亚"的小屋内。"青春永逝豪情在，时届严冬爱玉梅。烈火燎原焚恶莠，坚贞傲骨定难摧。"旧体诗写作成为他在苦难中的精神支柱。李霁野的旧体诗与他的卷帙浩繁的九卷文集相比，数量虽然有限，但却像镶嵌在银河中的星辰，散发出诱人的珠玑的光芒，使其所走过的文学之路更加辉煌。

七、流泪伤生离，情深怀故人

李霁野是两岸文化交流融合的开拓者。1977 年 8 月，他从自己与台静农共同的老朋友处听说台静农枯守台北，不禁感慨万端，悲从中来，写出绝句三首《怀老友静农伤鲁迅素园寄维钧》：

（一）

流泪伤生离，君心连我心。

何时成一统，聚首诉衷情！

（二）

死别固吞声，难忘怀旧情。

倏忽四十载，师友两凋零。

（三）

义重轻生死，情深怀故人。

悦君珍晚节，白首有童心。

当年 12 月，台静农通过女儿，从美国给李霁野寄来了多件可慰别情的物件——台静农近照；台静农所绘的一幅题写了宋人诗句“孤灯竹屋清霜夜，梦到梅花即见君”的梅花图；还有一幅字，是台静农书写的李霁野的一首诗。诗是他们在白沙时李霁野所写，值得感佩的是数十年后台静农仍然记得李霁野的诗。这些物件，勾起了李霁野的许多心事，他感到无限欣慰，又无限悲伤，当即写下了几首绝句，其中一首是这样的：

南北卅年两地分，时伤白发意难禁。

何当渡峡访君去，共庆晴空妖雾清。

李霁野将台静农的书画从此长悬于家中的墙壁上。虽然当时台海之间的“三通”并未开通，可他们的友情早早超越了政治樊篱，成了割不断的心灵信物。

1981 年 9 月，李霁野接到台静农的来信。信中抒发了思念故土的情绪，并写自己长期饮酒以醉的状态。随手，台静农又书唐人贾岛的诗句，表露心迹：“旧园别多日，故人无少年。”读到此诗句时，李霁野不禁潸然泪下。他随即写诗数首，抒发当时心情：

（一）

天外飞来故旧书，泪流妻稚问何如。

多年枉做还乡梦，万水千山无坦途。

（二）

满纸缠绵故国思，狂饮大醉夜眠迟。

故人更在青山外，愦懑聊书贾岛诗。

1983年，在美国任教，亦经常去台湾的书法家张充和与丈夫回国探亲，到天津拜访了李霁野。通过她，李霁野对台静农的情况有了更深切的了解。当时，张充和剪下了李霁野新发表的一首诗，说要写在一张扇面上，带去给台静农看。有感于此，当年"月圆之节"——中秋，李霁野在时隔数十年后，第一次向老友台静农夫妇送上一函："'人生不相见，动若参与商。'我们常常想到这两句诗而叹息，想你们也是如此。东坡曾叹不能将纸窗佳趣遥寄友人，我们更叹不仅'破纸窗间自语'无法共赏，连'把一纸寄来书从头读'的权利也被剥夺了。"

之后，李霁野利用各种便利条件，将自己新校重印的几种译著，辗转带去台北，交付老友手中。海外的台静农曾托一位日本朋友，将一册《静农书艺》带到日本，从东京转寄天津李霁野手中；另一册《龙坡杂文》，是台静农的女儿从美国探亲到天津交给李霁野的；一部《静农论文集》，也是1990年才托人带到天津……这许多的托人，通过若干国度的辗转，不断转送的书籍、信札，都深切地表达出一对老友乃至海峡两岸人与人之间相通的强烈愿望。1990年8月，台静农委托两位来大陆的学者，去天津看望李霁野，并带去了自己的新著和李霁野当年在台湾出版的一部译作《四季随笔》。这部译作，是台湾光复后出的第一部作品。这令李霁野十分感念。当时为了校注该书，李霁野从台湾大学图书馆借出一本日本人所注的英文原本。1949年4月，为免受时局的危害，李霁野一家匆匆离开台湾，这本书便被带回大陆。这次见到台静农委托的学者，李霁野便将此书托他们带回台湾，归还台湾大学图书馆。其中一位学者有感于其中波折，写出文章报道了此事。文章在台湾报纸发表后，引起极大反响。大陆也有多家媒体转载。这是海峡两岸难以分割的情谊见证。

李霁野从朋友那儿得知台静农想与自己通电话，但当时他的家中尚未安装电话。为了能满足老友的愿望，从1990年5月起，李霁野开始通过录音的方式，回忆过去，瞩望将来。他一共写了六篇文章，自己朗读录成音带寄给台静农。在谈到他们死去的友人韦素园时，李霁野对老友坦然谈到了他们的身后事：

"你大概还记得，为素园买墓穴时，我们曾谈到在旁边多买一穴，我们谁先走，谁去同他做伴。不过以后没有实现。”“我们想，我们百年之后，一定是要火葬的，把骨灰盒安葬在素园墓旁，将死别变为死会，死后的事虽然难说，生前这样安排，倒可给我们一点欣慰……我们生离了这多年，生前是无法弥补的了，死后若能在一处长眠，不也至少在生前给我们一点精神上的安慰吗？……死亡虽然不是我们很欢迎的客人，也不是什么可怕的魔影了。”

“静农：今天是中秋佳节，我突然想起你在抗日战争初期所写的一首诗：玉宇无尘桂魄寒，天风吹梦遍人间。灯前儿女分瓜果，未解流亡又一年。”由诗，李霁野又回忆起当年两人相聚白沙的情景：“想起你在白沙所写的诗，也就联想起白沙的许多往事……”

1990 年 11 月 9 日，台静农因病在台北逝世。噩耗传来，身在天津的李霁野无限悲恸，写下了饱含深情的《永别了，静农！》在海峡两岸发表，以表哀痛：

“静农患癌症的消息使我震惊，增加了生离的愁苦，逝世的消息传来，却成了死别的悲痛了。他同我的友谊有近九十年的历史，生离的时间抗日战争期间有五六年，1949 年以后四十多年，聚离的时间各一半。在两次离别期间，我们很少通信，原因用不着多说。我们自然很关心彼此的劳动成果。连着也颇费周折……久别的老友连这点彼此的安慰也得不到！”

此后，又写下了《记梦》一文，以杜甫《梦李白》中的诗句“故人入我梦，明我长相忆”起始，记述梦回故乡与友人重逢的情景。

1989 年，北京鲁迅博物馆陈漱渝曾赴台湾探亲，五次拜访台静农。1990 年 11 月，当得知陈漱渝将再度赴台探亲，李霁野特地写信请陈漱渝转达台静农，请他将鲁迅用过的文房四宝、日用器物选几件交陈漱渝带回，转送给上海鲁迅纪念馆，以慰鲁迅先生在天之灵。台静农在台湾病逝后，李霁野通过台静农亲属、学生及海外进步文化人士收集台静农部分遗存，连同自己收藏的涉及鲁迅之物，分别捐赠给北京鲁迅博物馆和上海鲁迅纪念馆，为鲁迅研究和纪念事业尽最后一份力。

八、“将光明传到新人手里”

（李霁野）

由于把主要的精力都投放到了教育工作和文学创作中，1949 年后李霁野翻译的作品相比以前较少，主要译作有《难忘的一九一九》《山昆湖》等。为了继承鲁迅热心扶植文学青年的精神，李霁野还曾与湖南人民出版社合作，创办并编辑《未名小集》，吸引了不少文学爱好者加盟。他说：“我想，从一生中回忆自己的生活，把自己的‘财富’总结总结，传给下一代……还要为青年们做点事情。希腊的一个哲学家说过这样的话：我们就是从黑暗中来的，将来要回到黑暗中去。在这两个黑暗之中，我们要把火把接过来，在我们进驻黑暗之前，将光明传到新人手里。”(详见张尔安《“将光明传到新人手里”——纪念李霁野先生诞辰100周年》)表现出关爱青年、提携后人的博大胸襟和殷切情怀。

1987年至1992年，李霁野曾三次被选为民进中央参议委员会常委。此时，他已经是80多岁的老人了。尽管年事已高，李霁野依然满怀着高度的政治热情，关注民进组织的兴替变化，关心新时期统一战线工作的创新发展。

[1984年李霁野(右一)在天津河北女子师范学院校友座谈会上，左二为邓颖超]

自1923年离乡赴京求学，李霁野较少回乡探亲，但他的内心无时无刻不在思念着故乡。这不仅表现在他创作的诸如《史湾赵平》《红杏枝头簇晓霞》《似曾相识的杜鹃花》等作品中，还表现在他对家乡发展变化的时刻关注上。1991年，江淮流域遭遇特大洪涝灾害。87岁高龄的李霁野在天津为家乡募集捐款，为母校明强小学盖了一幢教学大楼——“津谊楼”。

1997年5月4日，一生深受五四新文化运动影响的李霁野教授在五四运动78年后于天津病逝，享年94岁。2004年，上海鲁迅纪念馆为纪念李霁野百年诞辰，编辑出版了《李霁野纪念集》。同年，天津百花文艺出版社出版的九卷本《李霁野文集》，展现了李霁野的文学成就，让我们看到了他“实地劳作，不尚叫嚣”(鲁迅语)的严肃与踏实。

(李霁野)

李霁野先生一生笔耕不辍，著作等身。除了创作出诸多脍炙人口的小说、散文和诗歌以外，李霁野译介的许多域外革命文学作品，都具有揭露社会黑暗、启迪国民精神、唤醒国民英勇斗争的主题。其目的就是为了传播革命精神，激发国人革命救国、革命强国的信心，促使国人觉醒。他积极投入新文化运动，成为一位名副其实的“五四运动锻炼出来的文艺战士”“不断追求光明进步的革命者”，为我国的文学翻译事业作出了重要贡献。

而今，终生忠实于鲁迅思想与事业的李霁野先生，长眠于故乡叶集温暖的土地上，他所承传的鲁迅精神仍在激励着后人。

（陈红梅撰稿）

台静农

（台静农）

台静农(1903—1990)，原名台传严。安徽省霍邱县叶集镇人(今属六安市叶集区)，“未名四杰”之一，现代著名作家、教育家、书法家。

台静农有家学渊源，先祖澹台灭明，是孔门七十二贤之一。始迁祖能公，在明代洪武年间，奉旨迁徙安徽凤阳，而后迁至叶集。台静农的父亲台兆基是清末秀才，后来就读新式学校，能文擅字、满腹经纶。台静农童年与儿时玩伴李霁野、韦素园、韦丛芜先后进入私塾读书发蒙，临帖、读史、诵经、对对子，得到了良好的思想文化启蒙教育。塾师安信之还向孩童们介绍刚刚过去的辛亥革命，使他们对革命有了初步的认识，为读书报国理想打下了基础。他们同年进入叶集明强小学学习，开始接受现代科学文化知识。课余，老师们经常给学生灌输爱国主义、无神论思想。语文老师董卓堂称赞他们几位：“不仅学习优异，在对待事物、时政的见解上，已超出同龄人许多。”少年台静农还赋诗云“立定脚跟撑世界，放开斗胆吸文明”，抒发了远大理想。

台静农在汉口德华中学读书时，参加宣传新文化运动。1922年秋，进入北京大学中文系读书，李霁野、韦素园、韦丛芜也陆续到北京求学。他们通过小学同学张目寒的引荐，有幸结识了鲁迅先生。1925年夏，鲁迅带着台静农等五位文学青年，在北京成立未名社。未名社既是鲁迅扶持培养的新文学社团，又是鲁迅与几位初出茅庐的青年合资创办的一个出版社。台静农、李霁野、韦素园、韦丛芜以未名社为平台，积极从事新文学活动，各自取得了骄人的成就，被誉为叶集“未名四杰”。

台静农与鲁迅先生结下深厚情谊，亦师亦友。台静农紧跟鲁迅进步文化活动方向，成为五四文坛一名冲锋陷阵的战士。鲁迅说：“这个喝着新文化乳汁长大的安徽农家孩子，如火的激情，直白的呐喊，无畏的前进姿态，以精诚、以赤血供奉唯一的信仰……这大大出乎人们的意料。”

一、文坛冲锋陷阵的勇士

台静农于1922年1月在《民国日报》副刊上发表其处女作新诗《宝刀》，诗人要用“宝刀”斩除那些祸国殃民的恶魔——当时的军阀，批判锋芒十分锐利。

作为民间文学的重要组成部分，歌谣是人民的口头创作，最为贴近生活，直接表达人民的思想感情和意志愿望。中国现代第一个民间文学研究团体是北京大学歌谣研究会，1922年北京大学研究所成立国学门，歌谣研究会并入其中。《歌谣周刊》在北京大学成立25周年纪念日创刊，周刊的编辑校对均由国学门歌谣研究室负责人常维钧担任。1924年，台静农从中文系转到国学门当研究生，负责风俗研究室，与常维钧成为莫逆之交。

应常维钧之请，台静农腾出时间回故乡采集淮河地区的歌谣和乡村故事，临走之前他特地去向鲁迅先生辞行。鲁迅对他提出了殷切希望：“收集民歌和逸闻故事要住到农民家里去，听他们说些什么，想些什么，要求什么。老百姓的要求和希望都表现在民歌里，回来后整理出带有乡土味的文字，冲击一下靡靡之音和死气沉沉的文坛，做一个冲锋陷阵的勇士。”鲁迅的鼓励使台静农信心满满，干劲十足。从鲁迅家回来，台静农先去向韦素园告别，韦素园交给他一封家信；又到北京崇实中学找到李霁野和韦丛芜，李霁野也托他捎一封家信。

1924年岁末，台静农坐上南下的火车，到达安徽蚌埠后改乘轮船，由淮河到史河，回到故乡叶集。五里长街却一片惨淡景象，北大街被烧了一半，台静农家在南大街，一座前店中厅后堂的三进旧宅院。台家经营一个店面，店号名曰“台裕大”，店面五间，两边的厢屋各三间，后面是大五间厅屋，构成一个四合院子。接着又是两边厢屋各三间，与后面的大五间堂屋又构成了一个四合院子。店门半开着，表兄正在柜台内打瞌睡，听到脚步声，睁眼一看是台静农，兴冲冲地走出柜台道：“早收到你要回来的信，姑妈天天在盼。怎么晚了些时日？”

“路上不好走，军队征用轮船运兵打仗，徒步绕道多走了几天。”台静农简单地描述了路上所遇。“该死的北洋军，还没进镇就打炮，北大街被烧了半条街，眼下生意萧条。”表兄一边愤愤地说，一边替台静农提行李。

“表弟回来啦！表弟回来啦！”随着表兄的叫嚷，台静农的父母、弟妹从堂屋迎到大厅。“俺妈，俺伯”，台静农奔向父母，台母拉着长子的手喜不自禁地说：“让我好好看看。瘦了，瘦了！”说着眼泪不禁掉了下来。台母为台静农做了他喜爱吃的叶集山羊肉烩馓子、雪里蕻炒肉丝、手擀面。久别的母亲烧的饭菜的味道，令台静农备感家的温暖。第二天早饭过后，台静农趁早去北大街的韦素园、韦丛芜兄弟家和李霁野家送信。虽然友人们在家信中都说在北京很好，父母不必挂念，看着他们渴盼的双眼，台静农还是坐下，向他们详细地叙说友人在北京的境况。

台兆基老先生曾在汉口、芜湖等地任过检察官、法院院长等职，不满袁世凯复辟帝制，愤而辞职，索性回乡开个店铺糊口。他读过鲁迅的不少作品，非常佩服鲁迅的铮铮铁骨以及忧国忧民情怀。台静农眉飞色舞地把在北京认识鲁迅先生的经过向父亲叙述了一遍。“你这次回来鲁迅先生知道吗?”“知道。”台静农将此次回乡的目的禀告父亲，接着说：“临走前去向鲁迅先生辞行，先生积极支持我回来。他说：‘中国老百姓苦，特别是农民受大小军阀、反动政府、地主豪绅压迫剥削，灾难最深。他们无处诉说，就将压在心底的喜怒哀乐用自编的歌谣唱出来，编成故事讲出来，这是真正的人民之音。’叫我住到农民家里和农民交朋友，好真正了解农民。”

“好，有志气。”台父想了一想说：“正好你有个表姐住在淮河边上，靠几亩薄田和打鱼度日。你小时候也见过这位表姐，她性格开朗，爱说爱笑。你先到她家，请她找沿河的乡亲就方便了。”“太好了！我过了年就去。”台父慈爱地看着穿着长袍大褂的儿子，摇着头说：“下乡穿这身衣裳不行，赶明儿叫你妈给你做一套粗布的短棉袄和短棉裤。”

旧历新年刚过，台静农辞别父母，顶着寒风走向千里淮河。傍晚时分才走到表姐家所在的村庄，便向一位须发皆白的老人打听表姐的家。老人热心地为台静农带路，离房屋老远就大声喊：“陈春芳、陈春芳……你家来客了!”“哪个贵客啊?”只见一位身材高大的中年女性大声粗气地笑问。台静农赶忙走向前去，微笑着自我介绍：“表姐好！我是叶集台裕大家的老大台传严。”表姐一听，毫不见外地笑道：“哎呀！是表弟呀！前些年到你家去避荒躲债，你才这么高。”说着用手比画着，“现在成大人了，真不敢认了”，忙招呼台静农和老人进屋。“这是我婆家那边的王大伯，你表姐夫带着你侄儿撑船到正阳关帮人运货去了。听说你在北京读书呢，啥时回来的?”表姐边向台静农介绍老人，边与台静农唠起家常。表姐向大伯说：“大伯别走了，陪表弟说说话，我去做晚饭。”

台静农想到此行任务，便抓住机会向王大伯了解乡下人生计状况。“每逢天旱水灾，乡下人都要举家逃荒躲租躲税。这几年托自卫队的福，还过得去。”王大伯话头一转，津津乐道起近些年活跃在淮河岸边的农民自卫队：三年前张勋的辫子军和段祺瑞的队伍在蚌埠打仗，张勋吃了败仗，带着军队爬上火车向北逃跑了。担任后卫的一个连没能赶上火车，连长只好带着人沿着淮河开过来，结果误入了芦苇滩，迷了路，为了活命，被十几个年轻人缴了枪。从此，芦苇荡有了自卫队，专门劫富济贫，和官府作对，吓得恶霸地主都跑了，官府也不敢轻易来。后来传说那个带头缴了辫子兵枪的年轻人是共产党，老百姓都叫他们农民自卫队。

正说着，表姐端上一个土炉瓦锅——农民自制的火锅，放在桌子中间，锅里翻滚着腊肉和白菜，飘散出香味。台静农走了一天路，中午啃了两个烙饼，肚子早就叫唤了。表姐还拿来一小壶白酒，笑着说："火锅就酒，越喝越有。"三人边吃边聊。台静农向表姐说明来意，是来收集农民自编的民歌、民谣和像大伯刚才讲的农民自卫队的乡间故事。

"啊！收集这些有啥用？"

"有用得很呢。诌书立戏真山歌！民歌中的生活是真的，所表现的民风民情是真切的，感人的，是民声的真实反映。"台静农过年前曾在家写有一篇名为《山歌原始之传说》的文章，探析山歌最早出现的传说。

表姐一听，来了精神："我们这儿的山歌、故事，三天三夜都唱不完讲不完。就说去年吧，新来个朱县长，上下一样粗，老百姓私下都叫他蠢猪(朱)。他听说农民自卫队的事，说我们这儿是匪区，上任不久就骑着枣红马带着保安队来'剿匪'。老百姓一听到消息，都钻进了芦苇荡。那蠢猪县长追赶到淮河沿上，抬眼一看，芦苇滩无边无际，风吹芦苇沙沙响，让人心惊胆战，不敢贸然进滩。一阵偏东风吹过，他自作聪明，要火烧芦苇荡剿灭'土匪'，就令保安队放火。火刚点着，风向突然改变，西北风卷着烈焰向他们扑来。一群人拼命狂奔十多里路，蠢猪县长的头发、眉毛、胡子都没了。"

王大伯忍不住哈哈大笑，接过表姐的话说："没两天，老百姓编个词儿唱道：'县长大人本姓朱，又蠢又笨又贪污，要学军师诸葛亮，蠢猪成了烧烤猪。'"大伯这一唱把台静农乐坏了，忙拿出纸笔记了下来。

饭后，表姐殷勤地端来一盆热水，说："表弟走了一天路很累了，你洗洗脸泡泡脚，早些睡吧。明晚我就找些乡亲来给你唱山歌、讲故事。"转身向王大伯道："唱山歌大伯最在行，您明晚来带个头。"王大伯起身告辞说："我一定来。"

第二天晚上，表姐早早地在堂屋里支起一个大火盆。乡亲们听说陈春芳家来了个在北京大学读书的表弟，本来就稀奇，又听说这表弟来收集山歌小调和乡间故事，更是好奇。表姐家的堂屋陆陆续续坐满了人，你一言我一语，好不热闹。"我这表弟大老远来我们这里收集山歌，回去还要在北京城的什么刊物上发表，大家可要使出看家本领来唱。"表姐话音未落，众人推选王大伯先唱。只见王大伯笑眯眯地先啜一口茶润润嗓子，一摸花白胡子，用流行的淮河调就唱开了：

太阳一出照树梢，地里禾苗尽枯焦。
地主催租官逼税，卖儿卖女把饭要。
自从有了自卫队，万绿丛中红旗飘。
打富济贫显威风，地主豪绅连夜逃。
火神借得北风力，烧得蠢猪没了毛。

乡亲们听到蠢猪县长这一句，忍不住大笑起来。王大伯乘机呷一口茶，继续唱完他的民歌。

“小琴，你喜欢唱歌，嗓子又好，唱一段给表弟听。”表姐俨然一个老道的主持人。“好吧，不准起哄”，小琴站起来羞涩地说道。小琴唱山歌，声音清脆婉转：

小渔船，水上漂，妹妹歌声响云霄，引得燕子双双飞，引得鱼儿船上跳，哥哥要是爱听歌，也学鱼儿船上跳。

云遮天，月色昏，蠢猪儿子进了村，打死老爹凌辱女，丧尽天良灭人性，鱼儿呼天天不语，鱼儿叫地地无声，悲愤含冤无处诉，大槐树上殉了情。锁儿痛苦流血泪，泪尽死在槐树根，生不同衾死同葬，淮河岸边双人坟。

自卫队，似天神，从天而降潜入城，抓住猪仔不准叫，双人坟前祭英灵。世上多少悲惨事，淮水滔滔诉不尽。王八羔子快死去，新天新地日月明。穷苦百姓腰直起，从此不再受欺凌。

小琴唱罢，屋内鸦雀无声，几个大婶悄悄在擦眼睛。表姐悄声向台静农解释：小琴唱的山歌故事就发生在他们村，鱼儿是村东头张老汉的女儿，父女俩打鱼为生，锁儿是村西头金寡妇的儿子。锁儿、鱼儿从小一起玩耍，一起长大，从两小无猜到心心相印。蠢猪县长的儿子癞皮狗，听说鱼儿貌美如花，带着狗腿子乘黑摸进村，打死了张老汉，侮辱了小鱼儿。鱼儿悲愤地吊死在老槐树上，锁儿在老槐树下泪尽人亡。乡亲们无处伸冤，只能含泪将他俩合葬。自卫队听说了这事，带人潜入县城抓了癞皮狗，带到两人坟前，用仇人的鲜血祭奠两人。台静农深深地叹口气，苦难的中国老百姓，何日才能不再受军阀豪绅的压迫蹂躏，同时也为芦苇荡中的英雄好汉赞叹不已。

“今晚就唱到、讲到这里，明天晚上大家来早些，让表弟也给你们讲讲北京城的新鲜事儿。”表姐真是一位调度有方的“主持人”。几个小青年高兴地直拍手，他们提议多讲一点外面的世界。台静农看看笔记本已密密麻麻地记了几十页，开心地答应了他们。

早饭后，台静农打算去看看千里淮河，表姐一再叮嘱千万不要一个人进芦苇荡。淮河经常发大水，把两岸土地冲出很多河汊，淤起很多荒滩，荒滩上长出大片芦苇。滩中有的泥塘淤泥有一两人深，表面一层硬壳，下面糨糊一样。本地人能摸出通道，外地人误入泥塘休想活命。台静农顺着村里小道走上淮河大堤，但见河面辽阔，两岸芦苇萧萧。晨曦中，仿佛看到自卫队神出鬼没游走于芦苇荡，守卫着两岸淮河儿女，台静农不禁肃然起敬！

晚上，表姐家来了更多的乡亲，几个年轻人催着台静农说说外面的世界、讲讲北京城的故事。台静农侃侃而谈自己近年来的见闻：军阀连年混战，百姓生活在水深火热之中。直系、皖系、奉系各派军阀，今天我联你，明天你打我，闹得不可开交。总统、内阁如走马灯似的在北京城转换。北京各校爱国学生为抗议北洋军阀的卖国行径，游行示威，火烧赵家楼，痛打章宗祥，引发了震惊中外的五四爱国运动。作为五四运动发源地，北京大学师生积极与黑暗势力抗争，走在时代的前列。台静农特别讲到鲁迅先生如何用文学武器参与思想启蒙与现实批判，以及鲁迅同旧社会和腐朽当局顽强斗争的精神。台静农在说到鲁迅先生的事迹时，双眼熠熠生辉，几个年轻人也神往不已。

“明晚我给你们讲鲁迅小说里的故事，现在我想听你们的歌谣了。”还没等台静农打开笔记本，经常在结婚闹洞房时赞喜句的李嫂站了起来：“我先来。”已然不需要表姐的“主持”了。李嫂先唱了一段拿手的赞喜句：

> 一撒一元入洞房，一世如意百世昌！二撒二人上牙床，二人同心福寿长！……

“好！”乡亲们仿佛置身于喜庆的婚礼上，欢快的情绪被李嫂调动起来。

李嫂接着唱了好几首民歌，歌声婉转动听，众人赞不绝口。她唱的这些民歌不少属于情歌，多是描写青年男女心心相印、至死不渝的爱情：

> 郎有心，姐有心，不怕山高水路深；山高也有盘旋路，水深也有摆渡人，我二人来一样心。

只要男女心意相通，纵然山高水深，也能一起同心协力抵达爱情彼岸。

> 俺跟乖姐隔之江，自从交接没来往；听说乖姐要发嫁，买副丝带去添箱，扒住轿门哭一场。

男女隔江相望。男子一直思念女孩，但又不能自由交往，现在女孩要出嫁了，男子痛苦万分，但又无可奈何，为了表达心意，只能“买副丝带去添箱”。“添箱”是皖西特有的民俗，女子出嫁时，亲朋好友都要给一些钱物，表示贺喜与纪念。给的钱物放在女子嫁妆的箱底，叫作“添箱”。多情的男子买了丝带给出嫁的女子添箱，既是表达情意，留作纪念，更是表现了对封建包办婚姻的控诉！

> 吃了饭来懒烧茶，姐大郎小懒贪花；酒肉财气人人爱，一只龙船无人划，

十七八岁守孤寡!

李嫂的这首民歌特别引起了台静农的兴趣。台静农向乡亲们解释说：在中国不少省份流行娶长媳的婚俗，妻子往往比丈夫大几岁，并且新郎还是小孩子的时候，媳妇就娶进门。民谣里，也反映出这种小丈夫的婚俗。像四川山歌：“十八女儿九岁郎，晚上抱郎上牙床，不是公婆双双在，你做儿来我做娘!”原来皖西地区除了冲喜婚、转房婚等婚俗外，也有小丈夫婚俗!

就这样，乡亲们唱他们自编的民歌、民谣，讲他们知道的乡间故事；台静农讲北京城里的故事，讲鲁迅小说里的阿Q、王胡、华老栓、祥林嫂……欢快声中，不觉已度月余。台静农数数几个笔记本，已收集2000多首民歌、民谣和几十个乡间故事，喜不自禁。这些收集的民歌民谣和乡间故事，有悲剧型的乡间故事叙述，更多的是淮地民风民情民俗的表现，有着现实批判、民俗学、美学等不同价值。

转眼春回大地，乡亲们要春耕了，自己也要回校读书，台静农收拾包裹辞别表姐一家和众乡亲。父母弟妹看到他满载而归，都为他高兴。回京前，父母和他商量把他的婚事办了。台静农的这门亲事，是由双方父亲“指腹为婚”的。台父早年同本集镇一个于姓秀才同去科考，此时各家妻子都怀有身孕，两人相约，若是一男一女就结成秦晋之好。之后，于家生个女孩，取名于韵娴；台家生个男孩，即台静农。台静农原本是极不愿意这门婚事的，对方没有文化，不是志同道合的知音。但他深知父亲的左右为难，唯一可以抗争的便是一拖再拖。于家提出，现在兵荒马乱的，有个待嫁姑娘在家日夜担惊受怕，乘台静农回乡把婚事办了。台静农不得已点了头，内心世界的悲楚无法形容。两人没有举行任何的传统婚礼形式，互换胸花结成伉俪。幸运的是，他们成了先结婚后恋爱的典范，他们婚后几十年相濡以沫，风雨同舟，一直相伴到老。

（台静农）

回到北京，台静农从2000多首歌谣里整理出113首作为《淮南民歌》第一辑，陆续在《歌谣周刊》发表，产生很大影响。从目前有关文献资料数据看，台静农搜集的2000多首歌谣公开发表了167首。1971年，台湾娄子匡先生在编辑“民俗丛书”时，将当年发表在《歌谣周刊》上的113首情歌重新影印出来，取名《淮南民歌集》，由台北东方文化书局印发，在海内外再次产生很大反响。台静农搜集到的几十个乡间故事，多数成为他乡土小说集《地之子》中作品的蓝本。1928年，由未名社出版的《地之子》，确立了台静农在现代小说史上的地位，标明了台静农的小说创作走向成熟。1935年，鲁迅主持编选《中国新文学大系·小说二集》，收录了《地之子》中的《天二哥》《红灯》《新坟》《蚯蚓们》等四篇，鲁迅自己也只收录四篇。鲁迅在该书序中给台静农的小说以很高的评价，“在争写着恋爱的悲欢，都会的明暗的那时候，能将乡间的死生，泥土的气息，移在纸上的”，唯台静农。台静农乡土小说继承了五四时代精神，沿着鲁迅先生开辟的社会批评和文化批评的创作路子走下去，通过描述“地之子”生活的困难，揭示现实社会的黑暗，并向人们展示了这些贫困者思想的麻木与愚昧，从性格心理层面揭示出国民的劣根性。香港当代作家刘以鬯说：“20 年代，中国小说家能够将旧社会的病态这样深刻地描绘出来，鲁迅之外，台静农是最成功的一位。”

二、从事进步文化活动三次被捕

台静农的第一次被捕源于未名社翻译出版的一本书，被视为“赤化嫌疑”。

鲁迅 1926 年 8 月离京南下后，主要通过书信指导未名社社务。1927 年年初，未名社“守寨人”韦素园的肺结核病加重，被台静农等送往北京西山福寿岭疗养。还在大学读书的台静农、李霁野、韦丛芜承担起未名社社务工作，他们把未名社社址从韦素园的住处沙滩北大红楼对面新开路五号的一间小屋，搬到北京西老胡同一号，这是个小四合院。三人相约都到社里住，轮流“守寨”。

1928 年 4 月 7 日是个周末，台静农、李霁野、韦丛芜都在社里工作，突然闯进几个大汉，将三人团团围住。为首的带黑眼镜的大汉阴声怪气地吼道：“我们奉张大帅之命来搜查共产党的文件，识趣的主动交出来，免得老子们动手！”

年事稍长的台静农冷静地说：“我们这里只有书籍和杂志，什么共产党文件，我们没有见过，也不知道。”

“敬酒不吃吃罚酒！”黑眼镜手一挥，“给我搜！一处不许落下。”几个大汉蛮横地推开三人，宿舍、编辑部、出版部都被他们翻个底朝天。一通搜寻，除了破衣、破包裹、书籍、杂志，啥都没有。黑眼镜不甘心，亲自去转一圈，猛然看到一面墙上挂着一张大胡子洋人的照片，惊恐万分地叫道：“你们看，那不就是马克思！”当时北洋军阀谈“马”色变，其实未名社墙上挂的是托尔斯泰的照片。

“你们挂着马克思的像，不是共产党是什么？统统给我带走！”

“你看那胡子嘛！是马克思吗？我们没犯法，你们凭什么抓人？”年龄最小的韦丛芜据理力争。

黑眼镜仔细瞅瞅照片，心里没底，骂道：“妈了个巴子，张大帅说你们犯法，就是犯法。”几个大汉不由分说地抓住三人手臂，将他们推出院门，把未名社大门加锁贴封条。

路上，三人用英语通了气：不牵连鲁迅先生和韦素园，坚持是大学生翻译些外国书卖点钱交学费和生活费。经过人多的大街时，黑眼镜用一根麻绳拴住三人的左胳膊连成一串，三人倍感屈辱，却无法反抗。三人被关押在东城报房胡同侦缉队，牢房用粗大木栅隔成三间，一股子尿骚味，屋里很暗，墙角孤零零放着一块大木板。三人又累又饿，靠墙坐在木板上歇息。虽然他们还没搞明白具体为何被捕，但心里有数。前不久共产党人王冶秋、李云鹤两位老乡，因参加"文字暴动"在安徽被国民党县政府通缉，转赴北京，借宿在未名社。王冶秋、李云鹤刚走没几天，三人暗暗考量，觉得这次被捕可能与此事有关。

天色逐渐暗下来，看守走了进来，一手提个马灯，一手提个竹筐，把马灯和竹筐往地上随意一放，说："开饭了。"

"侦缉队拘留所专关暴徒的，看你们文质彬彬的，不像是暴徒，怎么弄到这里来了?"看守不解地问道。李霁野附和他道："就是的，我们是燕京大学学生，不知为什么被抓到这里来。"

韦丛芜早就饥肠辘辘，看到竹筐里有一瓦壶开水，三只碗，六个黑窝窝头，伸手拿过一个窝窝头就啃，又冷又硬，还带有霉味，难以下咽。见此，台静农拿过一个窝窝头，用手掰成小块放到碗里倒上开水。不一会窝窝头成了一碗黑糊糊，台静农招呼李霁野、韦丛芜像他那样喝下去。

初春的北京，夜晚寒气袭人，三人只得背靠背贴在一起驱寒。第二天，黑眼镜带兵把三人押解到一个大厅。大厅前面有个高台，台上长桌后面坐着一个满脸横肉的军官，台下站着两排带枪的士兵。

"局长，犯人已带到。"黑眼镜点头哈腰地走向军官。

"为什么造反?"局长厉声问道。

"我们是北京大学和燕京大学学生，没有造反。"台静农沉着地回答。

"奶奶的，这是什么?"啪的一声甩下一本书来。三人一惊，注目一看，是《文学与革命》。

鲁迅比较推崇俄苏文学，未名社做了大量的俄苏文艺的翻译、出版、传播工作。20年代后期，由于中苏关系恶化和意识形态方面的原因，出版俄苏文学作品是要冒政治风险的，这使许多出版商望而却步。特别是十月革命后的无产阶级文学，一般书商更不敢出版。白色恐怖下，未名社坚持印行曹靖华翻译的短篇小说集《烟袋》，韦素园、李霁野合译的托洛茨基的文艺理论专著《文学与革命》。1928年年初，未名社将《文学与革命》寄往济南第一师范代销，不料该书被截查，售书站的负责人也被抓了。当时山东被军阀张宗昌割据，北京是奉系军阀张作霖的势力范围。张宗昌给北京军政当局拍发了电报，要求查抄《文学与革命》的出版机构，对译者和出版者“依法严办”。台静农等被视为“赤化嫌疑”，得知被抓原因，三人悬着的心终于放下。

“我们家境贫寒，翻译些外国书卖点钱交学费和生活费。《文学与革命》是我们翻译出版的一部外国文艺理论作品。”台静农机智地回答。

于是一份审讯报告呈上张作霖案头：在未名社没有搜到把柄，三人确实是北京大学和燕京大学学生。张大帅则有了自己的小九九：张宗昌那小子要把老子当枪使，老子不干，妈了个巴子，老子可不愿再招惹上北京的大学生。但又担心台静农三人真是共产党，不能轻易放了他们，三人仍被投进牢房。

“鲁迅先生和素园要是知道未名社被查封了，我们被抓，不知多么担心呢！未名社还有很多书稿要校对出印，《未名》半月刊第二期要组稿，我们也要回去读书。现在被关在这里与世隔绝，得想办法和外面的朋友取得联系。”台静农忧心忡忡。“找谁替我们送信呢？”

“找他”，李霁野悄悄指了指外面的看守，“他对我们有点同情，我们请他送封信给常维钧，承诺收信人会给他可观的邮资”。没有更好的办法，三人商定由台静农跟看守说，看守是本地当兵的，经常受张作霖带来的东北官兵打骂欺负。对东北军的不满，加上可观的邮资，看守答应替台静农三人送信。

常维钧去过未名社，见门被当局封了，细问房东才知道人被抓了。抓到哪里去了，不知道，这让他很是替台静农等人的安危着急。接到信后喜出望外，立即托北京大学国学研究所所长叶恭绰先生出面营救。台静农三人被捕50天后，终于获释，未名社也得以启封。

政治的高压没有使他们退却，出狱后，李霁野、韦丛芜继续翻译外国进步文学。台静农的小说创作几乎一篇接着一篇，描写青年革命者的英勇意志与献身精神，讴歌以血建塔的革命者对光明的渴求，对革命的忠诚，这些小说后来收入他的第二本小说集《建塔者》。1928年10月，未名社在北京景山东街40号开设出版部售书处，这时被安徽省通缉的共产党人李何林、王青士（上海龙华二十四烈士之一）逃避到北京，被未名社以工作人员身份作掩护，参加未名社实际工作。未名社迎来了鼎盛时期。

台静农的第二次被捕，跟党领导的左翼文艺运动直接相关。

1930年3月2日，共产党在上海领导创建中国左翼作家联盟（简称“左联”），鲁迅在成立会上做了重要讲话，并被选为七常委之一。“左联”的出现对于中国现

（未名社旧址）

代革命文学的发展，具有特殊而深远的意义。第二年，根据中共北方局的指示，台静农、潘漠华、李霁野、孙席珍、谢冰莹、曹靖华等以聚餐会的方式为掩护，发起成立北方左翼作家联盟(简称“北方左联”)，同鲁迅南北呼应。“北方左联”由北平左翼文化总同盟领导(简称“北平文总”)，而“北平文总”又由中共河北省委领导。

1932 年 11 月 13 日至 28 日，鲁迅回北平省亲。他虽然在组织上并没有参加共产党，却是在思想上完全入党的战士，组织观念和党性极强。到北平后，鲁迅立即同中共河北省党委和北平市党委取得联系，党组织派“北平文总”党团书记陈沂向鲁迅汇报北平左翼文化活动情况。受地下党委托，陈沂安排了鲁迅的五次公开演讲和两次秘密座谈。作为具体组织者之一，台静农全程参与了鲁迅先生的五次演讲和两次座谈，第二次秘密座谈会就是在台静农的寓所地安门西皇城根 79 号召开的。鲁迅到北平各大学演讲，令国民党北平市政府和警备司令部非常恼火，每天都派特务暗探跟踪，最终决定秘密逮捕鲁迅。11 月 27 日写好了逮捕令，但星期天盖不了官印，要等 28 日盖了官印执行。28 日鲁迅的第五次演讲在北平中国大学举行，鲁迅回上海的火车票由台静农提前化名购买，演讲结束，台静农等人直接送鲁迅上车。当手持北平警备司令部拘捕令的特务赶到时，鲁迅已经坐上去上海的火车。

12 月 12 日晚，北平公安局内五区署署长张文杰率一群警员闯入辅仁大学副教授兼校长秘书台静农家里。

“你是和鲁迅一起办未名社的台静农吗?”

“是。”

“最近鲁迅到处演讲是不是你安排的?”

“是我。”

“你们煽动学生闹事!”

“有什么证据?”

“证据? 给我搜。”

警员搜出了一批“反动文件”(苏联短篇小说《烟袋》334 本,杂种书籍 84 本,来往信件一小捆)和一枚“新式炸弹”(一部化学仪器)。

“连人带东西一起带走!”署长吼道。

混乱中,台静农小声向夫人于韵娴交代:“快去找常维钧和沈兼士,打电话告诉霁野和丛芜,让他们躲一躲。”

署长一行押着台静农、抬着缴获的东西,来到军法处。“报告处长,人赃俱获。”

《烟袋》是未名社成员曹靖华翻译的苏联短篇小说集,俄文书名原为《共产党的烟袋》,未名社出版时为了安全删去前面四个字。所谓“杂种书籍”和“来往信件”中并无特殊政治色彩和“鼓吹暴动之文字”。至于那枚“新式炸弹”,则是王冶秋夫人高履芳寄存在台宅的铜质化学试验仪器。

“没有确凿证据,看你们能把我怎么办!”台静农心里镇定沉着。

第二天,军法处长向警备司令和参谋长报告昨天搜捕台静农的情况。

“抓到他通匪的真凭实据没有?”警备司令问。

“只搜到两大捆翻译的苏俄书籍和一部好像是制造炸药的机器。”

警备司令把桌子一拍,大骂:“糊涂东西,没有真实把柄就抓人,麻烦会找上门的!”正说着,一个中尉报告说有两位自报是常维钧和沈兼士的人要见司令官。

“怎么样,来了吧! 参谋长,你去应付一下。”

听闻台静农被捕,辅仁大学校长陈垣先生也四处斡旋,出面营救。陈垣曾任北京大学国学门导师,台静农是其学生,两人关系非同一般。为了营救台静农,陈垣校长 1932 年 12 月 15 日亲自致北平公安局、国民党北平市党务整理委员会一封信函。

1933 年 1 月中旬,北平公安局找到一处旧城墙,对“新式炸弹”进行投掷试验,毫无反应,愚不可及的警方这才允许高履芳将这件仪器具结领出,台静农也随之取保获释。台静农在第二次牢狱之灾中痛失爱子:因被抄家封门,无处可居,其长子受冻生病夭折。台静农虽无罪获释,却被迫辞去辅仁大学教职,回故乡叶集暂避。

台静农的第三次被捕,是因为他跟范文澜等革命志士走得太近。

台静农曾受中共北方局指派,将从北平草岚子监狱获释的陈原道、刘亚雄夫妇安排到东城的进步历史学家范文澜家里居住。这一对革命夫妇终于团聚。

范文澜 1926 年加入中国共产党，不久与党失去联系。作为一名意志坚定的革命斗士，范文澜始终跟着党走。范文澜积极参加“北方左联”文化团体活动，鲁迅曾在范文澜家中与“左联”等团体的代表会谈。

1933 年 6 月，时任中共江苏省妇委负责人的刘亚雄再回北平。临别前，中共江苏省委秘书长赵世兰嘱咐她：“到北平后，先去找我们党可靠的朋友范文澜教授，通过他，可以找到台静农同志，这样，就和北平的党组织接上关系了。”刘亚雄到达北平，范文澜沉重地告诉她，中共河北省委、北平地下党组织遭到严重破坏，台静农目前已离开北平，去向不明，范文澜此时不知台静农已回故乡暂避风头。

台静农 1933 年 8 月返回北平，由范文澜介绍任北平大学女子文理学院文史系讲师，范文澜任北平大学女子文理学院院长，他们继续从事左翼文艺运动。

1934 年 7 月 26 日，台静农与范文澜一起因“共党嫌疑”被国民党宪兵队逮捕，送往南京警备司令部囚禁。这一次牢狱之灾时间最长，动静闹得大，北平大学校长徐诵明说情也无济于事。直到半年后的 1935 年年初，由于蔡元培、许寿裳、马裕藻、陈垣、沈兼士、郑奠等 24 名文化学术界名流的联名具保，台静农才重获自由。

三、台静农的鲁迅风骨

1935 年 8 月，台静农由胡适推荐前往厦门大学任教。1936 年他北上青岛，受聘于山东大学教授中文，与同在山东大学的老舍、邓仲纯(邓稼先二叔)经常在一起喝酒论艺，成为挚友。台静农来到青岛后，感受了青岛的宜人气候、幽美风景，认为这里适于颐养病情，遂写信给鲁迅先生，请他来青岛养病。1936 年 10 月 15 日，鲁迅给他回了信，信中写道：“九月三十日信早到，或惫或忙，遂稽答覆，夏间本拟避暑，而病不脱体，未能离开医生，遂亦不能离开上海，荏苒已至晚秋，倘一止药，仍忽发热，盖胃强则肺病已愈，今胃已弱，故致纠缠，于性命当无伤矣……”鲁迅生前最后一封写给国内友人的信，是 1936 年 10 月 17 日致曹靖华的信，信中他关心的还是身在青岛的台静农。当台静农从报纸上得知鲁迅先生于 1936 年 10 月 19 日逝世的消息，悲痛万分。在山东大学举行的鲁迅追悼会上，他以自己与鲁迅的交往报告了鲁迅的生平，还写了悼念文章。

1937 年七七事变爆发，中华民族开始了艰苦卓绝的全面抗战。8 月，台静农南下回故乡叶集避寇。避难家乡期间，台静农被霍邱县政府聘为人民自卫队政治部副主任。他痛感国土“瞬息失中原，雄关授人键”(台静农诗句)，悲慨愤懑。他耳闻目睹了由共产党领导的大别山区抗日游击队英勇抗战的种种事迹，体会到普通民众不愿做亡国奴而激发的抗争意识和反抗热情。伴随五四新文化运动走过来的台静农，其时代使命意识和社会责任感更为突出。1938年春，台静农加入中华全国文艺界抗敌协会，当年秋携家人辗转抵四川省江津县白沙镇，任教于白沙国立女子师范学院至抗战结束。在重庆鲁迅逝世两周年大会上，台静农应邀做了《鲁迅先生的一生》的报告，报告的最后，他激昂地喊道：“我们每一个炎黄子孙都得学习先生的精神，就是‘拿赤血献给中华民族’!”他接过鲁迅先生的匕首和投枪，写就了以抗战为主题的小说、散文、论文、杂文等近三十篇，歌颂民族抗争意识的觉醒，鞭挞屈膝投降行为，具有显著的抗战文学特征。

全面抗战时期，台静农创作有四篇小说，即《大时代的小故事》《么武》《被侵蚀者》及《电报》，故事朴实无华，情感诚挚浓烈，是台静农爱国抗日意识的自觉展示。其中，《大时代的小故事》《么武》写台静农故乡人民英勇抗日的故事。《大时代的小故事》描述了具有封建气息的老叶镇遭遇了现代战争，难民伤兵拥满了街心和住户。异族侵凌带来的痛苦和残酷的现实，使人们不能再“安分的辛苦的生活”下去。镇上的年轻小伙子们跟着“山猫子”学习掷“铁棒槌”，射子弹，最终，他们也变成“山猫子”了。他们隐藏在“富金山”开展游击战，为贪婪、凶暴的日本鬼子设下死亡的陷阱，将“留守在皖西大门的鬼子”全部歼灭。作家以抒情笔调展示了战争语境下农民精神面貌的巨大变化：曾经忍耐屈从于悲苦人生的“地之子”，终于不再逆来顺受，朴素的生存意识激发了他们的血性，迸出了令侵略者胆寒的抗日力量。

1946年10月，台静农接受好友魏建功的推荐，携家渡海赴台湾就任台湾大学中文系教授，1990年11月9日在台湾仙逝。1947年台湾二二八事件之后，岛上的政治形势日趋凌厉。台湾大学中文系主任许寿裳的被杀是当局对进步文人发出的明晃晃的警告，官方刻意营造了这种恐怖气氛，一时间人心惶惶。许寿裳是鲁迅同乡挚友，在台湾大力宣传鲁迅精神。由于鲁迅与共产党是画上等号的，因而所有关于鲁迅的内容都成了高悬的达摩克利斯之剑。基于与鲁迅的莫大联系，台静农到台后，基本处在特务或明或暗的监视中。尤其是1949年之后，台静农等于在枪管下度日，他没有发声，只是保持着沉默。然沉默并不意味着他对理想的背弃、对鲁迅的忘却，而是一种负重的坚强、沉默的反抗。台静农在台湾的四十四年风雨人生，鲁迅风骨从未中断。

(一)渡海承传五四精神

在中华民族奔腾不息的历史长河里，五四精神永远铭刻在国人记忆深处。作为五四新文化运动干将、民族斗士，鲁迅用文学武器参与思想启蒙与现实批判，始终坚持独立人格的理性探寻，在五四新文化运动中的贡献尤为突出。台湾光复后，百废待兴，台静农的好友魏建功承台湾大学首任校长罗宗洛之托，代为邀聘台静农赴台任教。台静农渡海去台湾大学从教，除了要解决“开门七件事”这人生第一要务之外，还有一个原因，即时任台北故宫博物院副院长江兆申所述：“为了急于教授日本统治五十年的青年学子，就决定到台湾来。”从台静农去世前所写题为《老去》一诗的首句“老去空余渡海心”，可见他渡海去台是有雄心壮志的。2009年《人民日报》一篇文章也谈到类似观点：“对于这片与祖国隔绝达半个世纪之久的土地，台静农在感到隔膜之余，也不免有着在此传承文化的愿望，‘为怜冰雪盈怀抱，来写荒山绝世姿’。”事实也证明台静农渡海传承的是抗争（批判）、自由、独立的五四精神。

北京大学是新文化运动的中心，是新思想新理论的生长地。台静农1922年进入北京大学国文系读书，受学于鲁迅所授《魏晋六朝散文》《中国小说史》等课程。鲁迅同旧社会和腐朽当局顽强斗争的精神令台静农血液里本有的反抗黑暗的火种燃烧得更加旺盛。抗争，可以是烈如火焰不成灰烬不罢休，也可以是春风细雨的无声瓦解。台静农在台湾选择转战教育，潜心耕耘，无声地传播五四火种。台静农的学生方瑜回忆道：“台老师从未改变对贫穷、受苦、弱小生命的同情、悲悯与关怀，也始终不肯与不公不义的权势妥协。”1960年9月，《自由中国》遭国民党查封。该刊文艺编辑聂华苓（后为台湾著名女作家）“涉嫌通共”成天被人监视，人人敬而远之。台静农虽自身难保，却冒着风险邀请她到台大中文系任教，坚定地遵循鲁迅的遗训“像热烈地主张着所是一样，热烈地攻击着所非”。正由于换了一个环境，聂华苓感到自己来到另一片广阔明朗的世界，又开始过正常人的生活了。

1924年台静农进入北京大学研究所国学门，由王国维、林语堂、刘半农担任导师。北京大学自蔡元培出任校长始，主张学术研究自由，只要真才实学，新旧可以并存，中西可以交流。台静农在北京大学读书期间，躬逢其盛，深受自由思想洗礼。当他主持台大中文系时，在系的建设和办学方向上大胆借鉴当年陈独秀主持北大文科时的宗旨，五四时期的一些办学举措也被他应用于台大中文系的课程设置和系务改革方面。他不拘一格地任用人才，“从不被八行书的请托所束缚”，一批有识之士在台大中文系自由传教，各种思想在这里激荡碰撞，不亚于百家争鸣的盛景。台湾大学陈万益教授如此说道：“当时的时局

（聂华苓）

气氛，固然不能深入多样的去讨论五四，但是五四那一代人对自由的追求，对新事物向往和学习的态度潜移默化到了早期台湾大学中文系和学生身上……五四的遗泽不是那么容易就会消失的。”台湾大学中文系呈现学术自由之风，台静农劳苦功高。在他主持中文系的20年期间，把师资空荡、学生程度参差的中文系办得风云际会，盛况空前。台大上自校长傅斯年，下至普通教师、学生，无不对台老师的自由开明跷起大拇指。台静农培养出众多的栋梁之才，为台湾第一高等学府的中文系打下扎实基础。

全面抗战时期台静农在四川江津县结识五四运动的总旗手陈独秀，从此互为知己，成了忘年交，书信往来频繁。台静农珍藏有陈独秀信函104封，大都是谈论文史等有关学问内容。他非常赞许陈独秀学术中的锐气和新鲜思想，以为独立精神是治学至宝，便将这一五四精神实质内化到治学与写作之中。鉴于环境的险恶，台静农在台湾不再写抨击现实的小说，而主要从事古典文学研究，发表有《中国文学史》《台静农论文集》等学术著作，精微独到，论断创新。1988年由台湾洪范书店出版的《龙坡杂文》集是台静农散文成就的代表作，主要收录了台静农赴台执教后到七八十年代的散文小品三十五篇。散文素材广泛，看似随手拈来，却又斟酌有度，叙述有致，显示出很强的艺术感染力。这些散文或追忆往事、念及老友，或论文谈艺、点评经典，凡此种种，作者无不满怀真情实意，娓娓道来。该书一再荣登台湾当代文学新书排行榜。因而，台静农的治学与写作，不仅于两岸文化传承功不可没，而且切切实实让刚从皇民化教育解脱出来的学子们感受到五四文化的精神余温。

(二)学术研究背后的鲁迅投影

许寿裳出事后，台静农沉默地担起台湾大学中文系主任的责任。即便如此，也没能降低台湾当局对他的警惕。他歇脚的台大宿舍区的巷口直到70年代，每天还有面目可憎的特务乔装后在他家附近蹲点，监视他的一举一动。台静农身处艰难却不曾忘却鲁迅，单看他对古今文学的研究主张便能找到鲁迅遗风。在对待学问的态度上，台静农与鲁迅先生一脉相承。

1934年鲁迅曾撰文发表自己对文化遗产的态度，创建了“拿来主义”这一概念。他认为我们应当批判地继承文化遗产和外来文化，吸取各自的精髓为我所用，不全盘西化，也不故步自封。这种“并重”的思想被台静农灵活地运用到了学术研究之中，他提出了“继往开来”的文学研究主张。所谓“继往开来”可以理解为“古今并重”，即对古代文学与新文学一视同仁。台静农认为，我们民族历经几千年沉淀流传下来的古代文化是我们扎根发展的土壤，需要“发掘”“整理”“批判”，而不能全然抛弃。如《台静农论文集》中《中国文学由语文分离形成的两大主流》一文，以历史观分析论述白话文与古文并重的意义，指出文学史的研究应该扫除一般的偏见。台静农 1975 年发表的学术论文《佛教故事和中国小说》以千余年来佛教小乘思想深入中土人心，时反映于文学作品中为证，把佛学文化和中国固有文学熔为一炉，不仅传承了鲁迅《中国小说史略》中提到的“天竺故事化为国有”，并且向前推进了一大步。台湾学界赞誉台静农：“学问、襟抱、道德、文章，犹令后学敬仰。”

台静农的《中国文学史》书写，不放过任何一段时空，不轻忽任何一个人物，不偏废任何一种文体，而且不是真有所感、有所见不轻易下笔。对各个时代作者叙述，往往是夹叙夹议、夹引夹感，非文学史写作常见的僵固之敷陈。如魏晋篇中一段关于阮籍的叙述：

> 至于阮籍，《晋书》本传云：“籍本有济世志”；嵇康《与山巨源绝交书》亦云：“阮嗣宗口不论人过”。以怀抱济世之志的人，竟沉湎于酒，不敢论人是非，于是走向老、庄的自然主义。他的《老子赞》云：“阴阳不测，变化无伦；飘飖太素，归虚反真。”惟不执着于现实，澹泊无为，才能“变化无伦”“归虚反真”。此正是当时老庄之学的真谛。

在文学史书写中寄托作者的性情襟抱与生命情调，可谓中国文学史写作的别一番景致。

(《中国文学史》封面)

察《鲁迅日记》，在台静农与鲁迅十一年半的交往中，台静农致鲁迅信件有 74 封，鲁迅致台静农信件有 69 封，目前收录于《鲁迅书信》集中的有 43 封。他们通信的内容，20 年代中后期以创作话题为主，这正是台静农乡土小说创作集中时期。30 年代学问之类的话题则多于创作之类，如 1933 年 12 月鲁迅写给台静农的信：“兄蛰伏古城，情状自能推度，但我以为此亦不必侘傺，大可以趁此时候，深研一种学问，古学可，新学亦可，既足自慰，将来亦仍有用也。”冥冥中，一切似乎是早已安排好的。赴台后的台静农选择静心钻研学术，一方面得到自我慰藉，一方面也成为自己谋生的手段。他不仅遵从了先生的劝导，而且在其学术思考的背后还有着鲁迅的投影。

《两汉乐舞考》是台静农到台湾以后所写的第一篇学术论文，是以原刻山东孝堂山第七块汉代画像石所表现的跳剑、飞丸、寻橦、吹笙等场面，以讨论汉代散乐的内容，这是鲁迅遗风的直接体现。鲁迅与台静农都喜欢汉代的艺术，都特别钟情于汉代绘画的宏阔气象。自从 20 年代，南阳汉画像石被世人认知，30 年代南阳汉画就受到鲁迅的特别关注，之后收集南阳汉画像是台静农跟鲁迅联系的一项重要内容。台静农曾专门托友人拓印了 231 幅南阳汉画像，赠送给鲁迅，两人被南阳汉画像石刚健劲遒的艺术造型以及古老渊深的文化内涵深深吸引。读《台静农论文集》中《魏晋文学思想述论》《嵇阮论》等文，中国知识分子的风骨和惆怅，裹挟在他的笔墨之间，也能让我们自然想起鲁迅，他们都看重魏晋文人旷达的精神。

《魏晋文学思想述论》一文则分析了汉末士大夫两种不同的人生态度："一是党锢诸贤的'知其不可为而为之'，一是逸民的'遁世无闷'。这两种人生态度，看来是积极与消极正相反，而实相成。"这些论述与其说是对文人士大夫的研究，不如说是对自己的剖白。生活中，台静农还经常参加老友庄严所办的修禊活动。修禊是中国古代文人雅聚的经典范式，尤为魏晋名士所钟爱。台静农与一众好友浅斟漫饮，旷达飘逸，以不屑的态度深隐于动乱时代。

（三）"弄毫墨以自排遣"

去台后，台静农独自背负着五四精神在黑夜里潜行，四面涌来的压力使他积郁于胸的苦闷难以排遣。2012 年 11 月，北京鲁迅博物馆召开纪念台静农诞辰 110 周年研讨会，会上台静农的学生吕正惠回忆说："我在台湾大学中文系读书七年，居然不知道台先生会写小说，可见台先生在台湾是多么的压抑！"在极度压抑的大环境下，台静农开始寄情于书艺，正如他在《台静农书艺集》序中写道："战后来台北，教学读书之余，每感郁结，意不能静，惟时弄毫墨以自排遣，但不愿人知。"虽"不愿人知"，通过书法这个传递内心禅机的高手，我们还是能感受到隐藏在台静农平静表象下的心理暗潮。

在众多的书写题材中，台静农更青睐魏晋时期的诗文，尤为推崇的是嵇康。他写嵇康的孤傲自负，写嵇康临刑的"顾视日影"，在书写嵇康的过程中释放了禁锢已久的自我，更是由此确立了独属于自己的书艺风格。鲁迅曾经对魏晋时期的文人有过专门研究，嵇康则是他的重点研究对象。鲁迅耗时近 20 年校订了一本《嵇康集》，为了校订更准确，他四处搜集有关嵇康的古本资料，历经曲折才找到五本刻印本。这本书从 1913 年开始编辑，经过陆陆续续的修订增删，直到 1931 年《嵇康集》才最终校勘完毕。这本书的校订出版，亦有台静农的一份功劳，他曾参与此项工作。台静农在为鲁迅校勘时还特意用红笔对前人的批注再次疏解。这次校书的经历让台静农更进一步接触了"竹林七贤"的精神领袖，找到了自己与嵇康精神的契合点。嵇康的桀骜不驯、蔑视权贵，也正是鲁迅和台静农共有的性格特征。显然，台静农是借书写嵇康诗文来怀念他与鲁迅相交的那段铭深岁月。

台静农专长的隶书有着汉魏余绪，主要师法东汉摩崖石刻《石门颂》和《杨淮表纪》，笔致圆劲流畅、古厚含蓄，毫无矜持做作，鲁迅遗风凸显。台静农的行书师法明贤倪元璐，倪字和魏碑有渊源，笔意沧润遒劲，顿挫有致，有如龙蛇疾行，姿态横生。倪元璐在明亡后反清殉节的风骨为后人所称，台静农倾心他的书法，除了仰慕倪体蟠龙顿挫之外，蕴含有家国之痛的弦外之音。已故原中国书协主席启功在评《台静农书艺集》时也曾提到这点："与其说是写倪黄(指明末黄道周——引者)的字体，不如说是写倪黄的感情，一点一画，实际上都是表达情感的艺术语言。"台静农与张大千几十年的友谊，也都是因为倪元璐而起。抗战全面爆发后，驻北京日本司令部多次派汉奸劝张大千出任伪职，他坚决不从，并化装逃离北京。1968年张大千把收藏多年的倪元璐《古盘吟》卷割爱送给台静农。台静农生前藏有明人倪元璐五幅真迹，平时珍如拱璧，在他去世前3个月，一并捐给台北故宫博物院。他说，进故宫最终还是要回大陆的。从倪元璐、黄道周到鲁迅、张大千、台静农，这些中国古今同类知识分子的内心世界里有着一脉相承的精神因子：中国士人的风骨与家国情感。台静农借着手中轻微的竹管"排遣"胸怀天下的牵挂。台静农一直珍藏着鲁迅当年在北京女高师的演讲稿《娜拉走后怎样》，使得这一宝贵史料在上个世纪90年代得以重见天日。

台静农是一位令我们敬仰的文化斗士！他所留下的精神文化遗产将长存于人们的记忆里，流淌在中华文化的血脉中！

(江琼撰稿)

韦素园

（韦素园）

韦素园(1902—1932)，原名崇文，又名散园，曾改名为韦漱园，安徽省霍邱县叶集镇人(今属六安市叶集区)，“未名四杰”之一。

叶集地处大别山北麓，是一个有着悠久历史的古镇，早在2300年前，这里就设有“鸡父邑”。从隋朝开始，叶集隶属霍邱县。明弘治至万历年间，有叶姓商贾在此定居下来，子孙繁衍，逐渐形成集镇，初名叶家店。清乾隆二年，叶家店已逐步兴盛，遂取代开顺街为巡检司治(县以下地方政府机关)，定名为叶家集，习称叶集。中华人民共和国成立后，叶集依然归属霍邱县。1998年12月，叶集成为安徽省第一个改革发展试验区，直属六安市。2016年1月5日，经安徽省委、省政府宣布，成立了六安市辖叶集区。

叶集地处史河东岸，与河南省的固始县隔河相望。史河是淮河水系的重要支流之一，历史上早有舟楫之便。在中华人民共和国成立之初的淠史杭灌溉工程未上马以前，史河曾经是非常重要的运输水道，加上沿史河岸边的南北官道，使叶集成为南北东西的商品集散地，素有“大别山门户”“安徽西大门”“皖西重镇”等美称。清代中叶就有“邑中舟车之集，商贾所凑，以叶家集为最”之说。全国各地的客商集聚于此，先后形成大大小小19个商团。当时，叶集镇上有会馆、庙宇多达20多处，一条宽约10米、长为5里的商贸街横贯南北，这就是保存至今的叶集老街。因叶集在明清时期商贸就繁华于中原一带，所以这条老街的建筑多是明清时期的老建筑，砖瓦木结构的旧式楼房多见青砖雕刻。沿街栉比的商铺和住宅多为铺板木门，上层堆货，下层经营。后面则建成厢房和客厅。当年由鲁迅创办的文学社团“未名社”的六名成员中，叶集籍的就有四位。除韦素园外，其他三人分别是他的胞弟韦丛芜，以及同出生于这条老街的儿时伙伴李霁野和台静农。他们四人被家乡人誉为“未名四杰”。如今，他们的故居还散见于老街。韦、台、李三家在叶集镇都是靠经商谋生。韦素园家住北头，其父开有三间门面的麻行、盐店，名曰“韦合兴”。李霁野住在韦家附近，家里开有商店“李锦源”，从事吊烧酒并出卖一些食品。韦、李两家有姻亲，李霁野有个堂姐嫁给了韦素园的堂弟。台静农家住在镇南头，开有“台裕大”商店，出卖布匹、杂货、瓷器，还有一些金货等。

韦家的“韦合兴”正对街市，门面房的两边有相对的厢屋各三间。连接两边厢屋的是大三间厅屋，与厢屋构成一个院子。厅屋后面筑有一道七八尺高的“屏风”，中有圆门。过了圆门，南北两边又有相对的厢屋各三间。连接南北两边厢屋的是大三间堂屋，与厢屋又构成一个院子。堂屋后面是花园。韦素园就出生在这里。

韦素园兄弟五人，他排行第三。上面是大哥韦崇华(凤章)、二哥韦崇义(少堂)，下面是四弟韦崇武(丛芜)、五弟韦崇斌。他还有一位姐姐韦崇英(早逝)，一个妹妹韦崇贤。秉承“贾而好儒”的徽商传统，韦父韦美堂幼时入学，因经济困难，停学就业为商。他很重视对子女进行教育，竭尽所能使他们受到了良好的文化启蒙教育。韦家老大韦凤章，辛亥革命前在安庆武备学校读书，1913 年回乡与孟振先等筹办新式学堂，担任历史、地理课教师，经常在课堂上进行爱国教育。后在省会安庆担任过商品陈列所所长，在社会上颇有名气。韦凤章夫人周俊卿和小妹韦崇贤在当地小学教书，改革旧教育，把家乡的一所私塾改办为洋学堂，在当时影响较大。周俊卿是个有文化有思想的新女性，早在红军解放叶集前，她就在地下宣传革命，对女学生讲新课本新思想。经她教的女学生中，就有四位投身革命队伍。而韦素园和韦丛芜两兄弟则少小离家外出求学，在艰难困苦中追求光明和真理，积极参加新文化运动，为实现思想启蒙作出了自己可贵的贡献。

一、宏才远志立少年

六七岁时，韦素园就被父亲送到私塾学《百家姓》《千字文》。出身于小商人之家的“未名四杰”本就是儿时玩伴，其他三人韦丛芜、李霁野和台静农也先后进入同一个私塾读书发蒙，临帖、读史、诵经、对对联，一起熏陶于浓郁的传统文化之中。韦素园在私塾发蒙的几年里，专心临摹颜柳和魏碑，练就了扎实的书法基本功，而且擅长写旧体诗词和对联。有一次先生出了个上联：“童子欢天喜地，偶遇星期放假。”当时学生中无人能对。韦素园出口对曰：“先生咬文嚼字，偏当日曜出题。”师生皆惊异。一次清明踏青后，韦素园写了一篇日记体散文，限于篇幅，仅录开头：“佳节清明桃李笑。杏雨初霁，和风宜人，邀三五学友，郊外踏青。看户户门插杨柳，盖纪念晋臣子推。渡清流史水，过白银沙滩，听鸟鸣啁啾……”叙事写景，条理清晰；语言清新洗练，情景交融。一个少年，文笔若此，古文功底可见一斑。

在私塾时，塾师也会偶尔向孩子们介绍辛亥革命等时事，使韦素园等有了朦胧的反封建的革命意识。1903 年，清政府颁布“癸卯学制”，废科举，兴学堂，叶集地区一时出现兴办学堂的新风。1912 年冬，叶集清末举人孟振先在当地火神庙办了“叶家集蚕桑学校”，招生七十余人。该校为全霍邱县职业技术学校之首创，两年后因战乱、灾荒而停办。1914 年 9 月，台介仁、孟振先、叶兰谷等人，又在蚕桑学校旧址办了叶集第一所小学“明强小学”，吸纳了一批高素养的教师。明强小学借鉴西学，开设了国文、算术、地理、历史、卫生、体育、美术、音乐等课程。办学目标是“十年树木，百年树人”，“开化民智，教育英才”。明强小学中西合流，授课方式生动活泼、灵活多样，是一所具有现代性品格的新式学校。授课教师既是饱学之士，同时大都具有科学和民主的新思想。教历史的韦风章，是韦素园、韦丛芜兄弟的大哥，受过高等教育，经常给学生灌输爱国主义、无神论思想。新思想像春风一样吹进了皖西小镇叶集，滋润着少年同学的心田。

（叶集明强小学旧址）

明强小学分甲乙丙丁四班，甲乙为高等，丙丁为初等。1914 年秋，韦素园转入明强小学高年级第一班。“未名四杰”中的其他三位当时也都在甲班。韦素园等这些从小就读过四书五经的人，被语文、算术、美术、体育课这些新学问吸引了，迸发出极大的热情。他们不仅在这里继续学习文史知识，同时还接触了自然科学知识，受到了新文化的洗礼，奠定了爱国、民主的思想基础，确立了自强不息、奋发进取、为国为民的远大志向，从此踏上了从传统向现代转型的大道。

少年时代的韦素园就具有了对封建迷信和不合理事物的反抗精神。明强小学借火神庙庙宇办学，庙内菩萨众多，与新式学堂格格不入，可守旧派极力阻挠推倒菩萨。韦素园就联合同学，一起把大大小小的菩萨全部推倒砸烂，此举一时轰动全镇，引起不小的风波。韦素园不像一般孩子似的爱嬉笑，总是以沉默的时候居多，但他沉着冷静，做事果断干脆，在同学中有很高的威信。他看到辛亥革命虽已爆发几年，但叶集镇上多数人还拖着长辫子。于是就勇敢地发出倡议，号召同学们剪去了象征封建统治的长辫子。

韦素园爱朗读岳飞的《满江红》和文天祥的《正气歌》，自幼就是个心怀天下、志存高远的人。有一次，国文教师董卓堂布置学生以一次郊游所见写一篇作文。韦素园借题发挥，表露了他的爱国忧国之心和报国之志：“爱国伟人孙中山，创革命，历险艰。武昌城头炮声响，震动河山。天翻地覆，排满兴汉，凯旋高奏，数千年帝制推翻。国旗迎风飘扬，四亿同胞心欢。哪知恶魔刚驱逐，妖雾又现，袁世凯，握兵权，又搞洪宪，殃民祸国罪滔天，天地震怒，人神共怨。”

1915年春，韦素园和一些同学又来到邻县固始(属河南省)胜塔寺去游玩。寺旁有青游观，据说赵匡胤南巡曾路过此处，后人盖了三间观。观内塑有赵匡胤像，像旁有赵匡胤喜用的兵器盘龙棍。游玩归来，韦素园写了一篇文章叫《游玩胜塔寺，要借盘龙棍》，大意是当前国家大乱，我要参加推翻洪宪皇帝的革命，所以要借你的盘龙棍。国文老师通读文章后非常赏识，向全班同学推荐朗读。少年韦素园，面对举国不宁、民怨沸腾的国事，对中国向何处去忧念不已。

韦素园常与自己的少年好友台静农、张目寒、李霁野、韦丛芜等围坐在一起，海阔天空，彻夜长谈。他们谈理想、谈人生、谈国家。13岁的韦素园曾在他们的合影上题诗明志，体现了深厚的古诗文造诣：“微露形骸未出头，慵从尘世论交游。防身无物唯书卷，立志有心乘骅骝。愿与雄风扶海立，忍教明月共溪流。他年若得男儿志，大地苍茫任我求。”行将毕业之际，明强小学的夹墙生出一棵猩红的鸡冠花。老师兴之所至，出了个“壁上鸡冠”的诗题，要求学生写首诗。第二天，韦素园呈上了自己的绝句，将自己的乳名“文魁”嵌在诗的头尾里，直言不讳地抒情言志：“文冠屹立不求栽，壁上挺然独自开，抛去世间尘俗气，今朝还与菊争魁。”他还在自己画的兰草图上题词：“身居高位要临下，英雄不论出身低。”怀抱建功立业报效国家的豪情壮志，韦素园一路从乡间小镇走向繁华都市，走向新生的苏维埃，走向新文化运动的中心和革命斗争的前沿阵地。

二、救国图存苦求索

1915年夏，韦素园小学毕业。由于家庭经济窘迫，无法承担中学费用，韦素园只好来到不收学费和食宿费的阜阳第三师范学校求学。这所学校虽地处偏僻，但他依然在这里不仅学到了新课程，而且接受了新思想和爱国主义教育。当时正值第一次世界大战，老师时常用一些帝国主义对中国的侵略与压迫的事实向学生灌输爱国主义思想。那时的韦素园因为年幼，还认识不到这次大战的帝国主义性质，不懂得应起而反对。所以，在“投笔从戎”“大丈夫应马革裹尸而还”等一类爱国主义思想的鼓舞下，在中国对德宣战后的1918年春，韦素园离开了阜阳第三师范学校，到北京参加了段祺瑞的参战军。但不久他便识破了段祺瑞拥兵自恃，祸国殃民的骗局，毅然离开了部队。韦素园此次参军是他要把爱国思想付诸行动的表现和探索，虽然这是他在歧途上走了几步，但对他的成长却有着特殊的意义，从此他开始深入地思考当时青年面临的许多重大问题。

因为大哥韦凤章在长沙任湖南省第一区（兼第四区）省视学，又兼任省通俗书报编辑所所长。于是韦素园就到长沙投奔大哥，进了法政专门学校预科继续读书。那时统治湖南的是反动军阀张敬尧，他极端残暴，在政治上专制高压，在经济上敲骨吸髓，人民恨之入骨。韦素园已从参军的一点教训，知道军阀是国内巨害。张敬尧在湖南的胡作非为，引起他满腔义愤，不仅在写信时形诸文字，在谈话时溢于言表，他还积极参加了学生的驱张运动。

1919年，受俄国十月革命感召的伟大的五四运动爆发了，还在长沙的韦素园受到很大的影响，他的思想感情起了质的变化，新时代的曙光使他对祖国产生无限的希望，决心积极投身反帝反封建的革命斗争中。怀着乐观坚信的心情，1920年夏，他随兄到了安庆，转入安徽省立法政专门学校。进校不久，安徽教育界要求拨给教育经费的六二学运兴起，军阀马联甲竟开枪打死学生，使得群情激愤，学运波及全省。在同学们眼里，韦素园沉默寡言，纯朴诚恳，埋头苦干，从不夸夸其谈，哗众取宠，很使人敬重，也受人爱戴。因此，他被推举到省学生联合会担任领导工作。韦素园不负众望，全力以赴，不分昼夜编写、刻印、散发传单，积极宣传鼓动群众，支持学生的爱国运动，直到斗争胜利。

俄国十月革命对中国的影响极大，它使中国革命成为世界无产阶级革命的一部分，进入新民主主义革命时期。1920年秋，为了输送进步青年赴俄学习，陈独秀等早期共产党人在上海办了一个外国语学社。该社位于上海法租界霞飞路渔阳里六号，由共产国际代表杨明斋担任校长，学员主要学习俄语和马克思主义著作。不久，韦素园和蒋光慈、吴葆萼等几位有影响的安徽省学生领袖被推荐到上海外国语学社学习，并很快加入上海社会主义青年团。共同的革命目标使韦素园与同样来自皖西的蒋光慈成为同道挚友，两人如鱼得水，携手共进。学习之余，他俩积极参加印刷传单、游行请愿等革命活动，成为外国语学社的积极分子。

1921年，韦素园、蒋光慈还参加了营救合肥二中校长王蔼如的重要活动。4月13日，王蔼如因为宣传新文化新思想被军阀当局逮捕。得知消息后，韦素园、蒋光慈等五位皖籍学生联名致函上海《民国日报》，声讨军阀政府暴行。4月20日，《民国日报》全文刊出这封题为《皖人营救合肥校长》的电函。皖沪间一时函电呼号，舆论激愤。在高一涵等社会名流的竭力营救下，王蔼如终于获释。在营救王蔼如的斗争中，韦素园、蒋光慈等人率先发出通电，为联合沪上各团体一致行动，广泛争取舆论的同情和支持，使这场民主与专制的较量，得以在舆论的压力下取得胜利起了重要作用。

革命青年是革命运动的主力军。为了培养革命的后备干部，上海社会主义青年团选派代表团去莫斯科参加第三国际召开的国际会议。经过严格的政治审查和业务考核，韦素园和刘少奇、任弼时、萧劲光、蒋光慈、曹靖华、吴葆萼等二十余名骨干被分批秘密派往苏联学习。

就在准备从上海去苏俄的时候，韦素园还不忘给家乡的亲友寄去了《共产党宣言》《新青年》《少年中国》等进步书刊，使畅谈共产主义在家乡的青年人中成为一种风气，使马克思主义在皖西大地上生根、发芽，影响和教育了一批有志青年走上革命道路。韦素园的三个小学同学和一个亲友受其影响，很早就参加了共产党，他的侄女韦德芳和其他几个女子加入了当时还未公开的共青团，做宣传鼓动群众的工作。后来韦德芳随红四方面军长征，因病落队而失去消息。

1921 年 5 月中旬，韦素园和刘少奇、蒋光慈等一批血气方刚的青年从上海吴淞口启程，踏上了万里“取经”之路。为了掩护各人的秘密身份，韦素园等一行人统一进行了化装。他们突破无数艰难险境，历时近三个月，终于到达目的地——革命圣地莫斯科。正赶上共产国际第三次代表大会在莫斯科召开，作为列席代表，韦素园、蒋光慈等有幸见到了无产阶级革命导师列宁，激动不已。大会结束后，他们这群年轻人被分配到刚刚建立起来的莫斯科东方大学，开始了艰苦、愉快的学习生活。

莫斯科东方大学是第三国际创办的培养东方各民族革命干部的大学。中国留学生被编为一个班，主要学习国际共运史、科学社会主义、政治经济学、俄语等课程，还学习一些如《共产党宣言》等马克思主义经典著作。也就是在这里，韦素园开始接触马克思主义的理论书籍。起初，所有课程全由苏联教师用俄语讲授，不久改为由苏联教师讲授，中国人瞿秋白和李宗吾任助教翻译。瞿秋白时任北京《晨报》和上海《时事新报》驻莫斯科特约通讯员，精通俄语，富有文才。韦素园、蒋光慈都爱读瞿秋白的文艺通讯，又都酷爱文学，有志于革命，三人在一起很合拍，很快便建立了亦师亦友的深厚情谊。瞿秋白对苏联的情况比较熟悉，认为“苏联是一座革命的宝山，要把这革命的宝贝尽量运回祖国”。瞿秋白的指导和强烈的使命感，使韦素园、蒋光慈坚信，马列主义即是拯救祖国的“真经”。

身居红色苏俄，目睹了俄国革命的现实之后，韦素园更加坚信不疑，只有走十月革命的道路才能救中国。出于对文艺的热爱，韦素园热爱俄罗斯白银时代的作家，对苏俄作家抱着期待，他立志以介绍苏俄进步文学唤醒民众作为终生事业。当时，年轻的苏维埃政权刚刚经历了欧战、内战，经济相当困难，人民还挣扎在饥饿线上。中国留学生虽然享受的是苏联红军待遇，每天也只分配到一块黑面包和几个土豆。瞿秋白曾在文艺通讯《饿乡纪程》中描写过苏维埃黑面包："其苦其酸，泥草臭味，中国没有一人尝过的，也没有一人能想象的。"异常艰苦的留苏生活，使韦素园患上了肺结核病。然而，即使每天只有一小块黑面包和几个土豆，韦素园仍节衣缩食，省下钱来从旧书摊上购买了一些俄罗斯古典文学、苏俄文学的书籍，立志带回国去，译介给中国人民，以唤醒民众。

1922年年初，在苏联的学习还没结束，韦素园与同学曹靖华就提前回国了。直接原因是同学吴宝鹦、廖化平生病，不能再坚持学习，按学校的要求，韦素园与曹靖华负责护送他们返国。还有一个重要的原因是，他们都急于尽快地参加祖国的解放斗争。回国时，韦素园冒险将购买的书籍带回国内。正如鲁迅在《忆韦素园君》中所说的："窗前的几排破旧外国书，在证明他穷着也还是盯住着文学。"

1922年秋，为了继续学习俄文，韦素园考入北京俄文法政专门学校。因为有点俄文基础，他不辞辛苦，为低年级的同学做辅导。他学习认真刻苦，在短时间内有了较可观的进步。韦素园课外最欢喜阅读柴霍甫和果戈理的作品，以及勃洛克的《十二个》。不久，他的小学同学台静农进入北京大学中文系旁听，李霁野、韦丛芜也先后由他劝说到北京读书，加上早前在北京读书的小学同学张目寒，这群少年好友重新聚首北京，令人备感欢欣。韦素园成为这群聚合在北京的青年的核心，他的一间破旧小屋成了他们经常出入的地方。出于对文学的共同爱好，韦素园他们利用课余时间创作一些短文，开始了最初的文学活动。虽然韦素园自己物质生活条件相当艰窘，但他尽可能地给朋友们提供帮助与支持。有一段时间李霁野与韦素园只能挤住在一间屋子里。

1923年1月，瞿秋白由莫斯科回到北京，翻译、撰写介绍列宁、国际共产主义运动史等方面的文章。韦素园十分钦佩瞿秋白坚强勇毅的革命精神，多次向他请教。在瞿秋白的影响下，韦素园更加明晰坚定了革命信念，诗文创作水平也迅速提高。他开始尝试翻译俄国诗人梭罗古勃的诗集《蛇睛集》，并鼓励李霁野和韦丛芜也练习点翻译。在李霁野、韦丛芜试译安特列夫的《往星中》和陀思妥耶夫斯基*的《穷人》时，韦素园随时用俄文加以校改。他还劝勉台静农专门从民间取材，从事小说写作。李霁野、韦丛芜、台静农后来各自成就了一番文学事业，韦素园

---

* 亦译作陀思妥也夫斯基、陀思妥夫斯基等。

的帮带作用不容忽视。

这个时期的韦素园和他的学友们，因为穷，时有断炊之虞，有时不得不写点文稿或典当衣物，以维持艰苦的生活。但是他们精神上很愉悦，因为他们在学习中得到不少乐趣和力量。他们有一个信念：中国有光明的前途，要为之实现而贡献力量。他们互相关怀，互相帮助，互相鼓励，都愿对这个光明的前途有所贡献。

三、甘愿做未名的“泥土”

1924年夏，去官为僧的大哥韦凤章在江苏常州病逝，这对韦素园是个不小的精神打击。这不仅因为大哥是他的经济来源，更因为他们手足情深，相依多年。大哥留下遗言，要他照顾好弟弟韦丛芜，带他返回安徽老家，以免在外地颠沛流离。但是韦素园、韦丛芜兄弟俩抱头痛哭一场以后，商量决定留在北京，继续奋斗。

1924年1月，韦素园已经完成了诗集《蛇睛集》的翻译。这年秋天，韦素园和李霁野、张目寒在北京世界语专门学校读书。当时鲁迅每周到北京大学讲一次中国小说史，韦素园就住在大学对过的一个公寓里，他们经常去旁听先生讲课，获得了许多文学史和文学创作的知识，增强了对写作的兴趣。1924年9月20日，张目寒将李霁野的译稿《往星中》送请鲁迅审阅指导，并介绍李霁野同鲁迅先生见面。此后，韦素园、韦丛芜和台静农也陆续与鲁迅见面。

1925年春，抱着参加实际革命工作的决心，韦素园去河南开封国民军第二军，担任苏联在该军任职的军事人员的翻译。由于刚失去在经济上支持他及弟弟韦丛芜读书、生活的大哥，韦素园经济相当困窘，平日不得不以卖文、典当衣物来度日。临行，鲁迅借四十元给他作川资。《鲁迅日记》1925年12月18日记有：“夜素园来别，假以泉四十”，指的就是这件事。不过，因为苏联军事人员在该军开展不了工作，几个月后便返国了，韦素园也就又返回北京。7月，由鲁迅推荐，经当时《猛进》杂志主编徐旭生介绍，韦素园到当时在北京新创办的《民报》担任副刊编辑。他一上阵，就遵循鲁迅“有一个阵地很要紧，社会太乌烟瘴气，不能沉默”的教导，向旧世界开炮。报纸名震一时，订户猛增。正因为这样，很短时间，便激怒了反动军阀张作霖，他下令查封《民报》，扼杀了这个新生事物。

在编辑《民报》副刊期间，韦素园坚持逐一细看来稿，并且给每位来稿者写信说明稿件的处理情况，或提出具体的修改意见。同时遵循鲁迅的教导，注重增强文章的战斗力，勇于“批评社会”“批评文明”，注意发现新作者，不迷信名人的文章。虽然办报时间还不到一个月，但韦素园认真负责的工作作风给鲁迅留下了深刻印象，先生给予了极大的肯定。所以，日后当高长虹控告韦素园在《莽原》半月刊上扣压向培良、高歌的稿子时，鲁迅一下就看出高长虹的要无赖，不予理睬。因为凭他对韦素园的了解，相信他对编辑工作的严肃负责，不会草率从事。

1925 年夏季的一天晚上，韦素园、台静农、李霁野等造访鲁迅，如往常一样围着先生谈天。那时李霁野的第一本译作《往星中》在鲁迅先生手边已放了一段时间，还没有合适的出版社愿意出版。为了解决青年译作的出版困难，鲁迅建议他们可以借鉴日本的丸善书店经验。丸善书店起始规模很小，全是几个大学生慢慢经营起来。鲁迅认为，韦素园等同样可以成立自己的出版社，通过众人集资，自筹经费，印行自己的译作。鲁迅还表示书稿可以由他亲自审阅编辑，并主动筹款四百多元。韦素园、台静农、李霁野、韦丛芜四人对先生的倡议当场表示赞成，觉得自己来尝试着出版一点期刊和书籍，也不是十分困难的事情，于是就开始计划起来了。他们决定先筹集出版四期半月刊和一本书的资本，估计约需六百元。为解燃眉之急，韦素园等写信向远在山西工作的乡贤台林逸先生求助。台先生寄来 200 元，他在信中表示没有钱就不必还了，如社结束时有钱，就捐助家乡女学。韦素园在上海外国语学社和莫斯科东方大学“风雨同舟”的同窗好友曹靖华，也是鲁迅先生的一位忠实读者，他从韦素园的来信中获悉成立出版社的消息后，当即从河南开封汇寄 50 元要求加入。就这样，未名社——这个以后以译介外国文学为主，兼及文学创作的进步的现代文学社团在北京成立了。所谓“未名”，即“还没有名目”的意思，恰如孩子的“还未成丁”似的。韦素园便是这个团体的骨干，其他成员还有李霁野、台静农、曹靖华、韦丛芜等。鲁迅则不仅是参加者，还是这个团体的实际领导人。

未名社最初的社址就是北京大学第一院对面，沙滩新开路 5 号——韦素园所在的一间小小的住屋。鲁迅在北京大学下课后，常常到那里去谈天，顺便把校稿带来。他把这间小屋称作“破寨”。在《鲁迅日记》中常有“访韦素园”的记载，仅 1925 年 11 月就有 5 次之多。在鲁迅与其他人来往中，如此亲访的次数是少见的。未名社出版发行的第一本书，是鲁迅翻译的《出了象牙之塔》(1925 年 12 月)，列为“未名丛刊”中的一册。书中收录日本作家厨川白村的文艺论文十篇，并邀请美术家陶元庆先生作封面画。随后出版的有李霁野翻译的剧本《往星中》(俄安特列夫著，1926 年 5 月)，韦丛芜翻译的小说《穷人》(俄陀思妥耶夫斯基著，1926 年 6 月)，韦素园翻译的小说《外套》(俄果戈理著，1926 年 9 月)，以及台静农选编的《关于鲁迅及其著作》等。从 1925 年到 1931 年，未名社存在的六七年间，同人们共编辑出版了专收译著的丛书“未名丛刊”，专收创作的丛书“未名新集”，以及四十八期《莽原》半月刊，二十四期《未名》半月刊。这在当时的文坛也是不小的收获。在鲁迅的指导、扶植下，它的出版物种类多样，质量可靠，讲究信用。未名社就是这样一个“实地劳作，不尚叫嚣”(鲁迅语)的小团体。

韦素园当时又病又穷，不能上学读书，只能“守寨”，处理未名社的一切编务工作，还要兼管财务。但他对记账是外行，有时一个小铜板的差错，使他大半天不得安宁，非要弄个水落石出不可。有一次，算来算去，差一枚铜元，他就在账目下写了一段不短的小注，解释错误的可能原由。同伴劝他不必为一个小铜板劳心费神，他却一本正经地说：“我不让它错，错了也要说明白!”(李霁野《鲁迅先生与未名社》)韦素园每天拖着带病的身体，在从事繁重的社务之余，还挤出时间为鲁迅校对《勃洛克论》原文，为韦丛芜校订译文《穷人》，为李霁野校订译文《往星中》和《黑假面人》等。他总是这样不声不响地看稿、编稿、校对，写复信，卖书，一心为别人的出书而忙碌、奔波。而他自己的著译工作，往往放在社务办完之后，深夜抽出点时间来做。鲁迅在《〈中国新文学大系〉小说二集序》中，曾满怀深情地说：“主持者韦素园，是宁愿作为无名的泥土，来栽植奇花和乔木的人。”

(《外套》封面)

译书、策划、出版、联络作者，韦素园殚精竭虑，在默默中支持了未名社，也在默默中实践着自己的文学理想。韦素园很钟情俄国诗歌，但相比之下，他更热衷于果戈理与陀思妥耶夫斯基的作品。那“窗前的几排破旧外国书”中，就有不少是他在莫斯科旧书店里“淘”来的果戈理和陀思妥耶夫斯基的著作。1926 年，韦素园用了整整一年的时间译完了果戈理的中篇小说《外套》，送请鲁迅先生审校，9 月由未名社印行。在译序中，韦素园称赞果戈理“是一个吟咏着俄罗斯民众辛苦命运的歌人”，“是社会缺陷的良医”，只有他才能写出“全民族的悲哀的心”，足见韦素园的忧国忧民并以文学革命来拯救中国的决心。他的文学理想很大程度上影响了未名社青年同人的苏俄文化价值取向，他们齐心协力，做了大量的苏俄文学及文艺理论的翻译、传播工作。韦素园也成为这个互相关怀、互相帮助、互相鼓励的青年群体的“骨干”与“核心”。

1926 年 1 月，鲁迅将原来的《莽原》周刊改为半月刊，脱离《京报》，仍名《莽原》，并亲任主编。1926 年 8 月，鲁迅因为段祺瑞和他的帮闲们的迫压离京，避祸南下。当时韦丛芜生病，李霁野回家，台静农又不在北京，鲁迅便将《莽原》半月刊交给韦素园维持，由他接任《莽原》半月刊的主编。此后，《莽原》半月刊杂志，译作丛书“未名丛刊”，创作丛书“未名新集”等，都是由韦素园负责具体工作。鲁迅虽然远在厦门，却始终十分关心未名社以及刊物、丛书的事。他提醒韦素园一定要注意保持刊物的战斗特色，不要登一些不痛不痒、“花呀”“爱呀”“死呀”“血呀”之类的无聊文章。鲁迅自己也挤出时间坚持给刊物写稿，全力支持。他还在广州开设北新书屋，售卖未名社的书籍。这段时间是鲁迅与韦素园通信最为密切的时期。在现有的鲁迅书信中，鲁迅给韦素园的信件共计 28 封，而 1926 年这一年鲁迅就给韦素园写了 24 封信。从信件内容来看，鲁迅与韦素园谈论的都是未名社的公共事务，从中可以看出韦素园工作的认真、严谨和踏实，也可以看出鲁迅对韦素园的支持、关怀和无限信任。

鲁迅的这种深切的关怀和强有力的帮助与支持，使韦素园等深受鼓舞，也使他们更为敬重和信赖鲁迅，未名社的大小事务，都写信与鲁迅商讨，请他定夺。鲁迅则在回信中鼓励他们独立作战，大胆工作。1926 年 11 月 7 日，在鲁迅给韦素园的信里便写道：“丛书及《莽原》事，最好是在京的几位全权办理……大小事务，似不必等我决定。”在 12 月 5 日的信中又教导他，“无论创作翻译”，“只有坚实者站得住”。这些话语，既表现了鲁迅对这些青年战友的充分信任，也体现了他对他们通过战斗实践不断增长才干的热切期待。鲁迅还时时告诫韦素园：做人、作文，既要小心，又要泼辣，男人要像男人的气概，必须直率，坦白，敢做敢当。鲁迅还以自己的切身体验，劝导韦素园不要使自己的活动天地局限在小小的书斋之内，诱导韦素园应当关心事关路线的大事，引导他和自己一起来积极思考中国革命的前途问题。除此之外，鲁迅也曾不止一次地指出未名社的人还需进一步树立“雄心和大志”；他们“小心有余，泼辣不足”，“疏懒一点”，并殷切希望他们“将此点改掉”（鲁迅 1926 年 11 月 28 日、12 月 5 日致韦素园信）。鲁迅特别指出韦素园的性格沉郁，“笑影少”（这一点在未名社的成员中他显得最突出）。他希望韦素园开阔胸怀，振奋精神，以革命乐观主义的情绪对待一切。同时要他克服那“太认真”“太小心”的“致命伤”，去掉小资产阶级知识分子的狭隘心理，不要拘泥于一些小事，因为有些事情“其实是小小是非，成什么问题？不足介意的”（鲁迅 1926 年 12 月 5 日致韦素园信）。

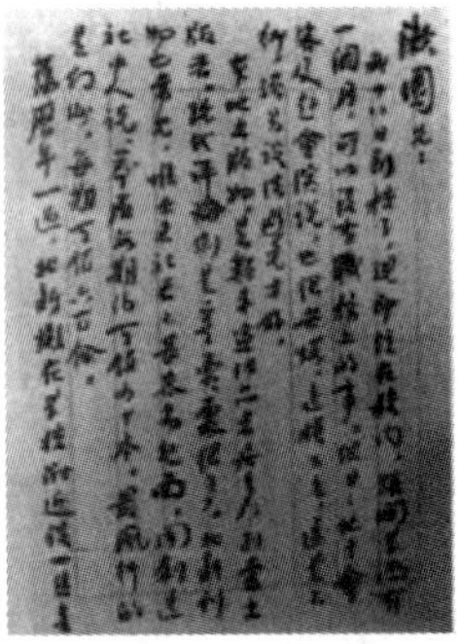
（鲁迅写给韦素园的信）

从韦素园平素的待人管事和工作态度看，他至死不渝地遵循着鲁迅的教诲，即使长期为病魔缠身，但他的思想发展的轨迹是紧随着鲁迅的足迹前进的。在鲁迅的影响下，韦素园于处理社务之余，认真研读了大量的社会科学书籍，黑格尔、费尔巴哈、马克思、普列汉诺夫、车尔尼雪夫斯基等的著作拓展了他的视野，提升了他的文艺理论素养，马克思主义文艺观更让他坚定了无产阶级文化的发展方向。在韦素园主编《莽原》半月刊时期，刊物仍然坚持了原来的编辑体例和编辑方针，达到鲁迅的预期目的，“叫出一些新的希望”来。

1926年10月，因韦素园退掉狂飙社成员向培良和高歌的稿子，引发高长虹在《狂飙》上作文写诗，对鲁迅及韦素园质问和诘难。高长虹一边攻击鲁迅，一边诬告韦素园以“编辑之权威”“施之于同伴”。他这种极端狂妄傲慢的恶劣态度，让韦素园无法抑制心头的怒火，一面写了许多信给鲁迅，说明真相，慰藉先生，一面作文在杂志上剖白，回击挑衅者。鲁迅非常信任韦素园的人品和认真公正、严肃负责的工作态度，相信韦素园不会草率从事。看到韦素园面对高长虹的无端指责，一个人勉力支撑未名社内外一应事务，鲁迅担心他“生着病，却这么样拼命的对付着内忧外患，又怎么能够持久呢”(鲁迅《忆韦素园君》)。于是多次嘱咐他对于高长虹“索性置之不理”，“不足与辩”，因为“不足道”也。鲁迅一生崇尚认真，但对于韦素园这样的“太认真”，又未免为之战栗。因为，在万恶的旧社会里，加之病魔缠身，“一认真，便容易趋于激烈，发扬则送掉自己的命，沉静着，又啮碎了自己的心”(鲁迅《忆韦素园君》)。这就不能不使鲁迅对韦素园另加一层牵挂。

四、卧病京华志不衰

1928年1月，《莽原》改称《未名》。而此时的韦素园已离开主编岗位，在北京西山福寿岭疗养院卧床休养。未名社由李霁野接任主持社务。

早在带病回国之初，韦素园在安庆曾进行过一次不认真的治疗，其后就再也没有继续诊治，也未好好休养。到北京后，由于生活艰苦，工作上又过度劳累，肺病复发，病情加剧。1926年年底的一天，韦素园深夜未睡，想赶完一篇介绍果戈理的文章，第二天就大量咯血。当时医生诊断，肺部已有巴掌大的阴影，痊愈是无望的了，他被迫离开了心爱的战斗岗位。

(韦素园1928年在北京西山福寿岭疗养院)

1927年年初，韦素园由韦丛芜、台静农、李霁野等送往西山福寿岭疗养院。即使因病离开主编岗位，他也一直牵挂着未名社的编辑出版工作，一再嘱托同人要遵从鲁迅的教导，不断提高理论素养和鉴赏能力，保持出版物的进步色彩和战斗风格，坚守住这块批判旧社会、旧文明的阵地。他说："怀疑是对旧时代的破坏，坚信，却是对新时代的创造。不能彻底地怀疑，旧时代不能有彻底的动摇；但是不能彻底地坚信，新时代也不能有彻底的建造。"他期冀《未名》"在文学中能叫出一些新的希望"。(1927 年 12 月给台静农、李霁野的信)他一再写信提醒同人：要记住艰辛的开始，并顾念到万一的不支。后来，当韦素园得知未名社终因外压内患而要解体时，他"心中觉得恍若丧家，怅惘之情，难以言表"！

鲁迅对于韦素园的病是十分关怀的，他一得知韦素园咯血的消息，立即从厦门写信来劝慰："兄咯血，应速治，除服药打针之外，最好是吃鱼肝油。"(1927 年 1 月 10 日致韦素园)此后又不断提醒："我想你要首先使身体好起来，倘若技痒要写字了，至多也只好译译《黄花集》上所载的那样短文。"在给未名社其他成员写信时，鲁迅也常常记挂着韦素园的病情。随着韦素园病情的反复，鲁迅也忧喜交并："漱园病已愈否？""漱园已渐愈，甚喜。"这是多么深切、细致的关怀和爱护啊！

1929 年 5 月 30 日，鲁迅乘回京探母的机会，一早就在台静农、李霁野等的陪同下，坐摩托车到西山去看望了韦素园。在病房里，鲁迅与韦素园相谈甚欢。韦素园精神也很好。他谈了《彷徨》比《呐喊》在艺术上更成熟，但不如《呐喊》受人欢迎，其原因可能是由于更严肃、更多忧郁成分的缘故。鲁迅表示同意。而且早在 1925 年 5 月 1 日，鲁迅在给韦素园的信中就说过："关于我的小说，如能如来信所说作一文，我甚愿意而且希望。"他们一谈就是几个钟头。中午，鲁迅一行在医院里用午餐，韦素园特地请了大厨师杀了自己养的鸡招待他们。直到下午三点，鲁迅他们才返回。那天，为了让病人安心静养，鲁迅烟瘾来了也不吸。韦素园发现后再三劝他，他才走到外面急急忙忙地抽完了就回来。

对于这次探病，鲁迅是难忘的，曾有多次记述。如当天日记："晨目寒、静农、丛芜、霁野以摩托车来邀至磨石山西山病院访素园，在院午餐，三时归。"当天写给许广平的信以及后来在《忆韦素园君》中，均有详细的描述："漱园还不能起坐，因日光浴，晒得很黑，也很瘦，但精神却好，他很喜欢，谈了许多闲天。"并说这次"聚谈""纵谈"是"很愉快的"，"是近来快事。"但高兴中又未免"时时夹着悲哀"，因为鲁迅想到医生"无望"的诊断，"感到他终将死去——这是中国的一个损失——便觉得心脏一缩"，说不出话来。尤其看到病室壁上挂着的一幅陀思妥耶夫斯基的画像(鲁迅说他是一位"用笔墨使读者受精神上的苦刑的名人"，"布置了精神上的苦刑，一个个拉了不幸的人，拷问给我们看")，更不由自主地联想到病榻上的韦素园"也是可以收在作品里的不幸的人"。这种复杂的矛盾一直像毒蛇啮咬着鲁迅的心。1929 年 11 月 16 日，他在给韦丛芜的信件中说：“素园兄又吐些血，实在令我忧念，我想他应该什么事也不问，首先专心静养才是。”1930 年 1 月 19 日，他在给李霁野的信件中又说：“素园又病，甚念。”鲁迅对于韦素园的病情并不乐观，甚至他很早前就预感到其不妙的结果。在《忆韦素园君》中，鲁迅这样回忆道：“我到广州，是第二年——一九二七年的秋初，仍旧陆续的接到他几封信，是在西山病院里，伏在枕头上写就的，因为医生不允许他起坐。他措辞更明显，思想也更清楚，更广大了，但也更使我担心他的病……”

不过，鲁迅永远不会绝望，对自己，对朋友，他始终满怀着战斗、胜利的豪情。1931 年 2 月 2 日，他特别写信给韦素园说：“中国的做人虽然很艰难，我的敌人(鬼鬼祟祟的)也太多，但我若存在一日，终当为文艺尽力，试看新的文艺和在压迫者保护下的狗屁文艺，谁先成为烟埃。并希兄也好好地保养，早日痊愈，无论如何，将来是属于我们的。”这是导师的教诲，主帅的命令，也是战友的激励。

鲁迅的这次来访给韦素园很大的安慰和鼓舞。在这一二年之前，韦素园就写信给他谈马列主义文艺理论问题，所以鲁迅在 1928 年 7 月 22 日的信中说：“以史底惟物论批评文艺的书，我也曾看了一点，以为那是极直捷爽快的，有许多昧暧难解的问题，都可说明。”鲁迅也知道韦素园还伏枕译点马列主义文艺理论文章，所以在 1929 年 3 月 22 日夜给韦素园的信中劝他：“你所译的卢氏论托尔斯泰那篇，是译起来很费力的硬性文字……我想你要首先使身体好起来，倘若技痒，要写字了，至多也只好译译《黄花集》上所载那样的短文。”在这次晤谈中，鲁迅也委婉提出类似的劝告。韦素园衷心感谢，此后就遵照鲁迅的嘱咐，继续翻译一些较短的文字。

在养病期间，韦素园先后选译了高尔基、契诃夫、安特列夫、梭罗古勃等人的短篇小说，集成《最后的光芒》(1928 年)，卢那察尔斯基、普洛特尼珂夫的理论文章也译了不少。鲁迅翻译的卢那察尔斯基文艺论文集《文艺与批评》出版时，还专门在译者附记中提到“韦素园君的从原文直接译出的这一篇(即《托尔斯泰底死与少年欧罗巴》)，也在《未名》半月刊二卷二期上发表了。他多年卧在病床上还翻译这样费力的论文，实在给我不少的鼓励和感激。”1929 年，韦素园翻译的北欧诗歌小品集《黄花集》由未名社出版，这是我国最早介绍北欧散文和诗歌的一本结集，荟萃了俄罗斯文学中许多文情并茂之

(韦素园手迹)

作，如我们非常熟悉的高尔基的《海鹰歌》(现通译为《海燕》)。韦素园雄健遒劲的译笔，形象有力地表达了回荡于高尔基原作中的对于黑暗的诅咒，对于革命的期待，对于光明的赞颂。

(《韦素园选集》封面)

其实自1927年年初至去世前，韦素园虽一直在北京西山病院卧床养病，不能从事艰苦的翻译工作，但他从未流露过消极颓唐的情绪，相反总是充满着昂扬的激情展望着未来。他不仅在病中通过书信和鲁迅交流、探讨文艺上的许多问题，而且还集中精力开展文学创作，他的文学作品绝大部分都创作于这一时期。散文集《西山朝影》十篇中有七篇；诗集《山中之歌》十六篇中有十五篇；《序言和随笔》集六篇中有三篇；现存的二十五封书信，全部是1927年他病在西山之后写给朋友和亲人的(不包括韦素园写给鲁迅的书信，因为避祸，鲁迅烧去了他的信札)。也就是说，韦素园的五十七篇诗文、书信有五十篇都是他在西山疗养院时坚持创作的。韦素园十分清楚自己的病情，那时痨病是不治之症。但他却以坚忍的毅力，躺在病榻上完成了他一生近百分之九十的文学创作。“七月”诗人牛汀曾说过：“韦素园是我国五四以后出现的一位有才华的革命作家。”韦素园留下的这些虽不是很多，却弥足珍贵的作品，显露了他对文学理论的真知灼见和他的艺术才华。

韦素园的作品，特别是其散文小品，具有较强的思想性。某些作品自觉地背负着历史的十字架，忧国忧民，深刻揭露控诉旧礼教的罪恶，表现出高度的爱国主义、人道主义和启蒙主义精神。其散文小品较强的社会性，继承发扬了五四优良的文学传统，开了以后“左联”时期战斗的散文小品的先河。

五、推诚相与赤子心

“对人要虚心，推诚相与”，是韦素园一生推崇的美德。正如李霁野在《忆素园》中所说：“他是朋友们最怀念的人。”而鲁迅所称颂的诚与爱，在这个普普通通的青年人身上真正地体现出来了。

1928年3月，未名社被国民党查封，闻讯李霁野等人被捕，韦素园写了一首《忆“黑室”中友人——呈青及霁野》：“我恍惚地来到了一所阴暗的黑室里。／这黑室里并没有别的什么，／我看见两个友人在破塌上坐起……我低低地发出询问：／你们几时能离开这里?”诗篇语言朴实，不事雕琢，但我们仍能强烈地感受到蕴含其中的作者的爱憎。

《忆亡友愈》是韦素园为悼念挚友刘愈而作。刘愈当时是中共地下党北京市委负责人，1928年春被国民党当局杀害。大家相约瞒着韦素园，但他还是读到了台静农的纪念文章《春夜的幽灵》。韦素园无法抑制极度的悲愤，不顾重病在身，伏枕写下《忆亡友愈》一诗："几年来的相交，／我觉得你的为人是太好了：／终日埋头读书、工作，／穿着朴素的服装，／现着一幅慈祥的面貌。"诗句行文自然、朴素无华，几笔就勾画出了一位优秀共产党员的形象。《忆亡友愈》公开刊登在《未名》半月刊一卷七期上，发表时韦素园还写了这样的后记："读友人《春夜的幽灵》，方知道刘愈兄已惨死多日，病人本不能文，这不过是个偶感罢了。"在大革命失败的黑暗年头，在法西斯白色恐怖的刀光剑影中，这是多么凛然的气概，多么愤怒的强音！这个"怒向刀丛觅小诗"的"偶感"，是对那绞杀革命者的刽子手的庄严声讨，也是对斗争中的战友的催征战鼓。

就在去世的前两个月，韦素园得知霍邱籍共产党人赵赤坪第五次被捕，受尽酷刑，他满腔愤懑，一边咯血，一边伏枕写下一首战斗的颂歌——《怀念我的一位亲友——赤坪》："不过敌人的'黑铁'的高压，／终敌不过我们'赤血'的奋起！／朋友，等着吧，／未来的光明的时代终究是属于我们的。"虽然生命垂危，韦素园的革命的坚定性毫不动摇，直至战斗到生命的最后一刻。

一度以未名社做掩护从事党的地下工作的王冶秋离开北京后，从遥远的外地给韦素园寄了几朵连翘花。珍贵的礼物，引起了他深沉的思念。韦素园看看自己不能参加战斗的病躯，感慨万端，心潮起伏，于是写下了《压干了的连翘花》一诗，寄托着对党对同志的深厚感情。韦素园写这首诗时，距离逝世只有36天了。但他毫无一丝久卧病榻的颓唐气息，他有的只是对党的感情的倾泻，有的只是用生命和鲜血战取黎明曙光的坚定信念，有的只是在最黑暗时刻憧憬未来胜利的宽广胸怀！

"古之君子，其责己也重以周，其待人也轻以约。"师法"古之君子"，追求高尚的品格是韦素园始终坚守的人生信条。无论对集体，还是对个人，韦素园都表现了他的真诚、热情与友善。他宁愿苦自己，而尽可能多地给予别人。

韦素园曾有过两段刻骨铭心的爱情。1919年的端午节，韦素园经人介绍，认识了一位女友，两人彼此倾慕，但吐露不多。后来韦素园离开长沙到安庆，又矜持着很少通信。1921年，韦素园赴苏留学之前，曾在安庆一公园里碰到了她。女友泣涕劝阻他不要冒险远离，但他还是踏上了征途。1929年11月，韦素园收到一份期刊，上面有一首情诗，诗的末尾出现的少女的名字正是这位女友，于是作了《端午节的邀请》，回忆了他与初恋女友的爱情，留下这段生活的创伤。

1922年冬，韦素园寒假由北京回到安庆大哥处度假期间，结识了一位同乡女友G。其后G公费赴美留学，从国外给韦素园写信。韦素园非常兴奋，但回书又很庄重。1926年年底，G又写信来，并附情诗十首，以示定情。这时韦素园吐血发病，他自料病将不起，深恐辜负了对方的爱情，影响了她的幸福，便命弟弟韦丛芜代其复信，婉劝她早日另选爱人，毅然割断这缕情丝，自己偷偷地忍受着痛苦和牺牲。从这里我们不也正见着他那最深切、最纯洁的博大的爱吗？

在生病卧床期间，依靠强大的理想与信念的支撑，韦素园依然像个战士一样，坚定、达观。他继续关心着未名社的工作，坚持翻译和写作。甚至在生命的最后几个月，他在寄给李霁野的信里还乐观地写道："大夫来，见着我大笑说'我非常高兴地看见你，我说痨病不易死人，不错'。"(1932年4月25日)"我在病中觉到，人生就是工作，只有在工作中求得真实的快乐和意义。"(1932年5月2日)1932年5月18日，在给韦丛芜等人的信中，韦素园深刻地指出："现在社会紊乱到这样，目前整理是无希望的了，未来必经大破坏，再谋恢复。但在此过程中，痛苦和牺牲是难免的。"

韦素园临终前还深念自己的导师和朋友。他说："鲁迅先生和靖华，是我们极尊敬的先生和朋友。竹年(李何林)、野秋(王冶秋)、池萍(赵赤坪)，我都怀念着。"(1932年5月18日寄静农、霁野、丛芜)他还特别在病榻上装挂了鲁迅、托尔斯泰、陀思妥耶夫斯基的像。面对画像，他想想自己，看看现实，展望祖国的未来，真是百感交集，于是写下最后一首赠诗，赠给后辈，以寄寓"一番热烈期许之意"，即继承遗志，振兴中华，遂其未竟之业(韦素园1928年9月6日寄德富)：

几年病里卧京华，往事已非愿亦差。

一志未衰犹望尔，百年伟业映支那。

1932年8月1日，韦素园在北平同仁医院去世。他在早前就写好的遗书中安慰未名同人："现在我要先你们而'别去'了，愿你们勿以我为悲哀。这种离别乃人生之常，早晚免不了的。"同时，他还写有一封向鲁迅先生致最后敬意的告别信。

韦素园认为一生最大的幸福是结识鲁迅，他一直把鲁迅当作精神导师，从他身上汲取无尽的力量与智慧。他坚决地走鲁迅指引的路，像他那样做人，像他那样工作，也像他那样生活。在探求新思想的道路上，韦素园与鲁迅先生互为知己。从《鲁迅日记》中我们常常可以看到，"晨得素园信，即复"，"午得素园信，即复"这样的记载，两人交流从未中断。韦素园甚至在卧病期间，还伏枕翻译马克思主义文艺理论文章，这和鲁迅先生的鼓励是分不开的。

在鲁迅对以胡适、陈源为首的现代评论派和以梁实秋等为首的新月派的批判中，在对北京女师大顽固当权者杨荫榆、林素园的斗争中，以及在狂飙派高长虹、向培良对鲁迅大肆攻击时，韦素园始终积极拥护鲁迅。他极力赞扬先生不屈不挠的战斗精神，常把陈源骂鲁迅的话“要是有人侵犯他一言半语，他就跳到半天空，骂得你体无完肤——还不肯罢休”当众表演，逗得大家哈哈大笑，以展现鲁迅的战斗雄姿。

1926年三一八惨案后，女子师范大学校长林素园，带兵接收女师大，并圈定多名进步教师为“共产党”。对于这种迫害伎俩，鲁迅认为“也是一种老谱，本来并不希罕的”。韦素园十分憎恶那些道貌岸然的刽子手，一气之下将自己的名字改为“漱园”。直到后来因为一位相识多年的女友说不如旧名习惯，林素园也销声匿迹，为人们遗忘后，他才恢复旧名。

鲁迅在上海定居后，以永不休战的姿态领导左翼文化运动。韦素园虽已病卧北京西山，但是他的思想感情，他的心脏跳动却紧紧连着上海。他常常辗转病榻，夜不能寐，为左翼文化运动的胜利而欢欣鼓舞，为鲁迅所受的“围剿”而深切挂牵。1931年，当国民党浙江省党部呈请国民党中央通缉“堕落文人鲁迅”；当柔石等被捕，鲁迅处境危险；当关于鲁迅被拘或已死的谣言传到北京时，韦素园总是极力支撑着，写信给鲁迅，不顾白色恐怖的威胁，热情拥护和声援鲁迅的斗争，同时为不能亲自参加战斗而痛感不安。鲁迅深深为之感动，并在二月二日的复信中说：“昨看见由舍弟转给景宋的信，知道这回的谣言，至于广播北方，致使兄为之忧虑，不胜感荷。”

鲁迅对韦素园这样一位青年战友，是非常喜爱的。他曾感叹自己若能化身为青年，便可不分彼此，无所顾忌地交往开来了。在紧张的战斗中，鲁迅时常把周围的斗争情况告诉韦素园，他们的心是相通的。对于国民党反动派的反革命文化“围剿”，鲁迅表示了鄙视、蔑视的大无畏精神，这些都深深感动和影响着韦素园。所以，韦素园虽然长期为病魔缠身，但他的思想发展却一直向前。在鲁迅的指导下，经过长期的现实斗争，韦素园渐渐领悟到对旧社会旧势力斗争的方法，那就是要坚定自身的立场，果断勇敢地作出决策。由于斗争还是个持久不断的过程，在这样的过程中，一定要持有耐性，保存实力。因而“将鲁迅提倡的‘韧’劲化作了百折不回的毅力和脚踏实地的工作之风”(韦顺《鲁迅培养的青年文学战士——韦素园》)。

鲁迅在得悉韦素园病逝消息后的致未名社成员的信里写道：“这使我非常哀痛。我是以为我们还可以见面的，春末曾想一归北平，还想仍坐汽车到西山去，而现在是完了。”(1932年8月5日致李霁野、台静农、韦丛芜)“素园逝去，实足哀伤，有志者入泉，无为者住世，岂佳事乎。忆前年曾以布面《外套》一本见赠，殆其时已有无常之感。今此书尚在行箧，览之黯然。”(1932 年 8 月 15 日致台静农)鲁迅先生说的这本精装《外套》，是韦素园病重时怀着特殊感情赠送给他的。书上题字是：“鲁迅先生惠存。素园敬赠。嘱霁野代题字。二十九年七月十二日。”鲁迅在这本珍藏的《外套》上还题了字：“此素园病重时特装相赠者，岂自以为将去世耶？悲夫！越二年余，发箧见此，追记之。三十二年四月三十日，迅。”并将此“唯一的纪念，永远放在自己的身边”。这在鲁迅的藏书中，是极少见的，足见鲁迅内心的悲痛和惋惜。四个月后，鲁迅将他自己和许广平的通信编辑成《两地书》之后，在序言中写到编辑这本书的目的之一就是“感谢好意的朋友”，“而好意的朋友也已有两个不在人间，就是漱园和柔石”。

六、文苑失英明者悼

韦素园逝世后，由韦丛芜、台静农、李霁野等安葬在他生前选定的北平西山碧云寺下的万安公墓，墓前立了鲁迅亲笔题写墓记的石碑：

君以一九〇二年六月十八日生，一九三二年八月一日卒。乌呼，宏才远志，厄于短年。文苑失英，明者永悼。弟丛芜，友静农、霁野立表；鲁迅书。

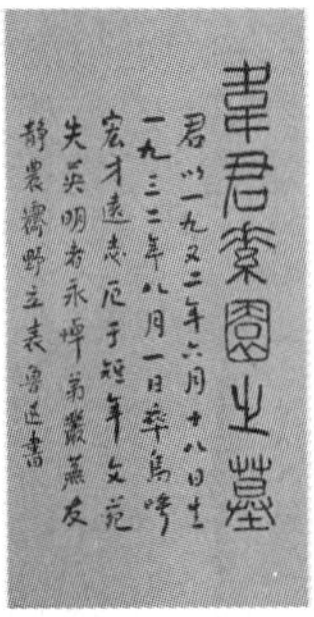

（鲁迅题写的韦素园墓记）

韦素园一生只有 30 年，但由于“切切实实”“点点滴滴”地工作着，奋斗着，为中国的文学创造了非凡的劳绩，才给文学导师与广大文艺战士留下不灭的印象。“宏才远志，厄于短年。文苑失英，明者永悼”这十六个字，无疑是鲁迅对韦素园毕生贡献的概括，同时又寄寓了战友的不尽哀思。

1934 年 7 月，鲁迅又写了纪念文章《忆韦素园君》。在文中盛赞韦素园是那种默默地奉献自己，牺牲自己，来为中国文坛不断耕耘的人，对他的人品高度赞扬。“自素园病殁之后，转眼已是两年了，这其间，对于他，文坛上并没有人开口。这也不能算是稀罕的，他既非天才，也非豪杰，活的时候，既不过在默默中生存，死了之后，当然也只好在默默中泯没。但对于我们，却是值得纪念的青年，因为他在默默中支持了未名社。”鲁迅毫不讳言对于韦素园的欣赏，他尤其赞美韦素园素朴而执着的精神：“是的，但素园却并非天才，也非豪杰，当然更不是高楼的尖顶，或名园的美花，然而他是楼下的一块石材，园中的一撮泥土，在中国第一要他多。他不入于观赏者的眼中，只有建筑者和栽植者，绝不会将他置之度外。”

在《忆韦素园君》一文中，鲁迅更对未名社的历史地位予以肯定：“未名社现在是几乎消灭了，那存在期，也并不长久。然而自素园经营以来，绍介了果戈理(N. Gogol)，陀思妥也夫斯基(F. Dostoevsky)，安特列夫(L. Andreev)，绍介了望·蔼覃(F. van Edeen)，绍介了爱伦堡(I. Ehrenburg)的《烟袋》和拉夫列涅夫(B. Lavrenev)的《四十一》。还印行了《未名新集》，其中有丛芜的《君山》，静农的《地之子》和《建塔者》，我的《朝花夕拾》，在那时候，也都还算是相当可看的作品。事实不为轻薄阴险小儿留情，曾几何年，他们就都已烟消火灭，然而未名社的译作，在文苑里却至今没有枯死的。”显然，这些功绩的取得，与韦素园的文学理想，以及他为此付出的实践是分不开的。

韦素园这位从皖西走出的英勇少年，1920 年加入上海社会主义青年团，成为他献身革命事业的开端。此后，他携手同道中人和革命导师、文化领袖，生命不息，战斗不止，而立之年为革命事业殉道离世。在他 30 年的人生历程中，他克勤致勉，脚踏实地，默默地为自己的文学理想而奋斗，塑造了完美的人格，留下了虽不是很多，却弥足珍贵的作品，显露出真知灼见和艺术才华。生命的价值与意义不在于寿命的长短，韦素园 30 年的人生，虽然短暂，却很好地诠释了生命的价值与意义。

（陈红梅撰稿）

韦丛芜

（韦丛芜）

韦丛芜（1905—1978），原名韦崇武，又名韦立人、韦若愚，笔名东滢、蓼南、白菜、力行等，安徽省霍邱县叶集镇人（今属六安市叶集区），韦素园的胞弟，“未名四杰”中年龄最小的一位。

幼年的韦崇武就聪慧非凡，6岁入家乡小学读书，9岁即跳级与比他大3岁的哥哥韦素园一起进入小学高级班。当时小学生大都从私塾转来，学校很重视吟诗作对。一次，国文老师在课堂上出了一副对子的上联“蚩尤兴大雾”，要学生快对。韦崇武略一思索，即对出：“孔明祭东风。”老师非常高兴，赞他才思敏捷。韦丛芜兄弟在班上学习成绩双双优秀，期末发榜，每每互为榜首。有一回又是兄弟俩列案首，同学陈世铎等赞美之余说：“韦崇武，你能把你兄弟俩的名字嵌上作首诗吗?”韦崇武凝神稍加思考，便随口吟道：“崇高遵孔训，仰慕敬岳忠。纬武经文备，魁英冠世雄。”显示了他习文练武，要为国家干一番事业的大志雄心。

一、辗转求知路

韦氏兄弟五人中，大哥韦凤章和三哥韦素园对他影响最大。大哥韦凤章经常为他们带来外面世界的信息，引导他们关注社会时事，追求民主自由，很早就将新思想和大抱负灌注到两个弟弟的头脑中。在韦丛芜和三哥韦素园的心中，大哥更像他们人生的启蒙老师，是大哥培养了他们担负社会使命的责任心，引领他们朝向新的世界前进。

韦丛芜和三哥韦素园走得最近也最亲。小时候他们先后进入同一个私塾读书发蒙，小学毕业后，他与三哥韦素园又先后考入设在阜阳的安徽省立第三师范学校。只不过等他入学时，三哥韦素园已在安庆法政专门学校读书，是有名的“学运”领袖了。作为新文化和学生运动的积极分子，韦素园当时被推选去上海，他曾邀弟弟同往，但因行期提前，韦丛芜未能赶上。

1920年，也就是就读阜阳第三师范期间，韦丛芜就喜爱阅读《新青年》《少年中国》和《时事新报》的副刊《学灯》、《民国日报》的副刊《觉悟》等进步报刊，从中接受新文化新思想。他还与李霁野以及身在武汉的台静农联合创办了《新淮潮》杂志，积极宣传新文化。1921年秋开学不久，韦丛芜和陈素白因病住进疗养室，李霁野为护理他们也搬移过去。可阜阳三师里的封建复古势力乘机对新文化新思想大肆诬蔑，将莫须有的罪名安在他们头上，说他们名为治病，实则搞阴谋诡计。韦丛芜和李霁野愤然退学，回到家乡。

1922年春，韦丛芜准备投奔在安庆工作的大哥继续读书。他的小学同学李霁野，当时因家中穷困，一筹莫展。韦丛芜邀他一同前往，李霁野欣然赴邀。由于转学难以实现，他们先在商务印书馆所设的一个售书处临时做起了义务店员，借机阅读了大量文学书籍。文学不仅能使他们在其中找到自己的严师、挚友，并影响了他们的思想和行为。在安庆期间，韦丛芜和李霁野先后在当地的《评议报》上主办了《微光周刊》，在《皖报》上主办了《微光副刊》，攻击封建主义旧道德、旧的婚姻制度，宣传新文化和传播进步思想。为了争取婚姻自由，韦丛芜、李霁野勇敢地在两人合办的刊物《微光周刊》上公开发文，解除由家庭代订的旧式婚约，并将报纸寄回家乡，引起极大的轰动。1922年5月20日，韦丛芜撰写《致新生先生的一封信》，发表在6月4日《民国日报》副刊《觉悟》上面，鼓动学生从事社会活动，改革学界下流风习，并对旧的婚姻制度做了大胆挑战。韦丛芜十分厌恶封建的包办婚姻，而崇尚恋爱婚姻自由，追求个性解放，这种带有五四时代精神特色的进步思想，在他稍后创作的长诗《君山》中留下了鲜明的印迹。

1923年夏，韦丛芜的三哥韦素园已从苏联回国，在北京俄文法政专门学校读书。韦素园邀请弟弟和李霁野也一同到北京这个中国新文化新思想的中心，近距离地感受氛围，接受熏陶。在哥哥的帮助下，1923年秋，韦丛芜从湖南来到了北京。这时首先要解决的是他的入学问题：读什么学校？学费怎么办？韦丛芜来时原在的湖滨大学附中，是一所教会办的中学，因此他想仍然读教会中学。于是他用流畅的英文写了一封信给北京教会办的崇实中学，要求进该校高中读书。校长接信后一看，十分欣赏这封信的文采，欣然同意，并予以免费。和他同时进入崇实中学的还有李霁野。而此前，少时好友台静农和张目寒等也都相继聚合北京。身处异乡，这群儿时玩伴能重新异地聚首，自是喜出望外。他们经济上互相支持，创作上互相帮助。穷困的生活、共同的志向，使他们已从青春伙伴变成同一壕沟里的战友。

1924年夏，已弃官为僧的韦丛芜的大哥韦凤章病逝，这让兄弟俩异常哀痛。

这不仅因为大哥是他们的经济来源，更因为手足情深，相依多年。韦丛芜当时还写下了一首《忆凤章大哥》的哀诗：

欲了尘缘为寺僧，白云缥缈忆知音。
萧萧落叶叩心曲，阵阵清风送游魂。

韦凤章在逝前给弟弟们的信中留下遗言，希望他们返回家乡，以免颠沛流离。但兄弟俩相抱痛哭以后，觉得回老家也是困死，不如留在北京，继续苦读奋斗。此时，出于对俄罗斯古典文学和苏俄进步文学的兴趣，韦素园已开始尝试翻译俄国诗人梭罗古勃的《蛇睛集》，他鼓励韦丛芜和李霁野也大胆试译苏俄文学作品。韦素园的文学兴趣很大程度上影响了韦丛芜、李霁野的苏俄文化价值取向。两个年轻人跃跃欲试，还在北京崇实中学读书的李霁野为了维持生计，试译了安特列夫的剧本《往星中》，而年仅十九岁的韦丛芜则选取了俄国著名作家陀思妥耶夫斯基的传世之作《穷人》，尝试进行翻译。

1924年9月，李霁野完成了剧本《往星中》的翻译，经韦素园对照俄文原文认真做了校正后，由在世界语专门学校读书的小学同学张目寒亲自送交他的授课老师鲁迅审看。几天后，张目寒通知李霁野说，鲁迅先生约其到家中面谈。这个消息令久已仰慕先生的韦素园、李霁野、台静农、韦丛芜等无比兴奋和欢喜。1925年3月22日，张目寒带李霁野拜见鲁迅。26日，李霁野把韦丛芜署名蓼南的短篇小说《校长》寄给先生。28日，先生就将《校长》转寄郑振铎先生，后来刊登在《小说月报》上。5月，韦丛芜由张目寒带着第一次去拜访鲁迅，先生让他把在校园里创作的爱情长诗《君山》也带给他看看。鲁迅读后大为赞赏。大约在这前后，张目寒还把韦丛芜翻译，并经过韦素园对照俄文修改的《穷人》，送给鲁迅审看。此间，韦素园、台静农等也都相继由张目寒引领来到先生家中。至此，来自安徽省霍邱县叶集镇的这一群年轻人，开始了与久已仰慕的鲁迅先生的密切交往，也开启了长达一生的生命交融。

（未名社时期的叶集“未名四杰”）

二、"荒坡上的歌者"

1925年夏，韦丛芜从崇实中学毕业，秋天直接保送升入燕京大学。也即在这一年的8月，为了解决李霁野《往星中》这样的青年译作的出版问题，在鲁迅的提议、组织和支持下，未名社——这个以后以译介外国文学为主，兼及文学创作的进步的现代文学社团在北京成立了。鲁迅筹款400多元，韦丛芜等人共筹款200元。这些钱可供出四期半月刊和一本书的费用。鲁迅表示书稿由他亲自审阅编辑，韦丛芜等四人对先生的倡议和慷慨举动当场表示赞成，并愿意承担出版具体事务。后来，韦素园在上海外国语学社和莫斯科东方大学"风雨同舟"的同窗好友曹靖华，从韦素园的来信中获悉未名社已在北京成立的消息后，当即从千里之外的河南开封汇寄50元要求加入。

(《穷人》封面)

1926年，韦丛芜翻译的《穷人》作为"未名丛刊"之一在未名社出版，这是我国介绍陀思妥耶夫斯基作品的发轫，是第一个完整的中文译本。鲁迅对这本青年人的稚嫩之作，倍加呵护，不仅细心审阅，对于有歧义的地方，认真参阅了原白光的日文译本，修改了若干处，还欣然写了两千字的很感人的引言："……《穷人》是作于千八百四十五年，到第二年发表的；是第一部，也是使他即刻成为大家的作品；格里戈洛维奇和涅克拉梭夫为之狂喜，培林斯基曾给他公正的褒辞……中国的知道陀思妥夫斯基将近十年了，他的姓已经听得耳熟，但作品的译本却未见……这回丛芜才将他的最初的作品，最初绍介到中国来，我觉得似乎很弥补了些缺憾。这是用Constance Garnett的英译本为主，参考了Modern Library的英译本译出的，歧异之处，便由我比较了原白光的日文译本以定从违，又经素园用原文加以校定……在我们这样只有微力的人，却很用去很多工作了。藏稿经年，才得印出……"韦丛芜严格按照鲁迅的教诲，本着对读者高度负责的态度，对翻译工作勤勤恳恳、一丝不苟。仅对书名是译为"可怜人"还是"穷人"，就进行了反复斟酌。全书经三种不同文本反复对照、校改，实现了译文的忠实、畅达和典雅。鲁迅称赞其是"丛芜这位小弟弟的稚嫩的第一朵心血之花"。

韦丛芜一直牢记着先生对他的叮嘱：专门翻译陀思妥耶夫斯基的作品。1927年，大学二年级的韦丛芜，又大胆拿起了陀思妥耶夫斯基的大部头代表作《罪与罚》。一个青年学子要攻下被鲁迅称为“残酷的天才”和“人的灵魂的伟大的审问者”的40万字的鸿篇巨制，当然不是轻而易举的。韦丛芜集中精力，废寝忘食，全身心地扑了上去。他像一个战士，握着“枪”，奋勇前进，“斩关夺寨”。哪知积劳成疾，竟然患上了肺病而不自知。一天深夜，韦丛芜突然颓然倒在“战场”上，大口大口地咯血，不得不让朋友们送进了疗养院，与早他而住院的哥哥韦素园同在一间病房。1926年8月1日，《鲁迅日记》所记“下午访小峰、访丛芜，分以泉百”一事，令韦丛芜终生感动。据韦丛芜回忆说，鲁迅得知他患了肺病，担心他缺钱，便给了他一百元，口头说是给未名社作印费，而其实是让他便于向未名社借用，先生是在暗暗地帮助他。

韦丛芜疗养了大半年，身体渐愈以后，就又拿起译笔，经过艰辛的努力，终于在1930年将《罪与罚》译完。鲁迅高兴地为这本“不是啜末加咖啡，吸埃及烟卷之后所能写成的”巨著定了全书的译名。在此后的二十余年间，未名社、开明、文光等书局先后印行了十余版。那时韦素园虽然仍病卧在京郊西山，但得知弟弟译完了《罪与罚》，还是欣慰地倚枕写了两千多字的前记，评介了作者，概述了作品的内容，启示读者应该怎样读它。韦素园在文末的附记中说：“丛芜译了这部巨著，我心里很高兴，因为我很爱它。但是在病中不能读书，现仅就以前读过的《最新俄国文学》(黎庆夫·罗迎契夫斯基著)和《文学底影像》(卢那卡尔斯基著)，回忆中写成此文。”对于哥哥，韦丛芜在序中说：“可惜素园还在病中，不然这个译本或者更会可读的，他曾为译者(也是为读者)那么悉心地用俄文原本从头至尾地校阅过《穷人》，而且他又是那般地爱陀思妥也夫斯基。这个译本也就献给他吧。”字里行间透露出兄弟间真诚互助、炽热相爱的纯洁情谊。

从1925年未名社成立到1931年结束，这期间，韦丛芜的创作和翻译都比较活跃多产。译作有俄国陀思妥耶夫斯基的《穷人》《罪与罚》《女房东》和《回忆陀思妥夫斯基》；有蒲宁的短篇小说集《张的梦》；有英国葛斯的《近代英国文学史》、斯伟夫特的《格里佛游记》和《拜伦时代》；有法国贝罗的童话集《睡美人》等数百万字。韦丛芜的译著之丰与鲁迅的指教和激励是分不开的。终其一生，韦丛芜翻译了苏俄文学五十多部，以及美国作家德莱塞的《巨人》，杰克·伦敦的《热爱生命》等，这些译著有不少在50年代很有影响。

韦丛芜的创作有诗集《君山》《冰块》；散文《我和我的魂》《西山随笔》；短篇小说《校长》《在伊尔蒂希河上》等。韦丛芜不少作品直接发表在鲁迅主编的《莽原》《语丝》等刊物上。长诗《君山》最初就是从1926年1月开始在《莽原》半月刊第一至十五期上连载的。1927年3月，《君山》作为“未名新集”丛书的第一部诗歌创作印

(《回忆陀思妥夫斯基》封面)

(《巨人》封面)

行问世，由未名社出版，奠定了韦丛芜在20年代文坛上诗人的地位。鲁迅还特请著名画家林风眠为此书设计了精美的封面，请司徒乔先生作了十幅很有情趣的插画。《莽原》在封底为《君山》做的出版广告是："这是韦丛芜的四十首连贯的抒情诗。作者将初恋时期的热情和幻梦，悦乐和悲哀，用极新鲜的格调歌咏出来。林风眠画封面，司徒乔插画十幅。装订印刷，力求精美。现已付印，不日出版。"《君山》出版后，成为当时最畅销的诗集之一。鲁迅先生认为这首诗同作者的年岁一样，是"青"色的，称之为"是相当可看的作品"。

长诗《君山》创作于1923年2月至1925年7月，共40小节，600多行，与朱自清的《毁灭》，冯至的《吹箫人》《蚕马》，朱湘的《王娇》等相呼应，构成中国新诗早期阶段的长诗阵营。它充满着追求恋爱自由，厌恶黑暗现实的进步思想感情，是韦丛芜的一部爱情诗集。沈从文称赞其为"写故事诗明白婉约，清丽动人，且为中国最长之述事抒情诗"(沈从文《我们怎么样去读新诗》)。

韦丛芜写作《君山》，与自己的一段感情经历相关。1922年秋，韦丛芜考入湖南岳阳湖滨大学附中二年级。1923年春放寒假时，在火车上邂逅了岳阳城内某教会女中的两姐妹，彼此情意相投，产生了爱情。这便是诗中所写爱情的本事。《君山》塑造了一个进步的、追求爱情婚姻自由的小资产阶级知识分子——"我"的形象。诗人通过"我"由爱情的欢欣到爱情的幻灭，再到幻灭后的郁闷与痛苦，刻画了小资产阶级知识分子苦闷、忧伤的灵魂，从而再现了五四以后，"作为一种类型的知识分子所经过的爱情生活道路，表达了他对旧社会的不满和诅咒"(谢昭新《论韦丛芜的诗》)，这是极具时代进步意义的！

《君山》笔调清新，常以景写情，情景交融，把初恋的欢欣、思念、等待、焦虑之情，写得缠绵悱恻，真切动人。请读其中的两小节：

我随伊走进楼来，我随伊走出楼去；伊的脚步何等轻盈，伊的头发软得爱人。

我随伊走上楼来，我随伊走下楼去；在伊的食指指处，一切都是美丽的。

《君山》谱写爱情缠绵婉曲，刻画恋爱心理大胆质直，诗歌结构环环相套，反复回旋，一咏三叹，显现出诗人不凡的艺术天性和对当时各诗歌流派的艺术借鉴，被认为“为中国现代叙事诗的发展增添了新的光彩”，标志着新诗在新文学史上的“开始成熟阶段”。（杨克《韦丛芜及其长诗〈君山〉》）

诺贝尔文学奖评委中唯一的汉学家马悦然先生对《君山》极为推崇。他说：“在我看来，这部作品在中国现代诗歌史上非常独特。”他曾建议商务印书馆的总编辑陈万雄先生再版韦丛芜的爱情长诗《君山》。

1929 年 4 月，韦丛芜的第二本诗集《冰块》由未名社出版。《冰块》所收的十二首新诗，作于 1925 年至 1928 年，这正好经历了大革命的高潮和大革命失败后的低潮这样两个关键的历史时期，其基本主题是诅咒旧世界。从诗人的诅咒声中，我们不仅能看到他思想发展变化的历程，而且能看到这种变化与时代的紧密关系。《冰块》的影响虽不及《君山》，但题材更为广泛，思想内容也较前深切，形式和技巧都有一定的成就。写于 1925 年 4 月的《冰块》就是一首含蓄深刻的散文诗。

我在我的心的深处发现了多年凝结的立体的冰块，而且我察知了这冰块乃是我呱的一声堕地的时候，感觉到世界的冷便开始凝结的……自从离开母怀直到如今，我日日以我的热血融化我的心中的冰块，冰块却夜夜和新的血凝结起来，扩大她的体积。

……

在冷的世界上，热血融化着，冰块凝结着。

死的象征的冰块在我的心的深处永远有增无已地扩大，热血已渐渐失去融化的作用了。

唉，冷啊，冷啊！

……

从这首散文诗中，我们可以窥见，青年时代的韦丛芜，面对冷酷黑暗的旧世界，内心所充溢的绝望和憎恨！他要以热血去融化冰块，以生命去击退黑暗，争取光明！

诗集《冰块》中还有不少诗是诗人以自己亲身经历的事件，对冷酷的现实社会直接进行暴露。1926 年 3 月 12 日，日本帝国主义支持奉系军阀攻打冯玉祥的国民军，并联合美、英、法、意、荷、比、西（班牙）等国，向北洋军阀政府发出最后通牒，限国民军 48 小时撤退。北京学生义愤填膺，到北洋政府国务院请愿，要求政府拒绝通牒。没想到的是，当时的政府总执政段祺瑞竟下令痛打请愿学生。3

月 18 日，北京各大、中学学生汇集天安门广场请愿，作为燕京大学学生的韦丛芜也加入请愿的行列中。不料请愿队伍竟遭大批军警出动镇压，47 名青年学生倒在枪口下，伤者无数，造成了震惊全国的三一八惨案。当时的《语丝》杂志上有目击者控诉道："呜呼三月十八日，北京杀人乱如麻！民贼大试毒辣手，天半黄尘翻血花……"鲁迅在他的《无花的蔷薇之二》一文的末尾称 3 月 18 日为"民国以来最黑暗的一天"。当时韦丛芜也在"禽兽中所未曾见"的"残虐险狠"的暴行中受了伤，被压在伤亡者的人堆中动弹不得。枪声稀疏后，韦丛芜满身血污地从伤亡的人堆中爬出来，碰到同乡赵赤坪，便一同搀扶着回到了未名社。残酷的现实、血的教训，令韦丛芜激愤难耐。3 月 21 日，韦丛芜与韦素园、台静农、李霁野、曹靖华一起奔访鲁迅，向他报告大屠杀的经过。鲁迅十分悲愤，反复说："我们决不能沉默！"他鼓励韦丛芜以亲历的事实揭露反动派的丑恶，以诗的形式表现这一历史惨案。遵从先生的教导，韦丛芜以亲身经历写下了控诉的诗篇："记三月十八日北京国务院前的大屠杀"的《我披着血衣爬过寥阔的街心》和《我踟蹰，踟蹰，有如幽魂》。在这两首诗中，他记述了国务院东门口大屠杀的场景，描绘了屠杀后古都北京的凄凉。

《我披着血衣爬过寥阔的街心》写的是事件发生时的"实景"：

> 在伤亡的堆中，我左臂下压着一个血流满面的少年，右臂下压着一个侧身挣扎着的黄衣的女生。左臂下的死身已硬；右臂下发出哀绝的"莫要压我！"的声音。

《我踯躅，踯躅，有如幽魂》的内容则是"记'三一八'屠杀之次日的雪中行"，诗中写道：

> 阴风惨惨地吹，细雪纷纷地落，这屠杀后的古都，埋葬在死的恐怖。//繁华的哈德门大街，此刻已无车马驰奔；我，血衣依旧在身，踯躅，踯躅，有如幽魂。

在诗的后记中，韦丛芜写道："我恐怕是最后从国务院门口伤亡人堆中挣扎出来的了。当我坐车跑回来的时候，已是三点半。次日看了晨报的带有'阴险的暗示'的荒谬的记载之后，我本想就写篇详细的文字叙述这次的大屠杀，但是因为神经受的刺激太厉害，在最近期间，恐怕没有动笔的希望。"这两首诗收入了诗集《冰块》。在《冰块》的扉页上，诗人面对旧世界狂怒地震吼：

> 消不了的是生的苦恼，
> 治不好的是世纪的病！

这两句诗同时也可以看作韦丛芜对自己当时创作诗歌时的心境和情绪的概括。

面对社会重压，韦丛芜痛心疾首，愤懑不平。反抗却找不到出路，挣扎又带来极端孤独痛苦，诗集《冰块》集中凸显了青年诗人复杂矛盾的情怀。与《君山》相比，诗集《冰块》对人生的思索愈加深邃，情调上也更阴郁和晦暗，更具有悲剧的力量了。比如，在 1927 年 11 月他写下的《哀辞》一诗里，他“哀此宇宙，充满孤寂”，把人生看得就像花开与花落那样。1928 年 4 月，未名社出版的《文学与革命》一书在山东被军阀张宗昌视为共产党书籍而查封，并电告北京警察局查封未名社和逮捕有关人员。韦丛芜、台静农和李霁野都被侦缉队逮捕，转送北京警察局。韦丛芜由于患有肺病，一周后被保释，李霁野、台静农都被关了 50 天。这段特殊的经历，使韦丛芜对反动当局更加痛恨，但也让他迷茫，看不到光明和前途。所以，诗人在咏唱时，以低沉、忧伤的调子，抒发了内心孤寂。1928 年 8 月，他写的《在电车上》，就以命运由人摆布，凭人决定，显示了世间悲凉，发出了对世界、对生命无可奈何的感慨，流露出人生如梦的消极情绪。

韦丛芜在《〈荒坡上的歌者〉序》中说：“或者是一个命定的‘歌者’罢，虽然是站在‘荒坡上的’。受不了爱的痛苦，便要呻吟；感到心境日非与身体日弱，便哀咏失去的昼春；亲尝人世的辛酸，便唱出‘生’的挽歌；震惊于都市的变乱，便奏起悲凄的调子；甚而至于熟人的病死，有时也写几句哀词。而且忧伤的情调充塞这所有的诗歌；我想，这都不过是生活于离乱时代的一个孤寂的灵魂的自白罢了。”韦丛芜开始写作时正赶上五四落潮，大时代的幻灭情绪和他青春的幽怨融汇在一起，让他的创作成了“生于离乱时代的一个孤寂的灵魂的自白”。这种“孤寂的灵魂的自白”是其诗歌写作的出发点，也保证了其诗歌写作的真挚性和有效性。

三、勉力支撑未名社

韦丛芜敬鲁迅如师长，坚决拥护先生，始终和他站在一条战线上。在鲁迅与现代评论派的主要成员陈西滢的论战中，韦丛芜曾以“东滢”的笔名在《莽原》周刊上发表了杂文驳讽陈西滢。鲁迅曾兴致勃勃地谈到此文引起的反响，开怀大笑。1929 年 5 月，鲁迅先生从上海到北平探望母亲。韦丛芜于 5 月 2 日请鲁迅先生到燕京大学做了一次讲演，题目是《现今的新文学的概观》，受到燕京大学学生们的热烈欢迎，整个校园为之震动。

1926 年夏，鲁迅先生被迫南下，未名社的工作一直在鲁迅领导下由韦丛芜的哥哥韦素园负责。1927 年韦素园病卧京郊之后，社务由李霁野负责。在经历了几番“忽封忽启忽捕忽放”的折腾后，未名社曾迎来一段小盛期，但毕竟经济拮据，日趋艰难。1930 年 1 月 19 日，鲁迅在回复李霁野的信中就提出了结束未名社的意见。此后不久，李霁野到天津女子师范学院任教，台静农也已到北平辅仁大学任教，曹靖华又远在苏联，维持社务，更加艰难。但是病中的韦素园，对这一由鲁迅亲手培植、经过惨淡经营、由“未名”而成名的文学团体实不忍舍弃，便与几个人商量后，要弟弟韦丛芜接过担子，负责社里的一应事务。当时的韦丛芜正埋头为翻译《罪与罚》做最后的“冲刺”，但是顾及大局，只好承担下来。这一年在韦丛芜的经营下，未名社再版了鲁迅创作的《坟》和译著《出了象牙之塔》，出版了台静农的短篇小说集《建塔者》，韦丛芜自己的译著《罪与罚》《英国文学：拜伦时代》等，应该说成绩也算可以。但独角戏毕竟是难唱的，勉力支撑了一年，韦丛芜在两次奉书鲁迅后，便去上海谒见先生汇报社务，请示办法。他把出版部的业务交给堂兄韦佩弦代理，大约又维持了大半年。最终，未名社因难以为继而宣布解体。

1931 年，韦丛芜在上海居住了约 5 个月。就在这 5 个月的时间里，他在租住的如鸟笼般的亭子间里译完了《近代英国文学史》。9 月，随着未名社的解体，韦丛芜经李霁野介绍到天津河北女子师范学院任教，在教学之余翻译了《英国主要戏剧家》，并修改了前译的《撒谎记》。九一八事变爆发，国事日非，华北之大，已安不下一张讲桌了。这时，有一个在美国哥伦比亚大学任教的王锡礼，通过沈从文邀请韦丛芜去美国讲授中国现代文学，韦丛芜也做了一些准备打算去。但是他转念一想，现在国难当头，这样做不过是避难罢了，于国家何益？便毅然舍弃。

四、只为御侮寻妙方

韦丛芜一直在鲁迅的影响下致力于苏俄文学翻译和新文化的宣传，在中国现代文学史上留下了足迹。他追求真理、疾恶如仇，反帝反封建意识日趋强烈。1931 年 11 月 8 日，天津日军组织汉奸便衣队千余人，自日租界冲入华界，并借口其排长被流弹击伤而向华界开炮，搞得华北各大院校停课，师生逃散。面对日益深重的国难，韦丛芜虽卧病在床(肺结核病复发)，仍焦思救亡图存之道。恰在此时，梁漱溟、晏阳初、卢作孚等一批社会学者提倡“乡村建设”，号召知识分子到农村去，组织教育农民合作救国。

在三位探索者“乡村建设”理论的影响下，韦丛芜认为要挽救中国的命运，必须振兴经济。要振兴经济，就要抓住乡村建设这重要一环。而要达到此目的，必须有一套新的经济制度，为国内各党派各阶级所接受，这种合作才能坚持，才能有效地应付强敌。他初步形成了自己的理论构想——以农村为基地的抗日救国设想。韦丛芜曾在《读〈鲁迅日记〉和〈鲁迅书简〉》一文中回忆了自己乡村建设运动理想的形成：

> 九一八事变以来，给了我很大的刺激，我翻阅了若干社会经济的书，并留心报刊上一般的爱国言论和主张……最后想到一切问题全看日本侵略能不能制止，至少是能不能作有效的抵抗，如果不能，那就一切全归于尽了。于是我就在病床上集中思想来考虑救国问题……我想出全国合作化的经济政策。不仅全国土地合作化，各行各业合作化，就是一切国营企业与其他国有资产也一律加入合作组织中，成立一个统一的中国合作社股份有限公司，在这个合作社里，全国成年男女都是社员和股东……这种"公产私财"的经济组织，我在当时认为是实行民生主义的具体办法，也就是过渡到社会主义的具体办法，同时也是抗日的经济力量和政治力量的源泉。

为了使自己的设想尽快实现，韦丛芜毅然辞去了大学教授职务，中断了文学生涯，于1933年1月和时任国民党天津市党部委员的同学邵华同去南京求见陈果夫、陈立夫，谈全国合作化设想，得到"二陈"的赏识。4月，"二陈"布置他编制实施方案。很快，韦丛芜将全国合作化设想编成《合作同盟》小册子，自费印了一千册，并向鲁迅奉上一册请教。鲁迅看后，对他弃文从政似有不满，摇头叹息。1933年6月28日，鲁迅在致台静农的一封信中写道："立人先生大作，曾以册见惠，读之既哀其梦梦，又觉其凄凄。昔之诗人，本为梦者，今谈世事，遂如狂酲；诗人原宜热中，然神驰宦海，则溺矣。立人已无可救。"立人，是韦丛芜从政几年的名字。可惜，韦丛芜当时不知道这封信，对于鲁迅的不满、批评，丝毫未闻。直到20世纪50年代后期，韦丛芜从《鲁迅书简》中才看到1933年鲁迅致台静农的那封信，他百感交集，在《忆鲁迅先生》一诗中写道："五十年来一觉醒，先生有怨我心惊!"被先生误解，韦丛芜何其苦涩!

1933年6月，韦丛芜回家乡霍邱县考察城西湖、城东湖，一周后撰写了《开发霍邱县东西两湖实验农村合作化计划书》。1934年12月，由陈立夫介绍，后又经山东乡村建设研究院院长梁仲华、北京大学教授徐旭生、安徽大学农学院院长冯紫岗推荐，韦丛芜被任命为霍邱县代理县长。接任后，韦丛芜怀着"书生投笔试经济，只为御侮寻妙方"的决心，发动群众修闸涸湖，以实现自己的理想。

可是韦丛芜的一系列做法，得罪了当地的土豪劣绅。地方官绅想方设法欲除之而后快。为了赶走韦丛芜，他们游说安徽省民政厅下令把他从霍邱县调往临泉县任县长。但没想到韦丛芜坚决不从，他说："我是一介书生，从未想过当官，我不去那里当县长，就留在这里开发两湖。"地方上的贪官污吏和土豪劣绅见驱赶不成，就将罪恶的魔爪伸向了韦丛芜。1937 年 1 月，恶霸豪绅重金收买兵痞王于清，要他杀害韦丛芜。王于清深夜潜入县衙大院，看到县长竟是个年轻的白面书生，半夜还在油灯下读书，于是他的内心就不安起来。韦县长为民办事他也有所耳闻，而且这两年湖田丰收，贫苦百姓的日子有了改善，在这样的人身上下毒手，岂不是罪过？出于良心的发现，王于清向韦丛芜做了“坦白交代”，后被韦丛芜的母亲认做义子。不肯善罢甘休的地方恶势力又串通一批土豪劣绅，以“霍邱旅省同乡会”的名义向安徽省政府主席递交了一份近 4000 言的控诉状——《呈控霍邱县长韦立人祸霍》(原件现藏于安徽省档案馆)，对韦丛芜进行恶毒的攻击和陷害。他们罗织的核心罪名是：“事事采用共党方法，以为共党复活，就令其心无他，不啻为赤匪作宣传工具，影响人心，流毒社会……”省政府迫于官绅的压力，受理了此案。结果，韦丛芜被撤职查办。1937 年 2 月，安徽省政府以“渎职罪”撤去了他的县长之职，并将他逮捕关押，直至抗战全面爆发，他才走出国民党政府的牢门。

从反动势力所罗织的罪名本身可以看出，韦丛芜所进行的乡村实验具有进步性和现实意义。只可惜为黑暗现实所不容，韦丛芜报国为民的理想最终破灭。

据当地老人回忆，韦丛芜当年的改革举措深得民心，贫苦老百姓都夸他是清官。当时，韦丛芜从三个方面按照计划逐步实施自己的乡村建设实验：一是办训练班，培训合作人员；二是健全保甲制度，整顿社会秩序；三是开发霍邱东西两湖。开发两湖是他实验农村合作化的主要内容。东西两湖是两个内陆湖，水来成湖，水去成滩，两湖四周几十万亩湖田被豪绅占去，并美其名曰“官荒”。韦丛芜通过考察，筹集资金，在城西四百丈修建万户闸一座，在任家沟口修建万民闸一座，用以防洪排涝，以确保湖地种植安全。这也是当时淮河中游两个最现代化的大型水利工程。接着他又发动群众收回了被土豪劣绅长期霸占的湖田，“韦县长斗恶霸李五猴子”的故事至今还流传在霍邱人们口头上。霍邱县三元店大地主李玉峰，外号李五猴子，与其弟弟李侠宣，两人横行乡里，敲诈勒索，无恶不作，民愤极大。韦丛芜为民除害，杀掉了李五猴子。作为一名年轻的爱国诗人，韦丛芜在探求救国救民之路的历程中，忘我地投身乡村建设运动，自觉承担起改造落后中国面貌的任务，他采取的具体方式和乡村建设运动的拳拳爱国之心可嘉，为老百姓办实事的勇气可钦。

国难当头，韦丛芜怀着一腔爱国热情，由一个进步的青年作家走上实业救国的改良主义道路，投身乡村建设运动。其全部动机都是为了振兴农村经济，改变中国贫穷落后的面貌，以抗击日本帝国主义的侵略，具有强烈的民族责任感和“天下兴亡，匹夫有责”的报国之心，并不是鲁迅所误解的“神驰宦海”。五年的乡村建设工作中，韦丛芜身体力行，夜以继日，呕心沥血，确实在社会治安、群众教育、人民生活的改善等方面都收到了一定的成效。韦丛芜的乡村建设运动理想与实践，对于我们今天的新农村建设仍具有借鉴和启示作用。

韦丛芜本人也曾面对改革的成果赋诗述怀，即《述怀》四首：

（一）

甘冒不韪试经纶，何怨求仁竟得仁。
堪叹神州将沉没，两湖烟景待斯人。

（二）

牛刀小试惊海内，咄咄称怪何为谁。
龙潭虎穴只身闯，哪管他人说是非。

（三）

万顷波光变稻黄，西风卷浪送清香。
书生投笔试经济，只为御侮寻妙方。

（四）

稻逐水长傲水乡，一片金黄十里光。
但遣新策结新果，万家欢跃任收藏。

从实践的检验和历史的考验来分析，韦丛芜从 1933 年至 1937 年在霍邱推行的乡村改革，目的是明确的，措施是具体的，是有一定成效的。但韦丛芜为此却付出了沉重的代价。后来回忆这段曲折的生活道路时，韦丛芜曾自嘲："三年一觉狂夫梦！"本来因"堪叹神州将沉沦"而"甘冒不韪试经纶"的，到头来却是"一夕离境身为囚"。对这段"狂夫之梦"，鲁迅 1933 年在收到韦丛芜呈阅的《合作同盟》时就曾预言："既哀其梦梦，又觉其凄凄。"可见鲁迅的洞察力之犀利。

在霍邱的这五年时间，韦丛芜还尽己所能地掩护进步青年、暗地保护共产党员。一天，他听说乡下民团从叶集押解一名"女共党"到县党部，被关押进了大牢，便将其悄悄提出，以"交保释放"的名义保护起来。后又派人护送至上海，安排在其妻子所在的医院学习。（详见《安徽史志通讯》1986 年第 2 期）而早在 1928 年秋，韦丛芜和韦素园便把霍邱一批受到当地反动势力追查迫害的共产党人以未名社工作人员的身份掩护下来。

五、等身译著亦千秋

抗战全面爆发，国共合作，走出牢门的韦丛芜流亡后方，为一家老小的生存辗转挣扎。艰难困苦中，韦丛芜并没有忘记鲁迅 1930 年对他说的话："以后专译陀思妥耶夫斯基的小说，最好能把全集译完。”他又重新拿起了笔，继续翻译陀氏作品。从 1946 年到 1949 年这个时期，韦丛芜连续翻译了陀思妥耶夫斯基的两部巨著《西伯利亚的囚犯》和《死人之家》，修订了过去翻译的陀氏的《女房东》，并着手翻译陀氏的又一鸿篇巨制《卡拉玛卓夫兄弟》。

1946 年，韦丛芜所译的《罪与罚》第六版问世时，他曾在序言中写道：“巨石下的野草在九死一生中挣扎着从侧缝里向外发展，也会摇曳在阳光与和风中，低吟着生之歌曲。……巨石何时才能从野草上移去?”或许此时他并未料到，他写下的这段话，恰恰预言了他一生坎坷的命运，他就是巨石下一棵饱经劫难的小草。

中华人民共和国成立，解放的曙光普照祖国大地。韦丛芜迎着自己的新生，迈着迅疾的步伐前进，他译书的积极性空前高涨。1950 年，他参加了上海市翻译工作者协会，并担任文艺出版社的负责人。1952 年，他进入上海新文艺出版社任英文编辑，为出版社审稿和继续着手自己的翻译工作。他每天从早晨一直工作到深夜，不知疲倦。从 1950 年到 1955 年 8 月，韦丛芜不仅译完了陀氏 80 多万字的长篇小说《卡拉玛卓夫兄弟》《陀思妥夫斯基短篇小说集》，还翻译了其他文学作品 400 多万字。他对自己说：“这是大时代救了我。既然肉体至今还未‘溺死’，那末精神也应该复活起来，彻底的复活起来，好好地做点工作，庶不负鲁迅先生当年培养的苦心，不负党和人民政府对我的教育，不负这个翻天覆地的伟大时代。”(详见韦丛芜《读〈鲁迅日记〉和〈鲁迅书简〉》，原件现藏于安徽省霍邱县公安局)。

1955 年，肃反运动开始，时任上海人民出版社英文编辑的韦丛芜卷入“胡风集团”案件，被当地公安机关拘留审查历史问题，关入上海市第一看守所里。但韦丛芜内心坦荡，相信清白终会换来自由。在被审查关押期间，他写下《铁窗吟》以抒情怀(详见韦顺《苦涩的念忆》)：

夕阳斜斜入铁窗，信手接来分外香。莫笑诗人系囹圄，且看晚景赛天堂。

白云窗外自悠悠，引得诗人魂遨游。哪识此身系囹圄，缘为天地太狭愁。

1956 年 2 月，韦丛芜被押解回安徽省霍邱县公安局继续审查。在半年多的时间里，公安机关和当地政府放手发动群众，深入检举揭发，结果非但没有揭发出韦丛芜的什么罪行，反而摆出了他一大堆为民造福的功绩，特别是暗地保护共产党人的事迹，令人震惊。1956 年 9 月，县公安局负责人告诉他：“一切都审查清楚了，没有问题。”无罪释放后的韦丛芜重新回到上海新文艺出版社，恢复了原来的工作，他以更大的热情投入翻译工作中。

1957 年，韦丛芜翻译出版了苏联短篇小说集《友好的微笑》。1958 年，翻译出版了美国现实主义作家德莱塞 40 多万字的长篇小说《巨人》。正当韦丛芜想甩开膀子，翻译更多的作品时，他又再度被捕，未经审讯就进了监狱，关了一年零四个月。1960 年 1 月 13 日，上海市中级人民法院以历史反革命罪判其三年徒刑，监外执行，并责令其移家杭州劳动改造。从此，韦丛芜失去了安身立命的工作。

迁居杭州的韦丛芜，住在西湖边的两间破木板房里。一家老小靠扫马路、摆地摊和亲戚的一点接济来维持最低的生活。他给有关部门写过几十封申诉信，全都杳无音信。就在这样艰难的困境中，韦丛芜仍然抓紧时间学习，充实自己。从 1963 年起，他每天夹着饭盒，清早就来到西湖孤山的省图书馆看书，中午就在中山公园的石亭、苏堤的凉亭或西泠印社前的长凳上吃饭，乏了就倒在一尺宽的石凳上小憩，下午继续读书。

他在图书馆有计划地阅读了大量的文史哲以及自然科学书籍，其中，马列和哲学著作有《马克思恩格斯论艺术》《马克思恩格斯论马尔萨斯》《西欧中世纪哲学史纲》等；世界史方面的有赫罗兹尼的《西亚细亚、印度和克里特上古史》、格罗特的《希腊史》、多桑的《蒙古史》等；自然科学方面的有《理论天文学基础》、波尔的《原子物理学和人类知识》等。他还将自己读书时做的笔记，用粗针大线装订起来，一共有 20 多册。厚厚的毛边纸笔记本，密密麻麻的几十万小字记录了这位老人的艰苦岁月和惊人毅力。

读书的同时，韦丛芜继续翻译了陀思妥耶夫斯基的《魂灵》《孤女》《地下室笔记》《白夜》《叔叔的梦》《诚实的贼》等作品。

由于历史的误解，韦丛芜几经牢狱之灾，但为了完成鲁迅的嘱托，不辜负先生当年培养的苦心，他始终怀抱赤忱之心，勤奋耕耘，笔耕不辍。从 20 世纪 20 年代到 60 年代，韦丛芜花了近半个世纪的时间，终于译完了 500 多万字的陀思妥耶夫斯基全集，完成了先生所期待的这一浩大翻译工程。

终其一生，韦丛芜共翻译中长篇小说和文集 57 部。已出版的，包括俄国作家陀思妥耶夫斯基的《罪与罚》《女房东》《西伯利亚的囚徒》《死人之家》《卡拉玛卓夫兄弟》等 200 多万字；现代苏联文学作品《收获》《妮索》《库页岛的早晨》《百万富翁》等 20 多部；美国作家杰克·伦敦的《热爱生命》、德莱塞的长篇小说《巨人》等；英国作家葛斯的《近代英国文学史》等；法国作家贝罗的童话集《睡美人》等。可以说，韦丛芜是我国具有世界影响的著名翻译家。

1978 年 10 月，全国第四次文代会召开，韦丛芜的心中燃起了一丝希望的火花。11 月底，浙江省政协决定替这位有着特殊经历的老人安排工作，介绍他到杭州丝绸学院教授英语。韦丛芜枯木逢春，欣然从命，不料因心脏病突发，于当年 12 月 19 日溘然长逝，留下了近千万字的著作及翻译作品，也留下他的惆怅和遗憾。

韦丛芜一生坎坷，命途多舛，身处逆境却矢志不移，译著等身。1980 年 1 月 31 日，上海市中级人民法院经过认真复查后，重新作出判决，撤销了过去对韦丛芜的错误判决，宣告韦丛芜无罪，并清除影响。此后，杭州、上海两地的出版社再版了他的译著《罪与罚》和《巨人》，1985 年，安徽人民出版社出版了他的选集。

（《韦丛芜选集》封面）

至此，历史给了韦丛芜一个公允的评判。恰如他的后人所咏（韦顺《苦涩的念忆》）：

紫峰环抱绿溪流，异地青山把骨收。
几度蒙冤含恨去，等身遗著亦千秋！

“大志未酬付水流，雄心泉下亦难收。
儿孙亟应闻鸡舞，须慰忠魂万代秋！

（陈红梅撰稿）

高一涵

（高一涵）

2019年是五四爱国运动爆发100周年，今天我们在纪念这一伟大的爱国运动的时候，总会想起点燃这个运动火炬的先驱们，如李大钊、陈独秀、鲁迅、胡适、钱玄同等，但还有一位为这场运动作出过巨大贡献，并成为《新青年》"二把手"的先驱，却很少被人提及，他就是从皖西走出的红色文化名人高一涵（1885—1968）。他为马克思主义在中国的传播，为中国现代政治和司法建设，为中国人民主意识的觉醒，为中国的文化事业发展所作出的杰出贡献，应该被我们永远铭记。

高一涵生于1885年，原名永浩，别名涵庐、梦弼，笔名一涵，安徽省六安市金安区人，为书香世家子弟。他兄弟四人，长兄永著，次兄永昭，皆为郡庠生。高一涵8岁入私塾读书，13岁就能诗善文。1904年，高一涵参加童生考试，并一举考中生员，成为当地有名的少年秀才。只有老三永澈科榜无名，花钱买了一个"监生"名号，故乡人有"一门三秀才，三不秀才"之说。

清末废除科举制度之后，高一涵转入新学。1906年，高一涵考入六安中等学堂。渊深的家学熏陶和严格的私塾教育，奠定了他扎实的国学功底。1909年，高一涵被保送到安徽高等学堂学习，在高等学堂读书是高一涵一生的重大转折。在这里，他的视野被大大打开了，他不仅接触到了辛亥革命的宣传教育，而且开始接触到了西方文明。1911年，高一涵在家乡进步青年刘希平等人的鼓励下，随留日大潮自费去日本明治大学学习政法，开始系统地学习和接受西方政法方面的理论和理念。聪颖的天资、扎实的国学功底、深厚的西学学养、大鸣大放的时代背景，一并成就了高一涵让人难以企及的理论成就。

一、五四新文化运动的先驱者

高一涵青少年时代就亲眼目睹了帝国主义对中国的肆意入侵、清政府的腐败无能，国势日衰民不聊生的黑暗现实让他忧愤不已，立志要为国富民强而奋斗。

高一涵能有机会从思想较为进步的二兄那里接触到诸如《中国魂》《中国日报》等进步刊物，民主意识开始萌芽。

1906年，高一涵从六安中等学堂肄业，以优异成绩考取安徽高等学堂。学习期间，他有机会看到该校总监、中国晚清思想启蒙大师严复，深受其翻译的《天演论》等书的进化论思想影响。另外，1905年在日本出版的《民报》对他的民主启蒙思想也产生了较大的影响。他在《辛亥革命前后安徽青年学生思想转变的概况》一文中曾这样讲道："我个人关于《民报》有一段小故事。我在考取安徽高等学堂之前，曾在六安县中学肄业。这个中学监督喻康侯是一位道学先生。当六安县政府选送我投考安徽高等学堂时，他在临别赠言时说：你的前途很有希望，但千万不要同革命党往来，千万不要看《民报》！他把《民报》说得那样可怕，反而引起了我的好奇心，一到安庆就设法寻找《民报》，但是没有找到。嗣后与霍邱革命前辈徐迂亭谈起想寻找《民报》事，他教我不要声张。一天，他把藏在旅馆房间内地板下一册《民报》拿出给我看。我先是喜欢读梁启超主办的《新民丛报》和《中国魂》之类刊物的，看到《民报》后，才认识到国家不强是政府恶劣，而不是国民恶劣，应该建立共和，而不应该维持专治，种族革命与政治革命必须同时进行，种族革命决不妨碍政治革命。"由此可见，《民报》对高一涵影响之深。正是诸如《民报》《天演论》这样一些进步出版物，把他引向了对中国民主共和的探索之路。

1912年，高一涵在家乡进步青年刘希平等人的劝说下，去日本明治大学攻读政法专业。在那里，他系统地学习了包括马克思主义在内的西方现代思想政治理论，为他的民主思想理论体系的建立打下了坚实的基础，他的民主共和探索之旅就是从此起航的。

作为我国民主运动的先驱者之一，高一涵对推动民主运动所做的贡献主要体现为两个方面：一是发表文章或出版专著，建立民主政治的理论体系；二是亲自投身民主运动的实践。

1912年3月，袁世凯在北京就任中华民国临时大总统，窃取了革命的果实。袁世凯上台后的倒行逆施，引起了全国人民的义愤，反袁活动席卷全国。这时的李大钊在留日进步学生中成立了一个名为神州学会的反袁秘密组织，高一涵应邀参加。高一涵在这个组织里做了两件大事：一是于1914年协助章士钊创办了《甲寅》杂志。高一涵成为该杂志的主要编辑，曾在上面发表了《民国之祢衡》《民福》《章太炎自性及学术人心之关系》等文章，标志着他的民主探索生涯正式开始。其文风老练而富含激情，颇得编辑们的青睐。二是于1915年又协同陈独秀创办了《新青年》，随后成为该刊六大主编之一，并协办《每周评论》，是"一校一刊"的主要人物。高一涵不时在该刊发表文章，提出了系统全面建立现代民主国家的新理念，受到李大钊的高度赞赏。

1916 年 7 月，高一涵从日本回国，与李大钊一块办《晨钟报》。1918 年，高一涵进入北京大学，在编译委员会工作，是当时科学与民主理念最为积极的宣传者之一。正如郑学稼先生所说："在《新青年》阵营中，尤其是在创刊伊始，除了陈独秀，发表文章最多、分量最重的当属高一涵，成为陈独秀最为重要的助手，地位仅次于陈。"

高一涵前期所发表的文章除了《新青年》上的二十八篇以外，还有《每周评论》五十一篇，《努力周报》四十余篇，《现代评论》近四十篇。高一涵通过这些文章系统集中地论述了现代国家理念和其他重大理论命题，包括现代国家的性质、个人与国家的关系、政府的权限、自由、民主、人权等，这在当时新文化运动的阵营中很少有人能够做到。同时，高一涵还在这些文章里介绍了西方资产阶级哲学家如霍布斯、卢梭、洛克等人的政治学说，并结合中国实际加以分析，意在进行政治启发，以改造国家，倡导革命。

高一涵的政治理论研究成果意义非同寻常。考察五四新文化运动的先驱们，陈独秀、鲁迅、钱玄同等都以"破"为功，唯有高一涵顶起了"立"的伟大工程，这才确保了运动精神的充实和完整。同时，他为推动运动所做的理论研究，无意间建立了中国现代政治学的理论体系。

高一涵对民主运动的关心，还表现在亲自到运动第一线去，或参加游行，或举行集会演讲，或张贴标语，散发传单，或解救难友，殚精竭虑，不辞辛苦，不避危险。

1919 年 5 月 4 日，北京爆发了震惊中外的五四运动，身为北大教授的高一涵立即投身其中。他紧随游行队伍，手执彩旗，高呼口号，尽情地表达爱国热情。当天晚上，为营救许德珩等被捕的 32 位学生，他向反动当局慷慨陈词。5 月 5 日，高一涵在陈独秀的倡导下，写了《市民运动的研究》一文，发表在第二天的《晨报》上，为运动鼓与呼，《每周评论》等当时许多进步报刊竞相转载，反响很大。5 月 8 日，他又与同人一道，编写《每周评论》五四专号，经过昼夜奋战，于 5 月 11 日如期出版。该专号全面介绍了本次爱国运动的真相、过程及意义，其中高一涵还在第二版发表了《青岛交涉失败史》。5 月 18 日，高一涵在《每周评论》第 22 期上发表了《青岛问题在欧会中经过的情形》；5 月 25 日，又在该报第 23 期上发表了《签字不签字的害处》；6 月 1 日，又在该报第 24 期上发表了《关于胶州湾和约的修正意见》。这些文章对全面揭露帝国主义国家假和平、真侵略的丑恶嘴脸，对唤醒民众起来抵御外辱、推翻北洋军阀政府的反动统治产生了极大的影响。

在运动期间，还发生了一个有趣而又惊心动魄的故事。6月10日下午，高一涵与陈独秀等一起起草了《北京市民宣言》的传单，内容是号召群众起来推翻现行政府，宣布京畿警备总司令段芝贵的死刑。高一涵、陈独秀等决定在传单印刷之前先测试一下市民对传单的态度，于是便带着传单来到一家茶馆，将传单放到没有人的桌子上，然后用茶杯将传单压好。当前来喝茶的人拿起茶杯好奇地看完传单的时候，拍案叫好，高一涵他们见状很受鼓舞。于是，陈独秀让高一涵赶紧去北大老印刷厂连夜将传单印刷出来。11日晚上，陈独秀、高一涵、王星拱、陈寅生、邓初民5人大包小包地带着传单来到前门外名号为"浣花春"的一家川菜馆就餐。晚饭后，王星拱、陈寅生往城南游艺园去散发传单，陈独秀、高一涵、邓初民则到新世界来散发传单。因戏场、书场、台球场这些人群密集的场合灯光如昼，不便行动，于是高一涵提议到屋顶花园去散发，这时花园正在放露天电影，他们乘机把传单撒了出去，不幸陈独秀被暗探抓了起来。高一涵见情况不妙，便快速跑上天桥，把传单全数抛下，然后迅速脱去长衫，扔掉草帽，混进人群里，甩掉暗探，安全地完成了任务。此后，高一涵立即联系胡适等一大批皖籍著名人士，为营救陈独秀而奔走呼号，经历了98天牢狱之灾的陈独秀，在高一涵等人的积极营救下，终于于9月16日被保释，秘密离开北京。

轰轰烈烈的五四运动将北洋政府步步逼退，6月28日，北洋政府在全国人民的压力下，被迫拒绝在和约上签字，五四爱国运动取得了阶段性胜利，高一涵等运动先驱无不为此欢欣鼓舞。但高一涵并没有就此停止革命的步伐，8月3日，高一涵在《每周评论》第33期上发表了《民众运动的目的》一文，进一步动员国人团结起来，破除封建枷锁，吸收西方文明，从根本、制度和法律上来解决中国问题。1920年8月，他组织成立了旅京皖事改进会，旨在驱逐安徽军阀，改革安徽的政治和教育。1920年至1921年，高一涵又参加了新青年社，继续从事反帝反封建的斗争。1922年4月，高一涵与北京各界人士200余人共同发起了非宗教运动，在该运动发起词上，高一涵等列举了帝国主义利用宗教对我国进行渗透和入侵的种种罪行，号召四万万同胞觉悟和团结起来，为建立一个科学、民主、自由、繁荣的新中国而奋斗。

1922年，北京各界人士认为有必要在直系军阀制定的《宪法》中，争取确立民权。高一涵与北京各界人士一起，于8月15日在湖南会馆成立了民权运动大同盟，高一涵为此撰文列举《治安警察法》对人民集会、结社、言论、出版以及游行示威等所做的种种限制，认为其有违"约法"精神，是民国不应有的恶法，应该被废止。在此期间，他还作为六安的领导人之一，参加了安徽人民掀起的反对盐斤加价、惩戒贿选议员、拒绝李兆珍长皖等革命运动。

高一涵在五四新文化运动中的表现由此可见一斑，像他这样既有深刻的思想理论修养，又亲临运动一线，具有丰富斗争实践的前辈，可以说是少之又少。他是五四新文化运动当之无愧的先驱者。

二、马克思主义的传播者

作为我国新文化运动重量级人物之一的高一涵，同李大钊、陈独秀一样，是马克思主义在中国最早的接触者和传播者，对马克思主义具有很深的感情，与马克思主义结下了不解之缘。早在日本留学期间，高一涵就与李大钊、陈独秀过从甚密，思想主张自然深受李大钊、陈独秀的影响。1916 年 7 月，高一涵从日本学成回国，身为北洋政府众议院院长的汤化龙摆出礼贤下士的姿态，意图拉拢留日知识分子来给他们装点门面，成为他们的御用工具，所以邀请李大钊去北京创办《晨钟报》(《晨报》初名)，李大钊邀请高一涵一同北上协办。李大钊将该报宗旨定位为提倡民主，反对独裁，宣传新文化新思想，倡言社会主义。李大钊这一办报主张严重违背了汤化龙等人的办报初衷，为其所不容，高一涵北上后同李大钊一起与之进行了坚决的斗争，最后他俩被迫退出该报编辑队伍。

1917 年，应章士钊之约，李大钊与高一涵在北京创办了《甲寅日刊》，他俩轮流为其写社论，内容多为反对军阀和封建。俄国十月革命胜利后，李、高二人在报上开辟专栏，介绍俄国革命的情况，后因张勋复辟，他俩同时脱离该刊。1920 年 3 月，高一涵与李大钊一起创立了中国最早的马克思主义学说研究会，对马克思主义的历史唯物主义、剩余价值学说、科学社会主义等理论进行深入的研究，并发表文章讨论马克思主义的历史唯物主义和共产主义的变迁。据高一涵后来回忆说："那时我们用的不是马克思主义，而是用马尔萨斯这个名字，为的是欺骗警察，他们回去报告，上司一听是研究马尔萨斯，与马克思相混，认为是研究人口论的，也就不来干涉了。这个学会先是公开的，后来就秘密起来……他的活动是研究马克思学说，对外举办演讲会……"高一涵的代表作《我的马克思主义观》就是在此期间写成的宣扬马克思主义的名篇。高一涵还曾在《京报副刊》第 130 期发表介绍马克思的唯物史观的讲演稿《马克思的唯物史观》，编写过《马克思唯物史观浅说》。他于 1919 年撰写的《俄国新宪法的根本原理》一文，以较为科学的态度介绍了俄国的"布尔扎维主义"(即"布尔什维主义")。1921 年，高一涵撰写了《共产主义历史上的变迁》一文。同年 5 月 14 日，应清华大学政治学研究会的邀请，做了《共产主义之历史》的学术报告。

俄国十月革命的胜利，照亮了高一涵对政治理论的研究方向，大大提高了他的政治理论的思想高度。从这时开始，他一改对西方政治和民主极力推崇的态度，从政治学和法理学的角度，对西方各国的民主和时弊进行了深度的揭露和批判，大力称赞马克思列宁主义的国家观，极力宣扬全俄苏维埃代表大会、全俄中央执行委员会实行议会制的革命性，积极肯定俄国社会主义宪法的民主进步性。例如，他在 1931 年 8 月出版的《政治学纲要》里全面介绍了《共产党宣言》，对社会主义发生的原因做了冷静的分析和热情的称赞："现在的一切制度都是为有钱人谋利益而设的，使富人财产越发增加，使穷人得到财产的机会越发减少。生产的机关都被少数人占去，多数人的辛苦钱都被他们没收，在现行的经济组织之下，劳动阶级'劳动结果的大部分'被资本家、监督人、管理人或中介人横领去了。这种道德不平等、知识不平等、经济生活不平等是多年来自由竞争状态下失却国家准据正义干涉的结果，社会不安的现象也将随之发生。因此，社会主义的理论就是建筑在正义公道的原理之上，既注重自由又注重平等，主张土地财产一概归公，消灭从前个人私有的制度，以求人人得有平均享受土地财产的机会。"高一涵在这里充分肯定了社会主义的优越性，那就是正义、公道、自由，而资本主义正好与之相反。高一涵还在《俄国新宪法的根本原理》的文章中，充分肯定了共产主义制度的合理性，认为共产主义制度是否可行的问题"老早就不用讨论了"，他用间接反驳的方式澄清和驳斥了当时反动舆论界对俄国政府和宪法进行的诸如"过激主义""洪水猛兽""共产共妻"等诽谤和攻击。后来，高一涵又把马克思主义的学说编入《政治学纲要》。他所著的《欧洲政治思想小史》几乎一半篇幅留给了"社会主义派"。他还专门写作过一本小册子《论共产党》，内容涉及工人阶级、党是科学共产主义理论与工人运动的结合、党的组织结构的基本原则、党的宣传鼓动工作、党内两条战线的斗争、党与群众的关系等，可以说，这是一份全面、系统的很有分量的关于党建方面的宣传材料。

中华人民共和国成立后，高一涵不顾自己年老体衰，仍然手不释卷地学习马克思列宁主义、毛泽东思想，他用蝇头小楷将马克思主义的一些基本原理和重要观点摘抄下来，装订成《马克思主义唯物史观公式集解》小册子，以方便自己随时查阅参考。

三、中国共产党的好朋友

1924年，国共两党开始了第一次合作，国内革命形势得到了蓬勃发展。为了壮大我党在国民党中的力量，李大钊在参加国民党一大回来之后，劝说并介绍高一涵参加了中国国民党。同时，由于高一涵与李大钊、陈独秀这两位共产党领袖的亲密关系，也由于两位领袖的影响，高一涵对马克思主义和苏俄革命一开始就有好感，所以在1927年1月，北伐军攻占武汉后，趁高一涵到武汉找时任中共中央执行委员会总书记的陈独秀安排工作之机，经李大钊推荐，高语罕介绍，陈独秀批准，高一涵秘密加入了中国共产党。后来，高一涵曾多次参加包惠僧的党小组会议，还聆听过周恩来的党内形势报告会，参加了正常的组织生活。

国共合作时期，高一涵还致信孙中山，建议他对国民党进行改组，孙中山认为建议很好，这对孙中山确立“联俄、联共、扶助农工”的三大政策产生了积极的影响。他还在国民党《中央日报》和武汉一些报纸上发文，积极宣传共产党的主张，引导青年走上革命道路，提出了“打倒个人独裁”“打到昏庸腐朽”等口号。

高一涵的这些革命言行引起了蒋介石及国民党右派的不满，把他定为“跨党分子”而加以迫害。在蒋介石发动的四一二反革命政变后，大批共产党人和革命群众惨遭血腥镇压，高一涵对以蒋介石为代表的国民党右派的反革命行为极为愤慨，连续在汉口的《民国日报》等报纸上发文，公开讨伐蒋介石，号召全国人民团结起来，继续完成国民革命的未竟事业。

1927年4月28日，李大钊被军阀张作霖杀害之后，高一涵等人于5月22日在国立武昌大学为李大钊举行了追悼大会。高一涵在会上发表了《沉痛悼念李大钊同志》的长篇演讲，热情讴歌了李大钊伟大光辉的一生，这篇演讲成了国内关于李大钊的最早的传记，高一涵也成了国内第一个给李大钊立传的人。

高一涵的这些言行惹恼了蒋介石，下令通缉高一涵。在全国一片白色恐怖之下，高一涵被迫去上海法国租界避难。不久，陈独秀被解除中共中央总书记职务，鉴于高一涵与陈独秀的特殊关系，他与中国共产党和中国国民党同时失去了联系。是年9月，高一涵执教于上海法政学院，并任政治系主任。又应蔡元培的邀请，到吴淞中国公学任教，兼任社会科学院院长。

在革命低潮时，高一涵利用大学教授和担任国民党相关行政职务的身份，积极为我党做了一些力所能及的工作，如多次掩护董必武、周新民等中共很多同志安全脱险，帮助中国共产党收集国民党情报，解决经济困难等。

1949 年 4 月，国民党政府任命高一涵为考试院考试委员，以便挟持他随国民党逃往台湾，高一涵坚辞不就，并与同中共地下党有联系的民主人士朱子帆、沈子修等联系，为迎接解放军渡江解放南京积极工作。

1949 年 4 月 23 日，南京解放。在庆祝解放的座谈会上，高一涵诚恳地建议要维护好多党合作和政治协商制度，以确保年轻的共和国能长治久安。高一涵的这一建议，正是我党治国安邦的法宝，是具有中国特色的社会主义政治制度的重要组成部分。

1949 年 6 月，高一涵经民盟中央委员周新民介绍，加入了中国民主同盟。同年 10 月，他又参加了中苏友好协会，并担任理事。南京解放后，高一涵应邀担任了南京大学教授、政治系系主任、校务委员会委员、法学院院长等职。此时，他正以饱满的政治热情，良好的工作状态，积极投身新中国的政法事业，不遗余力地为新中国的政治和法律专业的人才培养贡献力量。

1951 年 5 月，高一涵出任南京市人民政府人民监察委员会委员。同年 7 月，又被任命为南京市人民政府政法委员会委员、江苏省人民委员会委员、江苏省人民政府参事。1952 年春，抗美援朝战争仍在持续进行，高一涵毫不犹豫地将自己正在南京大学读书的独子高宗沪送到战火纷飞的朝鲜前线。

从 1951 年到 1952 年，高一涵积极参加“三反”“五反”和思想改造运动，并在《新华日报》等报纸上发表文章，旗帜鲜明地拥护党的各项路线、方针和政策，认真清洗自己身上的旧思想、旧习惯和坏毛病。高一涵的这一表态，对南京以及全国的高级知识分子的思想改造工作产生了良好的影响。

1953 年至 1954 年，高一涵应邀参加了我国第一部宪法草案的讨论。1954 年 9 月，我国第一部《宪法》正式颁布，高一涵立即发表了题为《热烈拥护中华人民共和国宪法草案》的文章，他在文章中热情讴歌道：“大半个世纪以来，没有哪一个政府能颁布这样符合全国人民愿望和全国人民利益的伟大宪法。”从 1950 年到 1959 年的 10 年内，他先后在《人民日报》《新华日报》《光明日报》等报刊上发表了十八篇文章，内容涉及社会主义革命和社会主义建设，党的路线、方针和政策，还有历史、哲学、法律等专业性的文章，积极为新中国的建设献计献策。

1954 年 12 月，高一涵当选为第二届全国政协委员。1955 年，担任江苏省司法厅厅长。1956 年，当选为民盟中央委员、民盟江苏省委副主任兼组织部部长，并在江苏省政协二届一次会议上当选为省政协副主席，并连任两届。1959 年 4 月，再次当选为第三届全国政协委员。

高一涵还十分关心台湾问题的解决，期盼祖国早日实现统一大业。在 1959 年端午节来临之际，撰写了《发扬伟大诗人屈原的爱国主义精神》一文，强烈表达了他渴望祖国统一的心愿。他利用与逃到台湾的国民党大佬于右任的关系，曾先后两次致函于他，敦促他为台湾回归祖国怀抱出力。

令人感到痛心的是，“文化大革命”期间，他和许多老一辈无产阶级革命家及爱国知识分子一样，受到了迫害，于 1968 年 1 月病逝于南京，终年 84 岁，安葬于南京雨花台公墓。

半个多世纪以来，高一涵无论是在党内，还是在党外，都为我党做了大量的有益工作，他是中国共产党不可多得的好朋友，是可尊可敬的爱国主义战士。

四、现代政治学理论的奠基人

作为五四新文化运动的先驱者之一，高一涵在为运动鼓与呼的时候，在有意无意间，建立了中国现代政治学理论体系。

高一涵是五四启蒙运动时期少有的兼备中西政治学养的专业人士，他不仅以《甲寅》《民彝》《新青年》《每周评论》《努力周报》《现代评论》等杂志报纸为载体，发表了大量的有关“公民”与“国家”的启蒙性的思想译介、时政评论等文章，而且编著了《政治学纲要》《欧洲政治思想史》等在当时广为采用的政治学科通识教材。高一涵的学术黄金期集中于 20 年代。当 1919 年钱端升官费留学美国、1920 年萧公权坐上“南京号”驶向“新大陆”的时候，高一涵已经是国内政治学界的风云人物了，达尔文进化论、克鲁泡特金互助论、杜威主义、联邦制、委员会制、内阁制、专家政治、国家文明、大同福祉、政党不能越法律轨道之外等政治新名词和新说法，已经经常出现在他的论题之中了。

（《欧洲政治思想史》封面）

1920 年，他通过上海中华书局出版了第一部专著——《欧洲政治思想小史》。1923 年至 1926 年，他通过商务印书馆出版了《中国内阁制度的沿革》《欧洲政治思想史》《中国御史制度的沿革》三部专著。其中《欧洲政治思想史》一书被当时的北京大学列入教学参考丛书，《中国御史制度的沿革》及后来的《政治学纲要》被列入“国学小丛书”。高一涵于 1930 年通过神州出版社出版的《政治学纲要》，是其政治思想理论的集大成之作。另外，他还有不少译作，如《杜威的实用主义》《杜威哲学》等。

纵观高一涵政治学理论体系的主要内容，主要体现为他的国家观、个人主义、民主、自由、法治等。高一涵认为民主在政治上的体现是“共和”。他所谓的“共和”，就是一个形神兼备的有机体，其形式包括两个方面：一是国家主权在民，二是共和国元首权力来自公民选票。与此相对应，共和精神在于“大同福祉”(《民约与邦本》)。也就是说，现代国家的主权应该在民，现代国家是人民为了保障自己的权利来制定契约创造出来的，国家权力是有限的，它只是用来保障人民权利的工具。“举国家之全力，保护人民之权利。”(《近世国家观念与古相异之概略》)主权在民，是高一涵国家思想的起点。高一涵这一观点主要来自18世纪瑞士政治学者伯伦智理的国家观。据梁启超介绍，伯伦智理认为，国家是一个“借人力之创作，经累叶之沿革，而始乃得成”的有机体。这个有机体的“形体”由类似人体的各器官骨骼组合而成，其精神则是连接这种有机体的宪法。这也与高一涵“共和国家”的思想基本一致。同时，高一涵的“共和国家”思想又明显糅合了法国启蒙思想家卢梭的“人民主权”观念。高一涵认为，卢梭集契约论之大成，倡人民主权之说，以“政府为奉行国家意思之公仆”，“立法之权永存于人民之手”。

高一涵还对古典自由主义极力推崇，他以“社会契约论”作为自己思想主张的理论基石，同时吸纳了19世纪的英国功利主义思想，将“个人主义”“自由”“民主”和“法治”等概念放到自由主义的国家政治理论建构中去理解与诠释，认为“自由是受到法律保障的权利”，但“自由并不意味着没有约束”；“民主既要贯彻多数原则，又要注意保护少数人的权利”；“法律必须以社会公意为基础，违反社会公意的专断意志不能称为法律”。根据西方学者的理论，他还将自由认定为天然自由和法定自由两种。他说：“前者为卢梭氏之所主张……是谓自由之性，出于天生，非国家之能赐，即精神上之自由，而不为法律所拘束者。”而后者正是柏哲士所说，自由源自国家，如果没有国家，个人的自由就得不到保障。

(陈良亭编著《高一涵传》封面)

皖西地方知名学者陈良亭先生在他的《民主运动的先驱者——高一涵传略》一文中，将高一涵政治理论的精华概括为两个层面：鲜活的哲学理念——科学演进论；现代民主国家理念——民主的、渐进的、和平的、法制的四项原则，四项原则的核心——主权在民。陈良亭先生的这一概括，抓住了高一涵现代政治理论的精髓。高一涵的这些理论不仅在当时鼓舞和推动了新文化运动的发展，起到了民主启蒙的作用，即使在今天，仍然有着重大的理论价值和实践价值。

陈良亭先生编著的《高一涵传》2019年3月由群言

出版社出版，该书对我们进一步了解高一涵的政治学理论体系及其贡献有极大的帮助作用。

五、正直的学者型监察官

第一次大革命失败后，高一涵幸免于难，本来他准备从此以后一心一意教书治学，不再过问政治。但由于他的人品之高和专业理论之深，受到了国民党元老、时任国民政府监察院院长的于右任的赏识，提名让他担任监察委员，于右任还和王陆一一起介绍他再次加入国民党。高一涵出于对于右任的感激，以及进行专业实践的需要，更重要的是他可以利用这种身份为中共提供一些力所能及的帮助和为人民做一点实事，就成全了于右任的善意。高一涵从此便开始了他的监察生涯。但高一涵任职期间，始终保持自己独立不迁的人格，从没有同国民党的贪官污吏们苟合。

1932 年 1 月，出任国民政府行政院长兼内政部长的汪精卫，在外交上主张对日妥协，于 5 月 5 日同日本签订了屈辱的《淞沪停战协定》，汪精卫这一卖国行为激起了全国人民的愤慨。高一涵顺应民意，对汪精卫进行了弹劾，从此二人断绝了关系。

1935 年 4 月，高一涵调往武昌，担任监察院两湖监察使。1938 年 6 月，两湖监察使署从武汉撤退到湘西的芷江，这使他有机会照顾客居在江津的陈独秀。此时的陈独秀已是穷困潦倒，疾病缠身，无人关心，高一涵亲自出马为他租房，三次前往慰问，给予经济上的补贴，可谓情深义重。

1940 年 11 月 20 日，高一涵调至甘、宁、青监察区任监察使。1946 年 12 月，高一涵代表家乡人民参加了“国民制宪大会”，提交了“惩戒权应划归监察院”的提案，旨在“力图制定完整的监察权法制度”，成为我国监察法制化、制度化最早的倡导者和呼吁者。

1947 年 3 月，高一涵在于右任的安排下，再度回南京任两湖地区监察使。同年 4 月被委以粮食部湘鄂区征粮督导团主任委员。1948 年 7 月，高一涵又在于右任的安排下，再度回南京，任检察院专门委员。

高一涵在国民党统治区从事监察工作期间，始终坚持追求真理，反对黑暗的立场。他工作原则性很强，对贪官污吏、反动政客深恶痛绝，除了弹劾过汪精卫外，还弹劾过安徽省主席陈调元、江苏省主席顾祝同、霍山县县长陈立本等人。他还将贪污抗日军饷的国民党第八战区兵站总监班淦送上了断头台。

高一涵在任甘、宁、青监察区监察使期间，正是中国的全面抗战从战略相持到战略反攻的关键阶段，高一涵对这事关中华民族生死存亡的大事极其关注，写出了纪事诗六百多首，痛斥了日本侵略者野蛮残暴的滔天罪行，热情讴歌了中国人民抗日战争的伟大胜利。诗集于 1946 年在兰州出版，因兰州为古金城郡治所，故名《金城集》。

高一涵在国民党统治区从事监察工作期间，还在理论上进行了建设性的探索和总结。集中反映高一涵监察思想的著作是他于 1933 年由《东方》杂志社出版的《宪法上监察权的问题》一书。高一涵在该书中明确提出了监察工作急需解决两个根本问题：一个是关于监察权问题，另一个是关于行政审判权问题。

关于监察权问题，高一涵认为，中国现时代的监察权，一要扩大其权限，二要扩大其实践空间。关于监察权限问题，高一涵认为当时中国的监察权力过于狭小，监察起来自然难以周密。所以他建议既要扩大监察的权力范围，又要增加事先监督的权限。

关于行政审判权问题，高一涵指出，现行的法律采取了监察权和审判权分立，监察权归监察院、审判权归司法院的制度安排。这种制度安排最合乎分权原理，但在实施中有可能与其他法律产生冲突，这首先就表现在与《公务员惩戒法》的冲突上。他由此认为，弹劾案的审判权归属于监察院会比较合适。

高一涵关于监察问题的理论探索，为当时中国民主目标以及监察目标的实现，为当时中国的司法建设都奠定了重要的理论基础。

（付为贵撰稿）

胡 底

胡底（1905—1935），原名胡百昌，又名北风、胡马、裳天、伊于胡底、伊语等。他是我党对敌隐蔽斗争和情报战线上充满传奇色彩的“龙潭三杰”之一，也是著名的苏区红色戏剧家。1935 年红军长征途中，他因为反对张国焘的分裂主义路线而惨遭张国焘秘密杀害，牺牲时年仅 30 岁。

（胡底）

一、生于富户，向往革命

1905 年 3 月 10 日，胡底出生于安徽省舒城县干汉河镇新街乡松元村一户较为富裕显赫的工商业者兼地主家庭。幼年时期的胡底跟随伯父胡继章读私塾。

胡底 14 岁那一年，正值五四风暴席卷全国，在闭塞的乡下也能呼吸到新鲜的政治空气。他决意告别私塾，学习新知识。胡底 15 岁时，进入舒城县城关的一所洋学堂——私立植民小学高小班就读。

胡底虽然生在富庶之家，但他不分贫富贵贱，对穷苦老百姓深表同情，能够与雇农、牧童们亲密相处，甚至常常帮助身边的穷苦百姓。有一个佃户因为纠纷烧了他家的房屋，父亲胡绪章十分气愤，便写了状子要告佃户。胡底知道后，赶忙从路上拦回了父亲，并劝父亲说：“人家赔不起，你就不要告了。”胡底还认为这个世道迟早是要翻过来的，所以要求父亲将家中的田地送一部分给乡亲们。在胡底的一再坚持下，有不少农民得到了土地。

1921 年，胡底 16 岁，高小还未毕业，就以全校第三名的优异成绩考入了合肥省立第二中学读书。在中学读书期间，胡底兴趣爱好广泛，特别喜爱文艺体育活动。胡底聪慧活泼，不仅学习成绩优良，而且多才多艺，尤其对器乐的喜爱甚至达到如痴如醉的程度，风琴、琵琶、鼓号、箫笛、古筝无一不会，因此被时人称为“舒城才子”。

1923 年，胡底 18 岁，刚进中学读了两年书，又考入有着光荣革命传统的北京中国大学国文系。在这里，胡底得以结识李大钊等“红色教授”，阅读《新青年》《每周评论》《向导》《晨报》等进步刊物，接触了马克思主义书籍，受到了五四新文化运动和马列主义的影响，思想不断进步，萌发了救国救民的愿望。

胡底身材魁梧、浓眉大眼，俊逸潇洒；性格开朗，敏锐机智，谈吐风趣，善于交际，还能够克己待人，为人豪爽大方，甚至不惜典当衣物来资助他人。因此胡底在大学里表现不俗，颇得人缘。

大学期间，胡底还有意识地锻炼自己的体魄。每次去北京上学，他都先从家里出发，步行两天到达省城安庆，然后再由安庆乘轮船到南京，再从南京坐火车北上到学校。除了利用旅行锻炼自己的吃苦耐劳精神，他还坚持体育锻炼。32 公斤重的一对石碓，胡底能两手平举许久而面不改色，口不喘气。他还粗通拳术和剑术，游泳也颇擅长，曾被人称誉为“浪里白条”。

1924 年春节前夕，胡底从北京回到家里过年。这一年家中遭遇火灾，损失很大。面对时世和家境，胡底拿起毛笔，写下一副感慨颇深的对联，贴在自家米竹行的大门上，红纸上的黑字是：“庶政日非，怎无人革命去？商业萧瑟，谁有空过年来！”父亲和祖母看了大吃一惊，指责胡底是“傻孩子”。

1924 年春天，胡底正在学校里学习，突然接到一封加急电报，上面写着：“祖母病危，速归。”一向孝顺祖母的胡底急匆匆地赶回家中，却发现这原来是家里设下的一个圈套：由祖母和父亲包办，未向他打招呼和征得他同意，竟然就给他订下了一位名叫张敏清的表妹为妻。胡底痛心疾首，坚决不同意。十来天后，胡底忿然离开家乡，径自北上返回学校。从此以后，胡底再也没有回过家，也不愿意跟家里通信和向家里要钱。后来曾有朋友问他为什么不向家里要钱用？他说：“要他们的钱，麻烦。”

二、在北京入党，辗转于京沪之间与敌周旋

1924 年，极度苦恼的胡底在同学、浙江人吴鹿鸣的介绍下，在北京的安徽会馆里，与同是浙江人的钱壮飞及其安徽桐城籍妻子张振华相识。钱壮飞夫妇当时正在北京医学专科学校读书。胡底与钱壮飞在许多地方都很相似，两人同为才子，因此志趣相投，一见如故，从此成为挚友，来往密切。当时钱壮飞住在北京西城平安里洋房 13 号，胡底经常前来相聚晤谈。

1925 年，胡底和钱壮飞夫妇经钱的内弟张暹中介绍，加入了中国共产党。胡底与钱壮飞夫妇的来往也更加密切了。

1926 年，胡底从中国大学毕业后，就把铺盖搬到钱壮飞的家中，此后就一直

住在钱家。

（钱壮飞）

钱家所在的西城平安里洋房13号，是一幢西式住宅，外表上显得相当阔绰气派，每天出入的也都是叮叮当当的包车，门前经常车水马龙，客人络绎不绝。但实际上它的主人却十分拮据。当时这里为中共北京党组织的秘密据点之一，但是党组织提供的少量活动经费和钱壮飞夫妇俩的收入不足以维持如此大的排场，于是，胡底和钱壮飞一家只能背着人偷偷地啃棒子面窝头，喝白菜疙瘩汤。

1927年年初，钱壮飞、胡底和剧作家许光华合办了一家电影公司——“光华影片公司”，以演员和导演的身份从事革命活动。公司地址设在北京护国寺路东的一所院子内，院门口高悬一面上书“光华”二字的黑旗。胡底和钱壮飞一家都化名搬到这里，“光华”也就成为党的新的秘密联络地点。

《燕山侠隐》是我国早期的一部故事片，曾经送到日本放映。1926年北京“光华影片公司”出品。图为胡底、钱壮飞等主演的《燕山侠隐》海报。

（《燕山侠隐》海报）

光华影片公司是我党投身电影业的第一家公司，公司拍摄的第一部影片叫《燕山侠隐》，是我国早期的一部武侠故事片，上映后立即引起轰动，还曾经送到日本等国放映，在中国电影史上具有重要地位。英俊潇洒、多才多艺的胡底担任该片的主要演员，钱壮飞一家也参加了该片剧组，钱壮飞年仅11岁的女儿钱蓁蓁也在片中扮演了角色，父女同台演出。以后钱蓁蓁化名为黎莉莉，30年代成为著名的进步电影明星。

入党之后，胡底在党的培养教育下进步很快，全身心地投入革命，积极从事革命工作。他一面扮演影片里的角色，一面借公开的职业为掩护，开展党的秘密工作。

钱壮飞常在家里邀约胡底和其他一些同志前来“赌博”，实际上是在麻将桌上召开党的会议。钱壮飞夫妇还以“行医”为名，利用“出诊”的形式，将党的秘密文件和标语传单装在漆着红十字的皮包里面到处传递散发。他们有时也和胡底一起，在夜幕的掩护下，把传单塞进居民的门缝里，或者张贴在街头巷尾，经常要与反动警察、特务在胡同里周旋。他们有时又利用节假日，到北海公园划船游玩，乘机分头把带来的传单贴遍公园的各个角落。胡底还通过向外地亲友写信和撰写文章，进行党的宣传鼓动工作。

1927年4月，蒋介石制造了四一二反革命政变，四处捕杀共产党人，一时间白色恐怖笼罩全国。4月28日，李大钊在北京惨遭反动军阀张作霖杀害，北京城顿时成了恐怖血腥的城市，天天都有相识的同志“失踪”。钱壮飞夫妇和胡底的革命活动终于被敌人发觉，上了敌人的黑名单，受到北京反动政府的明令通缉。胡底家乡安徽省舒城县的国民党“清党委员会”甚至派出鹰犬到北京来缉捕胡底，同时派人监视胡家，逼迫他的父亲胡绪章召他回去自首。

1927年年底，正当党组织通知胡底和钱壮飞南下，转移到上海去时，胡底的父亲胡绪章突然跑到北京来，劝说胡底回乡，从此不再干共产党。胡底一口回绝道：“儿的志向已定，宁可掉脑袋，也不能做孬种。”胡绪章听了气得破口大骂：“你现在不跟我回家，以后你永远也不要回家。”胡底答道：“埋骨何须桑梓地，人生无处不青山。”第三天，他就义无反顾地南下，潜入上海，并且真的从此再也没有回过家。

胡底在得到党组织的报警后，马上改名为“胡马”，字“北风”。钱壮飞也与他同时改名，化名为“南飞”。他们的化名均取自《玉台新咏》中《古诗十九首》第一首《行行重行行》里的“胡马依北风，越鸟巢南枝”。从同一首诗选取化名，表明他们有共同的意境和情趣，更说明他们处境相同、患难与共的真挚情谊。

1927年冬，钱壮飞和胡底迫于敌人的侦缉，一起离开北京，经天津转移到上海。上海，这个十里洋场，既是帝国主义和国民党反动统治的重点，也是中共中央和江苏省委的活动中心。由于行动匆促，加上原先联系的党组织遭到敌特的破坏，胡底和钱壮飞初到上海，一度同党组织失去了联系。

1928年春，胡底为了维持生活和寻找党组织，曾经化名应聘，进入上海影片公司演戏。他在《盘丝洞》一片中主演唐僧，该片曾在国内一些大城市里放映。其后他还应聘为上海江湾昆仑电影制片厂演员，并在沪江电影院内兼任导演。

为了迎合当时的电影市场，胡底大都出演武侠片中硬派武生角色，参加拍摄的影片也多以侠客行义为主要内容。他曾与殷明珠、王引合作，拍摄过《盘丝洞》《昆仑大盗》等影片的男一号，也曾与著名女影星胡蝶合作，在《大侠白毛腿》中扮演行侠仗义的白毛腿，白毛腿天真俊美的女儿则由胡蝶扮演。

凭借高超的演技和过硬的功夫，胡底很快风靡上海滩，饮誉影坛，成为炙手可热的武打电影明星。人们都为这位武艺超群的侠义大盗的扮演者所倾倒，并将他与美国好莱坞当红武打明星范朋克相媲美，称誉他为“东方范朋克”。可见胡底在当时上海影坛上的地位。如果胡底沿着这条演艺道路走下去，中国武侠电影武打演员的祖师爷就应当是他了。

20世纪二三十年代，是中国电影业的第一个大繁荣期，尤以武侠电影最为兴盛。胡底曾是当时上海滩的当红影星，但是，在耀眼的明星光环背后，他却是我党一位最为神秘的特工人员，这是当时鲜为人知的。

1928年七八月间，钱壮飞在上海终于接上了党的组织关系，被编入中共法南区委所属的法租界党支部，胡底也到这个支部与他一起过组织生活，任支部委员。当时这个支部的书记是张沈川，法南区委书记则是李富春。

1928年年底，胡底利用演员身份进行革命活动的事情还是被敌人发现了，敌人赶紧派来大批军警和密探进行搜捕。听到风声的胡底以其轻捷的身手和不凡的武功，硬是在敌人眼皮子底下穿堂走屋，跃出高墙，逃出了搜捕圈。他从上海跑到松江和沿海一带的渔村，同贩卖私盐的商贩们混在一起，继续进行革命的宣传鼓动工作，争取和团结了一批群众。他同反动政府的缉私官员周旋，在沿海一带的渔村里奔波，躲避国民党军警的捕杀。

1929年夏，胡底还是被敌人找到了踪迹，又被追捕。胡底曾避往温州，隐居了几个月。由于敌人追索紧迫，他便辗转潜往杭州，隐藏在钱壮飞的家里，在杭州建设局(国民党特务机关)谋了份差事，继续为党收集情报。

此时，钱壮飞已经打进徐恩曾任局长的国民党上海无线电管理局。钱壮飞和徐恩曾都是浙江湖州人，有同乡情谊，钱壮飞受到徐恩曾的信任。1929年4月，国民党派徐恩曾前去杭州主办西湖博览会，徐恩曾叫钱壮飞一起去，帮助他完成筹备和设计方面的有关事宜。没有想到经过钱壮飞的精心设计和安排，西湖博览会办得很成功，观众络绎不绝，展出历时4个月而不衰，得到了国民党高级官员的一致赞赏。孔祥熙还亲自到杭州主持了开幕典礼。钱壮飞因此进一步得到了徐恩曾的赏识和信任。胡底躲进钱壮飞家里，当然十分安全。

在此期间，胡底的祖母和父亲从朋友处打听到他的下落，连忙将他名义上的妻子张敏清送到钱壮飞家中。胡底这回严肃地对他的祖母和父亲说，我决意与张氏离婚，并登报以为根据。经过一番协商，一则“胡百昌、张敏清离婚启事”拟成，刊载在上海《申报》上。自此以后，胡底就再也没有结过婚，没有留下后代。用他的话说，干我们这行工作的，“要钱和结婚生孩子都是麻烦事”。

三、“龙潭三杰”打入敌特总部，控制了它的核心机密

西湖博览会结束后，胡底跟随钱壮飞回到上海，又去了另一家电影公司做事。

钱壮飞自从1928年考进徐恩曾办的无线电训练班，日益得到他的信任。1928年秋，徐恩曾被蒋介石任命为上海无线电管理局局长后，就将钱壮飞留在身边，担任该局秘书。西湖博览会成功举办后，钱壮飞愈益得到徐的器重，徐改任他做

私人秘书，视作亲信。

钱壮飞逐渐了解到徐恩曾是国民党CC系统头子陈果夫、陈立夫兄弟的亲信，所谓的无线电训练班和无线电管理局，实际上都是国民党的高级特务机构。钱壮飞很想向共产党组织谈谈他所了解的情况，并希望得到共产党高层领导的指示和引导。

钱壮飞站稳脚跟后，设法找到了在一家电影公司工作的胡底，并通过胡底与时任中共上海市沪中区委宣传委员的李克农相识。

（李克农）

此时，李克农因受到国民党的通缉，从安徽逃来上海不久，曾与潘汉年一起办《铁甲车》和《老百姓报》两张宣传党的主张的报纸。报纸被封后，他又化名李泽田，到中共沪中区委任宣传委员，经常进出上海的文化机关活动。有一天，李克农忽然在一家电影公司的摄影棚内遇到了老朋友胡底。李克农是安徽巢县（今巢湖市）人，胡底是安徽舒城人，他们是安徽同乡，在芜湖时就相识，后来一起参加革命活动。老乡在此重逢，心里格外高兴。胡底向他谈到和钱壮飞从北京转移到上海来的经过，以及钱壮飞当前的情况和心态，李克农也希望能同钱壮飞见面谈谈。

由于胡底与李克农都是安徽人，钱壮飞则是安徽的女婿，因此他们三人后来被李克农戏称为“两个半安徽人”。三人中间，胡底年岁最小，1896年出生的钱壮飞长他9岁，1899年出生的李克农长他6岁。1928年11月初的一个晚上，经胡底的安排，钱壮飞和李克农在胡底那个摄影棚里见了面，“两个半安徽人”第一次聚在一起，从此“龙潭三杰”携手走上了短暂而传奇的隐蔽斗争之路。

在仔细听完钱壮飞详细讲的这段经历之后，李克农对钱壮飞说道，你一个人在里面的确不好周旋，现在你有没有办法再楔一个钉子进去？钱壮飞想了想说，眼前倒是有个很好的机会，上海无线电管理局正在举办无线电训练班，招考学员，网罗人才。现在缺少广播新闻编辑，要公开招聘。希望党组织利用这个时机，派人打进上海无线电管理局。

李克农回到党的机关，就将有关情况通过中共江苏省委报告了中共中央，并且提出自己愿意报考国民党上海无线电管理局，与钱壮飞、胡底一起在国民党特务机构里建立共产党特别小组的建议。周恩来主持中央特别行动科（简称中央特科）会议，专门研究了这一新情况。鉴于钱壮飞已取得徐恩曾的信任，并在徐恩曾那里取得了一定的地位，有条件实施党中央关于“派遣一两位忠实同志，到国民党部队以及某种反动机关，做侦探和破坏工作”的计划，决定批准李克农的建议，派李克农、钱壮飞、胡底三人打入国民党最高特务机关，进行特殊战斗。中央特科还决定他们三人组成一个党小组，直属中央特科，由李克农担任组长，工作中的重大问题均由党小组讨论决定。还决定由中央特科情报科（二科）科长陈赓（化名王庸）和他们单线联系。不久，中央特科派李强、陈赓和陈寿昌同志和他们接头，给予具体的指导和安排。李克农的组织关系，也从沪中区委转到中央特科情报科。

在钱壮飞的具体安排下，李克农经过认真准备，以优异成绩连闯几关，于1928年12月间考入了上海无线电管理局。敌人经过严密考察后，任命李克农为该局广播新闻社的编辑。李克农同样才华出众，思维敏捷，很快也受到徐恩曾的赞赏。

不久，又经钱壮飞介绍，胡底也进入了上海无线电管理局，直接受钱壮飞的领导，从而也成为中央特科的一员。

1929年12月，陈立夫筹划在国民党中央党部党务调查科的基础上，建立一个进行秘密侦察、审讯的反共特务机构，准备软化共产党的动摇分子，利用叛徒做他们的侦探，潜伏到共产党内部进行秘密活动。陈立夫也是浙江湖州人，因同学和亲戚关系，他把这项特殊使命交给了徐恩曾，并委任徐恩曾为国民党中央组织总务科主任，实为党务调查科主任。

徐恩曾到南京一上任，就急忙增设机构，扩充人员，增加经费，并派特务进入国民党的军警机关进行活动。当时徐恩曾最关心的是，如何在上海发展情报工作，如何在蒋介石统治势力的核心区域，如长江沿岸各地建立基层秘密机关，进行侦察活动。实际上他对此道一窍不通，于是要求钱壮飞帮助办理扩建特务组织的事务。他随即委托钱壮飞以其机要秘书名义，在南京组织一个秘密指挥机关，并且设立秘密电台，同时建立各地基层机构。

为了便于工作，钱壮飞带着女儿钱椒、女婿刘杞夫（内定为沪宁间党的交通员）、儿子钱江，跟随徐恩曾去南京上任，把妻子留在上海作联络员。这时，根据中央特委的指示，李克农、胡底也趁此机会打进国民党这个最高特务机构，徐恩曾还委任李克农为特务股股长，“协助”他筹建特务总部和各地基层特务组织，管辖全国的无线电报务员。

国民党党务调查科的办公地点原来在南京丁家桥的国民党中央党部内，徐恩曾嫌那里人太多太乱，影响保密，便重新选定南京中山东路5号一幢两层的西式小楼，作为秘密机关的“大本营”，这就是国民党指挥各地特务的最高机关——国民党中央组织部调查科。

为了掩人耳目，特地在中山东路5号门口挂上一块“正元实业社”的招牌，又在小楼屋顶上架设了天线，徐恩曾的秘密电台就设在这里，派到汉口、九江、安庆等地的情报人员，都同这里的电台联络。调查科不但建立起了秘密电台，还制造了便于携带的小型发报机。

徐恩曾是个纨绔子弟，喜欢在舞场妓院里鬼混。他把所有的“公务”全都推给钱壮飞去办，自己乐得当个“甩手掌柜”。调查科迁到新址后，凡是送给徐恩曾的文件、电报、报告和各种情报，都由中央党部转送到这里来，首先经钱壮飞过目，由他审阅并提出处理意见后，徐恩曾只在上面签个字。钱壮飞和李克农乘机设计了一个圈套，将徐恩曾贴身携带的同国民党高级官员通报用的密电码本弄到手，复制了一份。这样，钱壮飞就掌握了这里的全部机密。蒋介石对中央苏区进行第一、二次“围剿”的时候，钱壮飞曾在这里获得许多有用的军事情报，经李克农送交陈赓。这些情报及时由中央转发到中央苏区，对于红军作战起了重大作用。

出于国民党的要求和工作上的方便，1930 年间，钱壮飞他们三人经过筹划，在南京、上海、天津建立了情报机构——长江通讯社、民智通讯社、长城通讯社和上海无线电管理局广播新闻编辑部，同时趁此机会插足进去，直接控制。按照陈立夫的意图，这是一套以通讯社和广播新闻编辑部形式出现的国民党公开情报机关，以公开掩护秘密，主要暗中搜集国民党其他派系的动向情报，以对付国民党内部存在的反蒋介石、反两陈(陈果夫和陈立夫)的派系斗争。这些机关表面上是调查科的附属机构，实际上自上而下全部都掌握在我党手里。通讯社的工作人员利用国民党的名义，拿着特务机关的钱，四处活动，搜集情报。各地国民党特务收集来的我党文件，也都汇集到长江通讯社来。钱壮飞只在上面盖一个图章，交人收藏起来也就完事了。

钱壮飞任南京长江通讯社社长，统管各地通讯社发来的情报。稍后钱壮飞又请准在南京丹凤街成立了民智通讯社，作为长江社的分支机构，由钱壮飞兼任社长。钱壮飞乘机举荐胡底担任民智通讯社总编辑，又把自己的内弟张家胧介绍到民智通讯社做翻译。

1930 年 11 月，为收集东北、华北地区的情报，徐恩曾要钱壮飞在天津建立长城通讯社。钱壮飞安排胡底先往天津筹建长城通讯社，后出任社长，刚由日本留学回国的张家胧等为记者。天津长城通讯社是国民党特务机关在北方的分支机构，归南京长江通讯社管辖。胡底到天津后，把社址选定在日租界秋山街 5 号一幢四层楼里，胡底本人则住在四楼。在天津获得的国民党情报，都是以长城通讯社做掩护，用密码发到南京钱壮飞处，再转送党中央的。

这套通讯机构的指挥机关长江通讯社，设立在“正元实业社”隔壁的中央饭店四楼。李克农每次来南京，就在中央饭店四楼住下。钱壮飞他们三人打入调查科后，工作中的重大问题由三人党小组讨论决定，分头执行。自从有了长江通讯社，李克农、钱壮飞、胡底的活动就更加方便了。有时党小组会就在国民党的办公室里召开。三个人在这里商谈工作、过党的组织生活。看见有共产党的文件送来，往上面盖上章子“查讫”。有国民党的人进来了，也不怕：“看嘛，这是从哪里搜罗来的共产党的文件！”

当时上海三明照相馆是中共的一个重要的秘密联络点，陈赓以该馆老板的身份常在这里活动。当时南京、天津方面每有紧急情报，钱壮飞和胡底就立即报告在上海的李克农，李克农每当得到重要情报，便来此地与陈赓接头，通过陈赓及时转报中共中央。

（1930 年，胡底在杭州）

1930 年 4 月，蒋介石、冯玉祥、阎锡山军阀混战之后，由于东北军对于全国局势举足轻重，蒋介石想要搞到张学良的情报。徐恩曾便派钱壮飞、胡底前往沈阳去办理，中央特科也派陈赓一同前往。钱壮飞、陈赓、胡底三人小组表面上由钱壮飞率领，实际上由陈赓领导。他们利用这个难得的机会，拿着国民党特务机关的证件，花着国民党的钞票，却花了一个星期时间巡视了我中央特科在北方的情报工作，并在当地地下党组织的协助下，帮助满洲特委（特务部）建立了一套名义上归国民党、实际上向党中央特科提供情报的秘密组织，他们还为党带回了许多重要的机密情报。

为了应付徐恩曾，钱壮飞他们回到上海后，和李克农一起，把弄到的一些军事资料，连同报纸上的一些新闻消息，真真假假，剪剪贴贴，拼拼凑凑，成为一本 4 万多字的所谓“情报”，拿回南京交给徐恩曾。徐恩曾看后竟然连声称赞：“了不起，哪来的这么好的材料？”对钱壮飞表示佩服之至，给予嘉奖，对钱壮飞也更加重用，让他做自己的机要秘书，凡往来电文、具体事务，甚至自己的家事，都交给钱壮飞料理。徐恩曾还经常在人前人后夸耀自己手下有钱壮飞、李克农、胡底三员干将。

就这样，从 1929 年 12 月到 1931 年 4 月，在中央特科的领导下，钱壮飞掌握了国民党最高特务指挥机关，胡底除协助钱壮飞外，还掌握了国民党在天津的最高情报机关，李克农掌握了国民党在上海的最高情报机关，全国各地各党各派的情报，通过李克农、钱壮飞、胡底之手，几乎全部为我党所掌握，给党中央提供了许多重要的机密情报，以至于蒋介石发动对中央苏区军事“围剿”的计划刚刚出炉，就辗转到了远在赣南的中央红军统帅部案头。

当时打入敌人调查科的钱壮飞、李克农和胡底三人，深入龙潭虎穴，密切配合，应对险恶环境，机敏地与敌周旋，斗智斗勇，如同分布在南京、上海、天津的三把锐利的钢刀，插在敌人的心脏。徐恩曾做梦也没想到，深得他信任的反共“铁三角”，其实是周恩来一手布置、陈赓直接领导的特科“红三角”，也是机智勇敢地战斗在敌人巢穴里的“龙潭三杰”。他们三人利用特殊身份，为党做了许多重要工作，提供了大量国民党当局的核心机密，在我党情报史上留下了极为惊心动魄的历史篇章，也在我党隐蔽战线上上演了彪炳史册的红色经典传奇剧。

四、及时截获顾顺章叛变绝密信息，为保卫党中央安全作出卓越贡献

1931 年 4 月 24 日，中共中央政治局候补委员，曾任中央特别任务委员会成员和中央特科行动科科长的顾顺章在汉口被捕叛变。鉴于顾顺章在党内的特殊职务和经历，他的叛变构成了对在上海的党中央机关和中央领导人的严重威胁。在敌人企图将中共中央机关一网打尽的紧急关头，钱壮飞、李克农、胡底他们及时截获顾顺章叛变的绝密信息，立即设法赶到上海向中共中央报警，经周恩来、陈云等领导中央特科采取紧急措施，中共中央领导人，中共中央、江苏省委以及共产国际等在沪机关全部迅速安全转移，使党的高层组织避免了一场特大灾祸。可以说，这是一场空前险恶、惊心动魄，关乎党的生死存亡的斗争，钱壮飞、李克农、胡底等人在这场斗争中，为保卫中共中央的安全作出了卓越的贡献。

由于钱壮飞、李克农、胡底对党忠贞不渝，危急时刻大智大勇，党中央机关和领导同志得以幸免于难。“龙潭三杰”依靠在国民党调查科工作的特殊身份和便利，不仅在危急时刻保护了党中央，还曾安全护送过一些党的高级干部，铲除了一批罪大恶极的叛徒。

1930 年初，刘伯承刚从苏联回到上海，就接受派遣，到武汉发动武装暴动。中央特科决定由李克农利用他的特殊身份，掩护刘伯承经南京去武汉。李克农即陪同刘伯承坐京沪特快车头等车厢，顺利地抵达南京，并住进了中央饭店。后刘伯承安全到达武汉。

1929 年到 1930 年间，任弼时、关向应、彭湃、杨殷等同志被捕后，经“龙潭三杰”发来大量可靠情报，由周恩来亲自指挥，开展了一次次的生死大营救。由于情报准确，我中央特科及时地镇压了出卖中央政治局委员彭湃和候补委员杨殷等

同志的叛徒白鑫，铲除了出卖中央委员、中央组织局主任罗亦农同志的叛徒何家兴夫妇和叛徒黄第洪等人，为党排除了隐患。

李克农、钱壮飞、胡底在敌营数年，创造出许许多多惊人的业绩，在中国共产党的情报史上，是三个功莫大焉而又充满传奇色彩的杰出人物。他们的领导、战友及后来的人形象地赞誉他们为“龙潭三杰”“虎穴三杰”。

相反，敌人对他们则是又痛恨，又佩服。当年，特务头子徐恩曾在意图摧毁上海共产党高层领导组织的计划破产后，曾经像一个输光了的赌徒，气急败坏地将胡底、钱壮飞、李克农等人骂为“共匪怪物”。几十年后，徐恩曾在《暗斗》一书中，又禁不住哀叹说：中共“对于渗透工作亦极注意，所派人员，常能运用机缘，占据要害或掌握机要，随时向(中共)特工总部通报消息。”1933 年 7 月，国民党特务机关出版的《特务工作之理论与实际》(顾顺章编写)一书也不得不承认：“CP(中国共产党)特务工作人员对政治有充分的认识，对于党及主义有充分的了解，他们工作的成分充满积极的、敏捷的、兴奋的、创造的精神……我们站在客观的立场上，也不能不佩服他们的奋斗精神啊!”

据说，前些年在大陆热播的 30 集电视连续剧《潜伏》，就是根据李克农、钱壮飞、胡底在龙潭虎穴中的传奇战斗经历改编而成的。

五、在中央苏区和长征途中从事政治保卫工作，成为“红军三雄”之一

1931 年 5 月，鉴于当时上海严峻的形势，周恩来报请中共中央批准，对中央特别委员会和中央特科及时进行了调整；同时决定陈赓、陈养山转移至天津工作，在国民党统治的中心城市进行隐蔽斗争的“龙潭三杰”李克农、钱壮飞、胡底则撤往中央苏区工作，李强派往莫斯科留学，刘鼎在中央特科继续工作一段时间后也撤离上海，调往苏区工作。

胡底是于 1931 年 8 月同钱壮飞一起，根据党中央的决定，离开上海，前往中央苏区的。胡底化装离开上海，由香港绕道潮汕地区，溯韩江而上，冲破广东大埔封锁线，进入闽赣中央苏区根据地。李克农到达中央苏区的时间稍迟一些。“龙潭三杰”再次相聚于中央苏区红都瑞金，在这片工农大众当家作主的自由民主的新天地里，他们的心情格外舒畅，都想为党再立新功。他们以丰富的情报斗争经验，活跃在新的政治保卫战线，为保卫党中央的安全立下了汗马功劳。

进入苏区以后，为了加强对苏区政治保卫工作的组织与领导，中共中央把李克农、钱壮飞和胡底三人充实到政治保卫系统或情报部门担任要职。

李克农1931年8月任中央苏区政治保卫局江西省分局执行部部长，同年11月任国家(中华苏维埃共和国)政治保卫局执行部部长。1933年4月，任红一方面军政治保卫分局局长，同年秋任国家政治保卫局红军工作部部长。1934年10月随红军长征。

钱壮飞1931年8月在红一方面军总司令部卫生所当医生，9月任红一方面军第三军军医处处长，12月任中革军委政治保卫分局局长。1932年6月兼任红一方面军政治保卫分局局长。1933年4月，调任中革军委后方二局(情报局)局长，5月改任中革军委二局副局长，兼军委抚恤委员会总会委员。1934年10月随红军长征。

胡底1931年9月任中央军委总政治部俱乐部主任，同年冬调任国家政治保卫局预审科科长。1932年任国家政治保卫局侦察部部长。1934年4月，兼任国家政治保卫局中革军委分局侦察部部长、执行部部长。1934年10月随红军长征。

（胡底）

1934年年底，中革军委保卫分局改称红军工作部，部长李克农，侦察部部长钱壮飞，执行部部长李一氓。为了加强审讯工作，由胡底任执行部预审科科长。

1935年1月遵义会议后，为了加强红军中徒步侦察情报工作，在云南扎西(威信)成立中革军委侦察科，直属总参谋长刘伯承领导，胡底任科长。胡底的使命是和保卫局的同志们为大军做开路先锋，侦破敌军暗探投毒，粉碎敌人武装破坏和煽惑沿途人心等阴谋。胡底领导有方，侦察科在长征途中起到了一定的耳目作用和助手作用，取得了卓著成绩，受到了中央领导的表扬。

胡底在中央苏区的3年当中，一直在国家政治保卫局工作，在从事政治保卫工作的同时，与李克农、钱壮飞一起，给保卫干部、战士传授各种政治保卫知识和技能，培养了苏区各级保卫干部。胡底在生活上与大家同甘共苦；在政治保卫工作中认真负责，扎实精细，勤奋忘我，富有远见，善于团结同志，发挥干部的积极性和独创精神；在对敌斗争中立场坚定，机智勇敢，顽强不屈。

当年和胡底一起在国家政治保卫局工作过一段时间的李一氓，在其所著的回忆录《模糊的荧屏》(2001年再版时更名为《李一氓回忆录》)中，谈起了他对胡底的印象："在瑞金的时候，我当(国家保卫局)执行部长，胡底当执行部审讯科长。他写一手好毛笔字，起草的公文，文字非常流畅。他原是桐城(引者按：应为舒城)有名的富家子弟，懂艺术，他手头还有两三卷不知从什么地方搞来的山水画手卷，我那时在这方面既无知识，也无兴趣。审讯的事情并不多，两个人闲聊的机会很多，我感觉到这是一个人物。”

中央苏区第五次反“围剿”战争，由于王明“左”倾冒险主义作怪而败局日显。1934年10月10日，党、政、军、群中央机关不得不和中央红军一起离别瑞金，踏上漫漫长征路。李克农、钱壮飞、胡底均随红军长征，并且继续从事情报和政治保卫工作。红军在长征途中能够避免国民党军队的包围，党的高级领导干部和重要会议有可靠的安全保障，很大程度上就得力于他们三人的情报和保卫工作。

由于李克农、钱壮飞、胡底三人都是高级知识分子，多才多艺，精明干练，眼界宽阔，彼此配合默契，对党忠心耿耿，对同志诚恳热情，因而他们在中央苏区，尤其在中央红军中的声望不断提高，“红军三雄”的美称也就不胫而走。

可惜，钱壮飞不幸于1935年3月29日二过乌江时，被反动地主民团杀害了（一说在长征途中遇敌机轰炸而牺牲）。5个多月后，胡底又因反对张国焘公开分裂党和红军而被张国焘秘密杀害。只有李克农幸运地走到了陕北，走到了北京，继续为党和国家的安全建功立业。

六、在中央苏区发挥特长，成为著名的红色戏剧活动家

中央工农民主政府成立之后的1931年11月，胡底和钱壮飞一度从保卫部门借调到红色中华通讯社工作。这个在1931年11月7日创设的新闻机构，虽然名义上是政府的通讯社，但领导它的却是中共中央党报委员会秘书长王稼祥。正是王稼祥听说胡底文笔不错，坚持把他调到通讯社，让他参与编辑《红色中华》报。不久，苏区戏剧团体蓝衫社（次年更名为苏维埃剧团）成立，胡底又被聘请为兼职教员。在中央宣传部工作的潘汉年受命与李伯钊（后来的中华人民共和国主席杨尚昆的妻子）组织一个演剧队，取名蓝衫团（次年更名为高尔基戏剧学校），他们早就听说胡底和钱壮飞两人具有编剧和表演天赋，就央求王稼祥秘书长放人，胡底和钱壮飞于是就被借调到蓝衫团。

在中央苏区，胡底除了完成政治保卫工作任务，还充分发挥自己的特长，致力于苏区的文娱和教育工作。他创造性地、因地制宜地组织红军开展丰富多彩的文娱活动，积极参与他所喜爱的戏剧活动，编写文明戏（含话剧、歌剧、活报剧）和双簧剧剧本。胡底还和钱壮飞一起帮助李伯钊等筹建高尔基戏剧学校，并在学校中担任义务教员、编剧、导演和演员。这期间，胡底忘我工作，勤奋创作，与李克农、钱壮飞、李伯钊、石联星等人自编自导自演剧目，先后编演过《庐山之

雪》《杀上庐山》《最后的晚餐》《战斗的夏天》《赵一曼》和《无论如何要胜利》等话剧。

与此同时，他还深入到红一、三、五、七、九军团，为基层红军组织排演很多短小精悍的话剧和活报剧，宣传党的政策，揭露敌人的反动面目，也为苏区培养了一大批宣传文化干部。

1931 年冬，苏区预备召开第一届工农兵代表会议，胡底是大会筹备会文娱小组的成员之一。1932 年 1 月 7 日，中华苏维埃第一次全国代表大会在瑞金召开，成立了中华苏维埃共和国临时中央政府。会议期间，胡底曾经参加钱壮飞编写的剧本《最后的晚餐》和由李伯钊执笔、根据苏联话剧《黑奴吁天录》改编的《黑奴恨》的演出，在两剧中分别扮演主角樵夫和黑奴。因他演技高超，深受观众称赞。

1931 年 12 月间，参与“围剿”中央苏区的国民党第二十六路军约 17000 人在江西宁都起义后，改编为中国工农红军第五军团。中华苏维埃共和国临时中央政府主席毛泽东曾经召胡底、钱壮飞和李伯钊谈话，要他们组织演剧队兼宣传队，进驻红五军团，去做起义部队的宣传教育工作，尽早稳定他们的政治情绪。毛泽东指着胡底说：“你那么年轻，就已经做了许多情报工作，现在更要做好宣传工作。”当时只有 26 岁的胡底坚定地表示：“一定不辜负主席的希望!”

当时起义部队的士兵和军官，分别集中在瑞金的两个地区整训。他们先到任田区为士兵演出话剧《为谁牺牲》。该剧是胡底和钱壮飞、李伯钊新编写的，剧中描写一个白军士兵去当兵前后如何受苦，家中的妻子如何受人欺凌，最后士兵终于觉醒，不堪忍受反动军队的黑暗痛苦，投奔为穷人谋福利的红军队伍的经历。胡底饰演国民党军士兵，把劳动人民受欺凌、被强迫去当兵的内心痛苦表现得淋漓尽致。由于这出戏能抓住为谁牺牲这一实质性问题，加之胡底等人的高超演技，演出很成功，引起起义士兵的共鸣。当全剧闭幕时，会场内一片寂静，不一会儿，响起暴风雨般的掌声。李伯钊几十年后仍深情地回忆道：“这是最成功的一个戏。”

随后他们又到叶坪为起义军官演出《黑奴恨》，该剧写的是奴隶主残酷迫害黑奴，黑人奴隶与白人奴隶主斗争的故事，揭露了美洲买卖黑人和种族压迫的罪恶。它表面上不关中国和红军、白军的事，但由于他们高水平的演出，一种为黑奴鸣不平的情感在起义军官胸中升腾，并进而联想到当时中国穷苦百姓在帝国主义和封建势力的压迫下所受到的折磨，不少人为此感动得流出眼泪。

这个剧团还到左权的十五军以及十三、十四军巡回演出。在这里，胡底的表演才华得到了充分施展。几个月后，胡底等人完成了毛泽东交办的任务，回到了原单位。胡底奉命调至红一方面军，担任政治保卫局执行部部长，从事红军政治保卫工作。

1933 年 3 月，以草台冈战役大捷为标志的红军第四次反“围剿”取得了巨大胜利。为庆祝胜利，中央苏区的戏剧界又一次掀起演剧高潮。名气甚大的胡底及其搭档钱壮飞再一次被借调出来，充任蓝衫团的编剧和演员。连红军政治保卫局局长李克农也触发起潜在的艺术细胞，多次跑到老友胡底和钱壮飞那里，央求加入他们演戏的行列。于是，原中共三人小组成员一起编写、导演和演出了不少话剧、活报剧和双簧剧，中央苏区的戏剧事业被他们搞得生龙活虎、热气腾腾。

1934 年年初，为迎接第二届工农兵代表会议，胡底又创作了《沈阳号炮》一剧。胡底先后创作的红色戏剧剧本还有《暴动的前夜》《两条战线的斗争》《今古奇观》《阶级》《新十八扯》《义勇军》《热河血》《松鼠》(又叫《红色间谍》)《活菩萨》《改选之前》等，成为当时中央苏区创作剧本最多的一个文化工作者。这些剧本都油印成本子，分发到全区、全军去。由于这些剧本内容丰富，语言诙谐风趣，情节跌宕起伏，气氛热烈活跃，深得根据地军民的喜爱。胡底不仅创作了许多剧本，还积极参加演出，表演水平高，表演效果好，对苏区的红军、群众和白军起义官兵发挥了很大的政治教育作用。

胡底的文艺天赋和创作、表演成就，受到了聂荣臻等领导及广大红军指战员的钦佩和赞誉。聂荣臻元帅几十年后仍不忘他的形象，称赞胡底“多才多艺”“很有创作才能”“是位好同志”。他的战友李克农在中华人民共和国成立后曾多次深情地说：“胡底年纪最小，而文笔才华最好。”

七、反对张国焘分裂路线，牺牲在长征途中

1934 年 10 月，胡底随中央苏区剧团跨过于都河，离开江西根据地，开始长征。长征后不久，一纸调令，又将他召回到红一方面军政治保卫局执行部部长的任上。

1935 年 6 月 12 日，红一方面军与红四方面军在四川懋功的达维地区会师。8 月间，红军总部将红军分为左、右两路军北上，红军总司令朱德、总政委张国焘和总参谋长刘伯承随左路军行动。但是在左路军到达阿坝地区后，张国焘突然擅令左路军全部和右路军一部南下，企图对抗党中央，去川康边区建立根据地。张国焘闹独立，进行分裂活动，大放厥词，制造谣言，诋毁党中央的正确路线，攻击党中央的其他领导人，挑拨红四方面军与中央红军的关系。

跟随朱德、刘伯承在左路军工作的胡底，凭借他丰富的革命斗争经验，已看出张国焘的意图，对张国焘的分裂行为异常不满，背后骂张国焘是“什么东西”，

甚至在一些公开场合揭露张国焘的野心，流露他的愤懑。当时刘伯承总参谋长曾对胡底说："老弟呀！现在是什么时候，你还敢胡说八道，要小心。"胡底说："我怕个啥，我才不怕他呢！"

过草地时，有一天，侦察员捡回一些野蘑菇，其中有毒菌，胡底误食毒菌后连续发烧，神志不清，在呓语中说了两句对张国焘不满的话，骂张国焘是法西斯，被安插到侦察队进行监视的张国焘的心腹听见，报告了张国焘。张国焘得知后恼羞成怒，竟将他诬陷为"国民党特务"，给他扣上"反革命"的帽子，撤了他侦察科科长的职务，取消了他的乘马和勤务员，逼他带病自己背着背包"戴罪"行军。

胡底大病后脸色苍白，身体十分虚弱，行动十分困难，几乎天天掉队。红五军团担任后卫，经常收容他。曾在原国家保卫局与胡底同过事的欧阳毅(1955 年被授予中将军衔)当时在红五军团工作，心疼他，便在秘密请示朱德、刘伯承首长后，将胡底留在红五军团，以便沿途照顾他。朱德还特地到胡底的关押地看望了他，送些东西，安慰一番，但是无法营救。张国焘得知这些情况后，当即下令总保卫局局长派人将胡底抓到张国焘的直属通讯营中，并当着朱德、刘伯承和欧阳毅等人的面，扬言要追究同意收留他的人。

1935 年 9 月中旬，张国焘率部再回四川阿坝，并由阿坝南下，经查理寺、斯达坝，向绥靖县转移。部队集结于党坝、松岗、马塘地区，准备攻击绥靖、丹巴、懋功等地区，企图实现他成立伪中央，自任中央政治局主席和军委主席的密谋。为消除"隐患"，一个大规模的杀害异己的计划在他心中酝酿，胡底成为重点目标。当部队行至斯达坝与松岗之间的草地(现位于阿坝藏族羌族自治州马尔康市)时，总部保卫局局长向张国焘报告："胡底走不动路，怎么办?"张国焘顿生杀心，当即答复："胡底如走不动路，由你们自行处理。"在张国焘的语汇里，"处理"就是"处决"。于是，胡底被总部保卫局的秘书长和保卫队的队长带着几个战士，在部队到达松岗之前，用绳子勒死(一说被毒死，还有自杀、病故等说法)，草草埋在路旁的河沟里。

那是 1935 年 9 月中旬的一个凌晨，川西北阿坝，秋风呜咽。在斯达坝至松岗之间的一条小河沟边，虚弱而不失魁梧、憔悴而不失英俊的胡底，被张国焘下令秘密处决，罪名是"反革命"和"国民党特务"。临刑之前，胡底扭过头，深情地向着中央红军进发的方向——北方望了一眼，铁骨铮铮的遗言从他的口中吐出："张国焘反对中央，是什么东西?！我不怕张国焘。这光景，正应了我到上海前说过的那句话，'埋骨何须桑梓地，人生无处不青山'。"

与胡底同时遇害的还有许克坚同志。事后，相关人员将"处理"情况逐级上报给张国焘。

当朱德得知胡底被害的消息时，心情非常难过，泪珠不禁从眼角滚落下来。长征结束后，毛泽东获知胡底遇害的情况，也连声痛惜说："胡底是个好同志，胡底是个好同志啊！"

胡底，一个曾经在敌特心脏活动的虎胆英雄和超级"卧底"，对革命忠心耿耿，坚决拥护党中央正确路线的好同志，就这样牺牲了。他不是倒在敌人的枪口下，而是倒在革命阵营内部的政治野心家张国焘的屠刀下，牺牲时年仅30岁，令人殊为痛心！

1945年，胡底的冤案被平反昭雪，中共七大追认钱壮飞、胡底为革命烈士，把两人的名字载入大会印制的《革命烈士名人录》里。

中华人民共和国成立后，周恩来曾经多次谈到胡底和钱壮飞、李克农打进国民党最高特务机关，对党作出的巨大贡献。为表彰他们的大智大勇，周恩来曾经给予他们"龙潭三杰"的赞誉。他说，如果没有"龙潭三杰"，我们这些人早就不存在了。钱壮飞等同志在对敌斗争中立下的丰功伟绩，的确使我们党少走了弯路，全党将永远纪念他。

1968年，周恩来还曾经在一次会议上谈起："在1931年顾顺章叛变，幸而有钱壮飞同志在中统徐恩曾处得讯最快，所以中央机关才得免破坏。钱壮飞、李克农、胡底他们是在一起的，因此才派往中央苏区。后来，钱壮飞在长征中躲飞机时死去，胡底在与张国焘会合时被杀了。因为张国焘在四方面军讲演，胡底在台底下说张像法西斯，被张国焘的卫士听到报告张，后来就给杀了。"

1974年7月，周恩来同熊向晖谈起他和陈忠经、申健三人，在西安胡宗南那里做情报工作取得成功时说："在我们党的情报工作中，李克农、钱壮飞、胡底可以说是'前三杰'，你们三人，可以说是'后三杰'。所以这样说，是因为都为保卫党中央做了贡献。毛主席曾设想，如果发勋章，也要发给你们。"毛泽东主席则干脆说道，对这些"立了大功"的三杰的历史，要让青年同志都知道。

李克农在中华人民共和国成立后曾任外交部副部长、人民革命军事委员会情报部部长、解放军副总参谋长、中共中央调查部部长，1955年被授予上将军衔，荣获一级八一勋章、一级独立自由勋章、一级解放勋章。李克农1962年2月9日在北京因病逝世，2月13日首都各界数千人为他举行公祭，周恩来总理主祭。周恩来总理在追悼会前专门指示：过去没有机会为钱壮飞、胡底同志举行追悼仪式和给予应有的评价，在这次李克农的悼词中应加以说明。遵照周恩来总理的意见，在李克农追悼会的悼词中，专门写上了这样一段话：李克农同志"在大革命失败后，在严重的白色恐怖下，坚强勇敢地同敌人进行斗争。同为革命而壮烈牺牲了的钱壮飞、胡底同志一起，对保卫党中央领导机关的安全作出了卓越的贡献。”

以上这些谈话和悼词，是党和国家领导人对我党早期“情报三杰”的充分肯定，是党和人民对“三杰”一生的英雄业绩所作的高度评价，是对过去牺牲的钱壮飞、胡底二烈士补行的追悼和永远的纪念，也是对烈士家属最大的宽慰。

这一年，胡底已离世 27 个春秋。遗憾的是，胡底的家人并没有看到刊载于 1962 年 2 月 14 日《人民日报》醒目位置的这篇悼词。他们仍不知道，究竟要到什么时候，才能找到自己亲人的下落。

20 世纪 80 年代之前，在安徽省舒城县，几乎没有人知道有个名叫胡底的老乡。只有舒城县新街公社龙山大队小学教员胡其昌，始终没有放弃寻找自己的大哥胡百昌。胡百昌离家近 60 载，生死未卜。父母健在时，胡其昌曾经听他们念叨过，大哥可能参加了革命，做的是秘密工作。1957 年，胡其昌被打成右派，在后来的政治运动中屡遭批判。逆境中，他更加迫切地想知道兄长的下落。

70 年代末，一个偶然的机会，胡其昌从媒体上看到一篇文章，作者是北京电影制片厂的导演钱江。他在文中提到其父钱壮飞曾和李克农、胡底一起打入敌人的心脏，以智慧和胆略保卫了党中央和周总理。文中还特别注明，胡底又名胡百昌，是安徽舒城人。直到此时，身为胡底四弟的胡其昌，才终于得知，原来大哥可能已埋骨异乡半个世纪。悲喜交加的胡其昌立即给钱江写信，请求他帮助了解大哥的相关情况，并帮助证明胡底的革命烈士身份。在钱江的帮助下，胡底家人的声音传到了中央有关部门。

1978 年 12 月，党的十一届三中全会召开以后，胡底的弟弟胡其昌先后给国务院、中央调查部和钱壮飞之子钱江写信，要求查询并追认胡底为革命烈士。时任中央调查部部长的罗青长高度重视，在责成部属草拟成详细材料后，他于 1981 年 11 月 27 日亲笔给时任民政部部长的程子华写了一封追认红军干部胡底为革命烈士的信函。程子华第二天在阅读了罗青长的信后，在信上挥毫批道：“同意胡底同志为烈士。”1981 年 12 月 8 日，国家民政部根据中共中央调查部的建议，追认胡底同志为革命烈士，正式向安徽省民政厅发出“(81)民优字第 211 号”文件，并在函件中说：“请你们通知舒城县民政局把胡底同志的名字编入《革命烈士英名录》，并将其已批准为革命烈士的情况告知其弟妹。”

红头文件下发到胡底的家乡，胡底的家人及乡亲们闻讯为之雀跃欢呼。被张国焘下令秘密杀害、遗骨埋葬在四川阿坝藏族羌族自治州松岗地区的胡底，终于恢复了名誉，获得了他应该获得的革命烈士称号。一张上书“为有牺牲多壮志，敢教日月换新天”的光荣烈属证明，终于在胡底牺牲 46 年后，挂进了他的家乡舒城县新街乡松元村胡家老宅的堂屋。虽然这一天来得太迟，但是对于含冤而死、长眠异乡的胡底及其家人而言，无疑是一份难得的慰藉。

如今在胡底烈士的家乡舒城县干汊河镇，当地的干部群众竖起了胡底烈士的半身塑像，建起了胡底烈士纪念馆，供人们前来瞻仰和参观，接受红色文化和革命传统教育。

（光荣烈属证明）

胡底的一生是短暂的，只有 30 个春秋，但是胡底的一生又是辉煌壮丽、光彩照人的。他虽然是舒城的富家子弟，但他能够摆脱家庭的羁绊，忠心耿耿地为党的情报工作、政治保卫工作、红色戏剧创作和文化教育事业贡献力量，在中国共产党的情报工作与政治保卫史、红色戏剧史上立下了不巧的功勋。

胡底烈士那坚贞不屈、赤胆忠心、献身革命事业的红色精神将永世流芳！

让我们永远怀念这位皖西籍的英年早逝的红色谍报英雄、红色戏剧活动家！

（胡底烈士半身塑像）

（胡底烈士纪念馆）

（马启俊撰稿）

舒传贤

（舒传贤）

皖西是全国著名的革命老区，在这片革命的热土上，产生了无数个可歌可泣的红色文化人物故事，其中舒传贤的许多革命故事更令皖西人难以忘怀。

舒传贤（1899—1931），字揖堂，名公甫，化名夏唯宁，霍山县但家庙镇舒家庙村人。1919 年考取安徽省立第一甲种工业学校。1921 年 10 月，在安庆组织社会主义青年团。1922 年秋留学日本，1926 年回国即加入中国共产党。1927 年前后任安徽省总工会筹备委员会委员长，中华全国总工会执行委员、中共安徽省临时委员会工委书记等职。1929 年 1 月任中共霍山县委书记，7 月任六霍军事委员会书记，10 月初任中共六安中心县委书记，同年 11 月发动并领导六霍起义。先后组建红三十三师、六霍独立第一师，创建了皖西革命根据地，是皖西革命根据地的主要创始人之一。1931 年 4 月任中共鄂豫皖中央分局委员兼组织部长。因抵制张国焘的错误路线，1931 年冬，张国焘以“改组派元老”为罪名，将他及其时任霍山县苏维埃妇女主任的妻子陈春如一同杀害。

一、在游戏中见真性

位于大别山北麓的皖西霍山县有个山区小村镇，它依山傍水，梯田环绕，林木葱茏，环境优雅，这个山清水秀的小村镇就是皖西著名的革命先驱舒传贤的故乡——但家庙镇舒家庙村。可是这个美丽的村庄在舒传贤生活的年代却是一片贫瘠萧条的景象。舒传贤出生时，正值中日甲午战争、八国联军攻入北京之际，帝国主义对中国的入侵进一步加深，腐败无能的清政府对外割地赔款，丧权辱国，对内残酷镇压人民，政治腐败黑暗，贫富对立加剧，广大劳动人民生活在水深火热之中。

与广大劳苦大众相比，舒传贤家的生活稍胜一筹。舒传贤家有田地约九亩，所产稻谷已足够全家食用。同时，舒传贤的父亲舒家夔是一位晚清秀才，懂医术和星相学，通过行医和看风水，也可增补不少家计。所以，舒传贤家的经济状况在当地农村还是比较殷实的。尽管如此，和广大劳动人民一样，他家同样深受土豪劣绅和贪官污吏的欺压和盘剥，如舒传贤家的祖屋及其宅基就被清末权臣李鸿章在当地的“积善堂”所侵占。由于李氏依仗家资巨厚，公然行贿，致使舒家讼而不胜。自此之后，舒家家道日趋衰落。衰弱的国运、腐败的政治、黑暗的社会、劳苦大众的悲惨生活以及自家的变故，在舒传贤幼小的心灵里就埋下了反抗社会黑暗和不公、同情劳苦大众、救国于危难的种子。

舒传贤自幼天资聪颖，思维敏捷，他充分利用难得的农闲学习机会而刻苦学习，努力培养自己的本领，最终以优异的成绩从私塾考入高小，后又以同样的优秀成绩考入省立第一甲种工业学校。由于他的功底扎实，才华超众，后又获官费留学日本。

舒传贤吃苦耐劳，不避艰辛。舒传贤家并不富裕，基本上是自耕自足。九亩田地的农活除了插秧、割稻的农忙季节，需要雇请短工和亲友帮忙外，一般日常农活都由父母带着舒传贤及其哥哥舒传泗承担，舒传贤小小年纪就学会了薅秧、割稻、打麦子、锄地、采茶、砍柴等各种农活。没有农活时，他就和农家子弟们一起放牛割草，这是他和穷苦孩子们进行交流玩耍的最好机会。

位于舒家庙东北方约四五里的地方有个长岩，是个夹于两山之间的大岩洞。洞外草木茂盛，只有一条小径可供出入。洞内阴冷潮湿，长年被杂草青苔所覆盖。该洞大人一般很少进去，但却是小孩子们的乐园，舒传贤和小伙伴们在这里玩得最痛快的游戏就是“打江山”。

所谓“打江山”，就是选一处地势较陡的高坡，大家约好一起往上冲，谁最先冲上坡顶并将其他人都赶下坡，谁就坐了“江山”。被赶下坡的人要想坐上“江山”，就得把已经坐了“江山”的人拉下来，同时还要把其他往上冲的人统统赶下去，这样才能夺取别人的“江山”。这种游戏看似简单，以为力气大、跑得快就能取胜。其实不然，还需要身手灵活，善于观察，找准时机，声东击西等智慧和技巧。舒传贤往往是该游戏的组织者，他凭借自己的智慧和技巧，常坐“江山”。但他作为组织者，常常把“坐江山”的机会让给别人，这样既让输者有了机会，对游戏产生兴趣，又体现了团结友爱和公平精神。在游戏中，往往也有富家子弟参加，这些富家子弟依仗家势，盛气凌人，常常胁迫别人避让自己以获取“江山”。每每遇到这种情况，舒传贤总是挺身而出，仗义执言，与之相抗，对弱者出手相护，因而深受众多贫家子弟的拥戴。

有一次一个外号叫“李大拿”的地主子弟以抢跑的耍赖方式率先登上坡顶，然后用事先准备好的长竹竿将一拥而上的小伙伴们以一字形拦腰将他们赶下坡底，正在这个地主子弟以为坐稳了“江山”而洋洋得意地准备返回坡顶的时候，舒传贤以迅雷不及掩耳之势一个箭步上去，一把从后面抱住了“李大拿”的腰身，“李大拿”因不得脱身而丢了“江山”。

由于舒传贤是游戏的组织者，在伙伴中拥有很高的威信。不仅穷人家的孩子拥戴他，就是富家子弟们也怕他三分，经常偷偷塞给传贤一些吃的或玩的东西，舒传贤从来不要。

通过游戏活动，在幼小的舒传贤身上就已经体现出机智勇敢、公正无私、团结协作、不畏强暴、同情弱者等良好的秉性，以及很强的组织能力。

二、在学运中锻炼成长

1918年秋，受黄楚三“科学救国”思想的影响，在霍山一高学习三年的舒传贤报考，并以优异的成绩录取到位于省城安庆的省立第一甲种工业学校。他本想在这里安静读书，但残酷的军阀统治、黑暗的社会现实很快打破了他的美好愿望，不得不将更多的时间和精力投入到对现实的关注中去。

第一次世界大战期间，日本利用欧洲列强无暇东顾之时，乘机加强了对中国的侵略，严重损害了中国的主权，激起了中国人民强烈的反日情绪。1919年在巴黎和会上中国外交出现了重大失败，中国人民义愤填膺。1919年5月4日，一场以青年学生为主，广大群众、市民、工商人士等阶层共同参与的五四爱国运动爆发。消息传到安庆，广大学生热血沸腾，积极响应。

5月6日，安庆各中等以上学校推选代表在法政专门学校召开紧急会议，商讨声援北京学生行动事宜，出席会议的有50余人，舒传贤代表本校学生参加了会议。会上，舒传贤和其他代表们一样慷慨陈词，并参与制定了三项声援决议。5月9日，舒传贤等安庆各校学生代表再次集会，研究如何将安庆的学生运动引向深入。5月10日，安庆各校联合组成了“安庆学生团”，公推舒传贤等7人为代表，到省长公署请求解救北京被捕学生。在舒传贤等学生代表的压力下，省长吕调元被迫下令商会、教育公署拍电报给北京，请求放人。随后，舒传贤作为省学联成员、甲工学生代表，又积极参与了抵制日货和反对军阀的斗争。下面，我们通过舒传贤领导六二学潮的故事来看看他的斗争艺术。

1921年春，安徽省教育界经多方调查，发现1917年和1918年这两年还结余教育经费77.3万元，于是便公请将此项节余增补到本年度的教育经费中。提交省议会时，财政厅长及省议员等不予理睬，甚至准备将其挪作下届议会贿选费用。这时，军阀倪嗣冲正在蚌埠建生祠，定于6月7日举行落成典礼，多数议员相约同行前往参加庆典。各校师生听到这一消息都非常着急，唯恐这一预案继续被搁置。于是，在省教联的支持下，舒传贤等学生骨干奋勇上阵，决心去阻止议员离开省城，劝说他们及早开会通过教育经费预算案。

1921年6月2日下午5时左右，学生代表方洛周、戴文秀等前往省议会请愿，表达对教育经费预算的诉求。守门卫兵不仅没有让学生代表入内，反而对他们大打出手，副议长赵继椿还下令卫队用板凳等钝器赶走学生，戴文秀被卫兵用板凳砸中后脑，当即昏倒，一中学生周肇基也受重伤被扣，生命危在旦夕。代表们见状大惊，飞奔到省学联和各自学校报信，请求声援。各校学生闻讯后，甚为震怒，一路高呼“抗议省议会殴打学生代表”等口号，纷纷前往省议会进行声讨。军阀头目马联甲竟然调集军队，包围请愿学生，凶残地毒打和屠杀手无寸铁的学生，当场就有200余人受伤，其中50多人受重伤。一师学生姜高琦被军警刺了7刀，7月1日牺牲于同仁医院，一中学生周肇基、戴文秀也身受重伤，命悬一线。

舒传贤率本校学生列队于一师队伍之后，同样也遭到士兵追打。舒传贤奋不顾身，迅速赶往一线学生最为拥挤的杨家拐、韦家巷，镇静地指挥疏散学生，救护受伤同学。在他最后撤退时，已被军警盯上，在面临军警拘捕和荼毒的危急时刻，舒传贤情急生智，急忙跑进一家豆腐店，幸运的是这家店主是一位同情学生、厌恶军警的商人，在店主一家人的帮助下，舒传贤才得以从后门脱险。

六二惨案后，军阀马联甲下令全城戒严，调动大批军警包围安庆各校，严格管制交通，封锁新闻，反动气焰十分嚣张，安庆全城笼罩在一片白色恐怖之中。反动当局的暴行，激怒了全省人民，省教育会、学联、商联等组织决定通电全国，以揭露军阀的罪恶。随后，有十家社会团体组成了六二惨案后援会，设立了联合办事处，负责向法院起诉，要求惩处军阀倪道烺、马联甲。在各社会团体的推动下，全省乃至全国掀起了愤怒声讨倪、马浪潮。

六二学潮是当时发生在安徽省的一次大规模的反对封建军阀的群众运动，舒传贤、王步文、彭干臣、方洛周等运动领导人，在组织、领导本次运动中发挥了积极作用。由于舒传贤在运动中表现出众，被推选为学生联合会会长，负责领导全省学生运动。为了将斗争引向深入，舒传贤要求省学联《安徽省学生会周刊》连续刊文揭露军阀罪恶。舒传贤等还组织多批学生演讲队，安排学生张贴标语，散发传单。为了更大范围地揭露军阀暴行，舒传贤还派省学联交际部主任王镜衡、一师学生方曙青等人手持被军警殴打致死的姜高琦的血衣及军阀残杀学生的照片，赴各地进行公展。此举在社会上反响很大，血衣所到之处，无不引起群情激奋。

7月1日，在六二惨案中受重伤的一师学生姜高琦医治无效离世，安庆各界群众悲痛万分，在黄家操场举行了万人集会，高呼"惩办凶手""血债还要血来偿"等口号，随后进行了声势浩大的示威游行。这时，省学联选出代表会同省教联、省教会代表数百人赴省署请愿，罢免与军阀沆瀣一气的审判、检察两厅厅长，尽快将凶手绳之以法。在社会各界和舒传贤等学生代表的压力下，省长聂宪藩被迫致电司法部，要求责令监察厅迅速侦办此案。

7月3日，舒传贤等省学联负责人率领各校代表百余人赴检察厅催办缉凶，途中正好遇上该厅厅长刘以芾外出。舒传贤等人当面质问办案的时间和程序，刘十分难堪，不仅不予正面回答，反而下令卫队鸣哨，招来十余名法警，携带手铐铁链，以污蔑舒传贤等侮辱长官、妨碍公务为由，要求拘捕舒传贤等学生代表。面对穷凶极恶的警察厅长的恐吓，舒传贤等代表怒不可遏，毫不畏惧，直接将刘以芾扭至省长公署，当着省长聂宪藩的面验明刘并无受辱之痕迹，刘以芾的诬陷不攻自破，聂被迫当面对刘进行了训斥，并答应迅速依法判决。

随后，经过全省教师、学生及市民持续的大规模的斗争，教育经费得到了落实，北洋政府大理院被迫受理姜高琦被杀案，司法部也被迫撤销了安徽审判、检察两厅厅长职务。在六二学潮中，舒传贤全面主持省学联的工作，精心布局，运筹帷幄，进退有据，指挥若定，表现出非凡的组织领导能力和斗争艺术，实在是不可多得的干才。

三、在探索中寻找中国出路

如前所述，由于生活环境的影响和家庭的教育熏陶，舒传贤自幼就有一种朴素的阶级感情、淳朴善良的秉性和强烈的正义感，这是他后来走上革命道路最原始的动因。上了霍山高小之后，舒传贤的视野扩大了，不仅学到了诸如算术、物理、化学、地理、英语等各种新知识，更重要的是在校长黄楚三等人的民主进步思想的影响下，思想境界有了很大的提高，所关心和思考的问题不再局限于家庭所遇到的贫富悬殊、社会不公等一些具体现象，而是开始关心和思考国家的前途和民族的命运等重大问题，萌发了爱国主义思想。在具体的实践上，他接受了黄楚三的科学救国、实业救国、教育救国等主张。显然，这些思想是一种较为进步的思想，但还不能从根本上解决国家积贫积弱、社会黑暗不公的根本问题。只有到后来当他接触到了马克思主义理论之后，他才意识到只有通过共产党的领导，用武装革命夺取政权，建立崭新的社会主义国家，劳动人民才能彻底翻身，才能真正实现救国救民的理想。

舒传贤就读的省立第一甲种工业学校，位于省会安庆。这里，政治、经济、文化、教育都很发达，特别是在政治和思想方面有着光荣的革命传统，如桐城人吴樾袭击清廷五大臣、徐锡麟击毙皖抚恩铭、熊成基领导马炮营起义等重要革命事件都在这里发生。尤其是作为陈独秀的革命故地，这里成了宣传马克思主义的一个主要阵地，《安徽俗话报》《新青年》《湘江评论》《星期评论》《新潮》《创造周刊》《平议报》等一大批进步书刊纷纷登场，各种先进思想汇聚于此。特别是马克思主义的学说和俄国十月革命精神大大打开了舒传贤的视野。他特别向往苏俄的工农政权，极力传颂十月革命，成为传播马克思主义的积极分子。

由于舒传贤思想进步，学习刻苦，名气较大，在安徽教育界知名人士光明甫、洪世奇等人的力荐之下，省长许世英及省教育厅厅长江彤侯为了维护稳定，顺水推舟地批准了舒传贤等学运骨干去日本官费留学。

舒传贤到达日本东京后，与国内的进步组织失去了联系，而中国共产党此时还没有在东京建立组织，作为国内学运领导人的舒传贤在异国他乡的冷清环境下深感孤寂，但救国救民的情怀始终在他心头荡漾。他决心利用留学这段清净的时间，潜心学习和钻研马克思主义学说，系统地掌握革命理论。为此，他买了一本由高岛素之翻译的日文版《资本论》，随时带在身边，一有空就潜心阅读，书上每一页都做了密密麻麻的标记。他还阅读了大量的介绍苏联革命的文章以及列宁的著作。通过认真学习，他的革命理论水平有了很大的提高，从思想上已经真正成为一名用马克思列宁主义理论武装起来的无产阶级革命战士了。

舒传贤利用各种场合，积极宣传马克思列宁主义，传播俄国十月革命精神，批驳各种形形色色的假社会主义以及其他偏激落后的政治思想。由于他吃透了马克思主义的理论精髓，再加上他雄辩的口才，赢得了越来越多的理解、赞同和敬佩。当然，木秀于林风必摧之，由于思想的先进，辩才的出众，影响力的逐渐增强，必然招致顽固分子的嫉恨和不满，他们污蔑他是“马氏教徒”“拿卢布分子”。面对这些谩骂和嘲讽，舒传贤不仅没有动摇和退缩，反而更加坚定了他对马克思主义的信念和走十月革命道路的决心。

四、在革命根据地建设中建功

1926 年 3 月，舒传贤率留日学生“讨张(作霖)反日”代表团回到北京，北京党组织根据中共东京党组织负责人王步文的信函介绍及他在北京的出色表现，批准他由青年团员转为中国共产党党员，并在北京担任党支部书记。从此，舒传贤在党的领导下走上了无产阶级职业革命家的道路。段祺瑞政府在北京制造了三一八惨案之后，进一步加强了对共产党员的搜捕和残杀，革命暂时处于低潮。为了保存革命力量，大批党员撤离北京，舒传贤根据党组织的统一安排，前往安庆从事统一战线工作。后因斗争需要，辗转于武汉、芜湖等地开展工作。其中有一次经过家乡霍山时，有人劝他回家看看阔别多年的父母妻儿，但因革命斗争形势的紧迫性，舒传贤只应邀在霍山狮山中学(现为上土市中学)做了一场报告，就匆匆离开了家乡，真是过家门而不入。

1927年，中共中央政治局在汉口召开八七紧急会议，确立了土地革命和武装反抗国民党反动派屠杀政策的总方针。中共安徽省委根据会议精神，选派了王步文、舒传贤等一批党员回皖西开展土地革命，建立工农政权，开辟皖西革命根据地。如前所述，舒传贤在学生时代所做的工作，主要是在城市组织领导学生运动、工人运动以及统战工作，至于在农村开展土地工作、建立苏维埃革命政权，这对舒传贤来说，还是一个新课题。但他坚信，只要能以马克思列宁主义为指导思想，坚持正确的路线和政策，紧紧依靠广大人民群众的支持，扎实工作，奋力开拓，就一定能在皖西这片热土上打开革命的新局面。从此，舒传贤和他的战友们在皖西大地上纵横驰骋，用一腔热血书写革命的新华章。

事实证明，舒传贤果真没有辜负党组织对他的信任和期望，一到皖西就将这里的革命工作如火如荼地开展起来，仅仅4年时间，就将皖西建成全国著名的革命根据地。追思舒传贤在六安的革命贡献，最让人难忘的是他所领导的六霍起义的故事。

六霍起义是以六安、霍山为中心区域，以农民暴动为主体，结合民团兵变的一系列武装起义的总称。它是土地革命战争初期继湖北黄麻起义、商南立夏节起义之后，发生在鄂豫皖边区的又一次大规模的武装起义。这次起义创建了红三十三师和皖西革命根据地，为鄂豫皖革命根据地的统一和发展打下了坚实的基础。

要发动这样一次大规模的在中国革命史上具有崇高地位的武装暴动绝非易事，没有精心的组织策划和卓越的领导，是无法实现的。下面我们通过对暴动过程的回顾，来追思和缅怀无产阶级革命先辈舒传贤在这场革命斗争中所建立的丰功伟绩。

(一)精心准备，为武装起义积极创造条件

1927年8月，舒传贤身负重任回到家乡。他充分利用蒋介石在建立反革命政权之后忙于在大城市镇压共产党和国民党左派，一时无暇顾及皖西的短暂时机，经报上级党组织研究同意，以自己留学生的声望，出任国民党霍山县党务指导委员会执行委员和伪东北乡自治公所主任。此后，他就以这个合法的身份为掩护，积极从事革命工作。

舒传贤首先从宣传和组织入手，通过联络和摸底，组成了由戴克杰、朱体仁等 10 余人参加的“学术研究会”这个进步团体，该团体对外宣称是以“交换知识，联络感情，砥砺学术，主张公道”为宗旨，实则是向成员们讲解马列主义，宣传共产主义思想，提高他们的思想觉悟和革命意识，吸收其中的骨干分子入党，将研究会办成一所发展党员、培养革命骨干、建立革命队伍的党校。经过艰苦细致的工作，“学术研究会”的人员逐渐增多，影响不断扩大。不久，舒传贤就在“学术研究会”内部秘密吸收了 30 多人入党，编成了 3 个党小组，建立了党支部，舒传贤担任党支部书记。1927 年年底，中共霍山县支部成立。自此，全县有了统一的党组织。“学术研究会”开办之后，舒传贤又在东北乡办起了农民义务学校，广泛宣传和发动农民运动。到 1928 年 11 月，六霍县农民协会成立，下辖 5 个区农协，150 个分会。

有了这些思想和政治基础之后，舒传贤开始组织农民群众参加实际斗争，让广大农民群众在实际斗争中经受锻炼，增强革命意识。舒传贤和同志们决定从发动与人民群众切身利益最为密切的经济斗争入手，领导群众进行了大规模的抗租、抗债、抗捐、抗税、抗夫的“五抗”斗争和春荒扒粮斗争。通过这些斗争，不仅解决了农民的饥荒问题，有力地保护了农民的经济利益，沉重打击了地主豪绅和国民党反动统治的气焰，而且农民群众从中得到了锻炼和考验，大大增强了他们的反抗意识和革命积极性，为大规模的农民武装斗争积累了力量和经验。

在党的八七会议上，毛泽东提出了“枪杆子里面出政权”的精辟理论，舒传贤从大革命失败及自身的革命实践中，充分认识到毛泽东这一理论的正确性。他认为，要建立苏维埃政权，没有一支革命的武装就等于是空谈。所以，舒传贤在着手进行党的建设和农协建设的同时，也在积极开展组建农民革命武装的工作，为举行农民暴动积蓄力量。

1927 年冬，舒传贤从“学术研究会”和农民义务学校中挑选了 9 名机智勇敢的青年农民组成了武装小分队，这是霍山县第一支农民革命武装的雏形。武装小分队组建不久，就在舒传贤的精心策划和指导下，以出其不意的偷袭在夜间端掉了鲍家楼子民团小队，缴了几只钢枪，还处决了欺压农民的小队长陈本道。武装小分队初试锋芒，就有重大斩获，极大地鼓舞了武装小分队的士气，灭了地主豪绅的威风。

从 1928 年夏天开始，舒传贤所领导的霍山党组织又在东北乡、西镇、西乡等农协中挑选出一批政治上可靠、身体素质良好的党员、共青团员和农协会员，组建了赤卫队、敢死队、钢枪队、别动队等名称不一的农民革命武装。后来，舒传贤将这些名称不一的武装组织统一改建为游击队。按照党对革命武装的要求，对这支游击队进行严格的思想、组织建设和军事训练，使之成为一支政治可靠、作风过硬、组织纪律严明、军事素质良好的人民军队。这些武装公开出面向地主豪绅借粮、扒粮，防范地主反抗，对那些罪大恶极的地主劣绅进行秘密处决。经过一年多的发展，到 1929 年春，霍山县游击队已经发展到 1000 多人。此外，还有一部分民团为共产党掌握。这些农民武装的建立，为大规模的农民武装起义提供了主力军。

经过两年艰苦细致的准备，皖西大地上一场大规模农民武装起义的条件日趋成熟，六霍总暴动已经提上议事日程，皖西革命的曙光正从地平线上升起。

1929 年 10 月，经舒传贤、吴宝才的积极筹备，在六安郝家集召开了六安六县党代表会议，宣读了党中央关于成立六安中心县委的批示，选举了舒传贤、周狷之、吴宝才等 12 人为委员，刘熙如等 3 人为候补委员，舒传贤任书记。

六安中心县委的成立，是皖西革命史上的一件大事，自此，皖西各地党组织有了一个统一的领导核心，这为六霍起义提供了坚强的组织保障。舒传贤作为中心县委书记，义不容辞地承担起了领导六霍起义的全盘工作，他的担子更重了，责任更大了，同时，由于后来县委委员、军委主任朱体仁在郝家集壮烈牺牲，军委主任一职因为没有合适人选而一直未配备，所以军委工作也由舒传贤承担，真是千头万绪，日理万机。

舒传贤在皖西的影响大而受到敌人的严密监视和大力通缉，使他处于非常危险的境地，时刻都有被捕的可能。但他毫不畏惧，白天化装出门，更多的是夜间摸黑跋山涉水，餐风饮露、忍饥挨饿是他的工作常态。而且，由于超负荷工作和恶劣的工作条件，使他患上了当时难以治愈的肺病。但这一切都没有动摇他的意志和决心，他已经完全忘了自我，完全把自己的青春和生命交给了党和人民。

(二)暴动胜利，建立苏维埃红色政权

1929 年 11 月 8 日，经过两年的精心准备，六霍起义终于在六安独山打响了第一枪。起义前夕，也就是在 11 月 7 日晚上，发生了一个意外事件，农会秘书何寿全与另外两名农会会员因唱苏维埃革命歌曲，被驻守独山的反动自卫团抓去。当时在独山视察工作的吴干才、朱体仁及三区区委书记许希孟一致认为，何秘书身上装着全区农协会员的名单，如果名单落入敌人手里，他们就会按照名单大肆逮捕，革命群众将受到残酷镇压，即将举行的暴动也将功亏一篑。遂及时写信将情况及意见报告了中心县委。舒传贤、周狷之等人闻讯后，决定立即暴动。这样，原定于11月中旬发动的暴动提前行动。

8日清晨，独山周围十五个乡的数千名农协会员，手持大刀、长矛、钢锥、土枪等简易武器，从四面八方涌向独山镇，将敌人魏祝三自卫团驻地马氏祠团团围住，打死两名哨兵，并夺下枪支。敌人慑于起义群众的声威，被迫释放了何寿全等人，并交出花名册，缴枪10支。但是敌人拒不全部缴械，还登上屋顶向起义群众开枪，企图等待援兵。被围之敌见起义农民越来越多、愈战愈勇，顿觉困守无望，于是就放火焚烧了民房，乘机逃窜。起义队伍占领了独山镇，史称“独山暴动”。由于舒传贤等采取的措施正确，群众发动得比较充分，独山暴动终于成功了。

独山暴动震惊了国民党反动派，敌人增调正规部队，配合地方反动武装，向独山一带进行疯狂的反扑。为了避免损失，舒传贤决定把暴动队伍撤到龙门冲一带山区。为了扩大起义成果，建立更大的苏区，中心县委决定在更大的范围内举行暴动。在1个多月的时间里，又相继爆发了西镇、古碑冲、南庄畈、七邻湾、桃源河、白塔畈、徐集民团兵变等暴动。

为了巩固独山暴动的胜利成果，六安中心县委书记舒传贤于11月9日赶到独山，主持召开了六安中心县委和第三、五两区区委、区农协等紧急联席会议，指导成立了由15人组成的三区工农革命委员会，内设政治部、总指挥部、参谋部、财政部等，任命鲍益三为暴动总指挥部总指挥，方英为暴动总指挥部党代表，组建了下辖六个中队的游击队，又从农协会员中挑选出2300余人组成赤卫队，严防敌人的进攻和破坏。

为了保卫、巩固和扩大苏区，舒传贤和中心县委决定在独山、金家寨、西镇、诸佛庵等地暴动武装的基础上，建立一支正规的红军部队。1930年1月20日，各路游击队陆续到达流波䃥会师。舒传贤亲自主持，把各游击队整编、组建为中国工农红军第十一军第三十三师，徐百川任师长，姜镜堂任政治部主任，下辖一〇六、一〇七两个团。

至此，六霍起义的烽火照亮了皖西大地，在六安、霍山、霍邱、英山、潜山、舒城相毗连的广大地区，初步创建了东起淠河，西接商南，南抵金家铺、水吼岭，北至白塔畈、丁家集，南北200多里、东西100多里、人口40多万的皖西革命根据地。

皖西革命根据地的创建，是人民群众用鲜血换来的革命胜利果实，是六安中心县委及各级党组织智慧的结晶。这其中，作为中心县委书记的舒传贤的贡献最为突出，他把他的全部精力和心血毫无保留地奉献给了他愿意为之倾心付出的这个伟大的事业。下面我们援引他生前的秘书储鸣谷同志的一段回忆录，以见证舒传贤当年的工作和战斗情景：

> 为了粉碎敌军的进犯，巩固和扩大革命根据地，舒传贤同志经常夜以继日地工作，终于积劳成疾。他的身体更加瘦了，而且还患了当时难治好的肺病。给我印象特别深的是：有一次，他在前方指挥战斗时，吐血不止，被从前方抬回六安中心县委所在地闸家店。他下了担架，一面吐血，一面仍坚持工作。同志们劝他到医院治疗，他说，形势如此紧张，工作如此繁忙，我怎能去治病啊！他的心里想的是工作，唯独没有自己。这是多么崇高的革命情操！现在回想起来，仍然为之感动。（储鸣谷：《皖西英华》，见《星火燎原》第四辑，1981 年 5 月）

五、在坚持革命真理中献身

中国共产党的成长壮大经历了不少曲折的过程，在党内刚刚扭转了陈独秀的右倾机会主义路线之后，就出现了第一次“左”倾盲动主义。1928 年 3 月，尹宽任安徽省临委书记，他卖力地执行这种错误路线，热衷于“城市中心论”，指示刚刚成立的六安中心县委立即举行农民暴动。舒传贤等六安中心县委委员们经过认真分析，一致认为目前举行暴动时机尚未成熟，还需要开展一系列准备工作，如果贸然进行暴动，不仅成功无望，而且必然造成巨大的牺牲，因而对省临委的指示进行了坚决的抵制，结果招致尹宽的严厉批评，斥之为“改良主义”。舒传贤直接将情况反映到中央，中常委委员周恩来在听取了双方的汇报之后，经过认真分析研究，同意了县委的意见，第一次反“左”倾盲动主义取得了胜利，避免了不应有的损失。

两年后，中国共产党在共产国际错误路线的指导下，又出现了一股以李立三为代表的“左”倾思潮。1930 年 6 月，李立三主持中央政治局会议，通过了《新的革命高潮与一省或数省的首先胜利》决议案，对革命形势做了盲目乐观的估计。李立三等人认为，“中国革命的高潮已经逼近我们的前面了”，“在革命高潮之下，革命可以在一省或几个重要省区首先胜利”。此时，中央军委巡视员朱瑞将中央的决议传达到皖西根据地，要求白区所有党组织都要发动暴动，根据地的党、团和工会组织要停止活动，统一成立“行动委员会”，让红军集中力量攻打武汉，到武汉吃中秋月饼。在“左”倾思潮的鼓动下，很多人头脑开始膨胀发热，以为武汉唾手可得，全国革命的胜利就在眼前，只有舒传贤对此心存疑虑，认为以目前的革命力量，很难夺取武汉这样有蒋介石重兵把守的大城市。但由于舒传贤是一位组织纪律性很强的地方领导干部，同时在“左”倾气氛咄咄逼人的形势下，无法发出自己的声音，对中央的决议、上级的指示只能无条件服从。

为了执行党中央的决议，红一军撤出皖西，这时皖西根据地仅留下独立第一师，在人员不足、武器弹药奇缺的情况下，去四处出击，终因敌我力量悬殊，大都失败，伤亡惨重，在不到3个月的时间内，皖西苏区大片土地被敌人占领，大批革命干部和群众惨遭杀害，在白区坚持斗争的地下党组织几乎被破坏殆尽。舒传贤看到经过千辛万苦才创建起来的根据地就这样丢失了，红军和苏区群众遭到如此屠杀，心情沉痛万分，十分纠结，如再不停止执行这一错误的决议，根据地将会完全丧失，红军和赤卫队将会覆灭，群众也将会遭到更加残酷的屠杀。在这紧要关头，他冒着杀头的政治风险，当机立断把部队撤回根据地，又立即解散了行动委员会，恢复了党、团、工会组织，并抽调一批干部到白区和被白匪侵占的苏区做党组织的整顿恢复工作。正是这个英明果断的决定，使皖西革命群众和革命武装免受灭顶之灾。

1930年秋，舒传贤到上海参加中央召开的一次会议，他向与会同志介绍了皖西革命根据地自执行“左”倾路线以来，所受到的重大损失情况，以大量无可辩驳的事实，揭露和批判了“左”倾路线对革命的危害。他的发言在党中央同“立三路线”的斗争中，发挥了重要的作用。所幸，在党的六届三中全会上，李立三的“左”倾冒险主义路线受到了批判，舒传贤暂时免遭打击，但他哪里知道，天有不测风云，一个令人神共愤的残酷迫害正在向他逼近。

1931年4月，张国焘作为王明的钦差大使，来到了鄂豫皖苏区。他为了讨好王明，卖力地推行王明的“左”倾机会主义路线。他下车伊始，就大反“右倾”，对为根据地建设立下汗马功劳的革命干部横加指责，全盘否定；拉山头、搞宗派，推行顺我者昌、逆我者亡的家长制统治。他知道，舒传贤是皖西革命根据地的主要创建者，功勋卓著，理论水平高，工作能力强，又敢于坚持原则，在干部群众中享有崇高的威信，同时又是中央指定的鄂豫皖分局委员、组织部长，这些必然成了张国焘推行王明极“左”路线的最大障碍，是他实现个人野心的拦路石。所以，他盘算着，要么把他拉过来，要么就把他打倒。刚正不阿的舒传贤不计个人安危，对张国焘对皖西党、苏维埃政府和红军的无端指责和污蔑，给予了义正词严的驳斥。张国焘见拉拢无望，便恼羞成怒，怀恨在心，意欲除之而后安。

不久，张国焘就撒下了“大肃反”这张大网，舒传贤最终没有牺牲在冲锋陷阵的战场，却倒在野心家、阴谋家张国焘的屠刀之下，真是千古奇冤！

（舒传贤烈士雕像）

正如臧克家歌颂鲁迅那样：“有的人活着，他已经死了；有的人死了，他还活着。”舒传贤虽然年仅 32 岁就早早地离开了他所热爱的土地、人民和事业，但是他的名字和故事将永远被我们传颂，他为革命所建立的丰功伟绩将永远彪炳史册，他的精神将与日月同辉！

中华人民共和国成立后，舒传贤被安徽省人民政府第一批追认为革命烈士。皖西人民也没有忘记舒传贤这位学运的先锋、皖西革命根据地和红军的主要创建者、皖西人民的好儿子。在舒传贤的家乡霍山县但家庙镇，当地政府和舒氏后人在舒氏家祠举办舒传贤烈士革命活动相关图片、文字和实物展览，供人们参观、学习，并将舒氏宗祠和周边的舒传贤故居、首届霍山县委旧址、六安县委豪猪岭会议旧址等建筑列为舒传贤烈士革命活动旧址群，确定为霍山县重点文物保护单位。目前舒传贤烈士纪念馆已初步建设完成，开放后将成为皖西又一重要的爱国主义和革命传统教育基地。

（舒氏宗祠）

（舒传贤烈士革命活动旧址群标牌）

（付为贵撰稿）

罗银青

2019 年 1 月，红色主题电视剧《上将洪学智》在中央电视台 8 套播出之后，在江淮大地上引起了强烈反响。电视剧真实地再现了安徽省金寨县籍上将洪学智戎马一生所建立的奇功伟业和人生的大起大落，生动地歌颂了洪老将军对党忠诚、为人民解放事业奋斗终生的高尚情怀。这部电视剧的音乐主旋律就是著名红歌《八月桂花遍地开》：

八月桂花遍地开，
鲜红的旗帜竖呀竖起来，
张灯又结彩呀，
张灯又结彩啊，
光辉灿烂闪出新世界。
亲爱的工友们呀，
亲爱的农友们呀，
唱一曲国际歌庆祝苏维埃
……

《八月桂花遍地开》这首歌曲，正是从红色的土地金寨县传出的一首经典革命歌曲，它的作者就是人称皖西"红色歌手"的金寨县人罗银青。

一、"红色歌手"

（罗银青画像）

罗银青，又名罗银卿，1894 年生于今安徽省六安市金寨县斑竹园镇沙堰村大西冲（1932 年以前行政区划为河南省商城县南乡）。罗银青少年时期就聪明好学，得到本姓公祠资助，跟随叔父罗师源读私塾，才华出众，声名鹊起。

1914 年，年仅 20 岁的罗银青，在家乡设馆教书，向学生灌输爱国思想。他常常告诫学生："求知报效于民，读书勿忘救国。"面对动荡的时局，他非常地愤慨，写信给在北京军阀政府任职的兄长罗选青："帝制已崩，无奈生灵依然涂炭；民国初建，何由华夏益见倾危?”

罗银青忧国忧民，常常当众感慨：“不排外患，国无宁日；不解内忧，民无生计。”他的家中挂着一副对联：“投枪杀敌英雄志，挥笔诛奸士子心。”拳拳报国之心，溢于言表。

1920年，马克思主义思想传播到大别山区，如同黑暗中的一盏明灯，给迷茫中的罗银青以极大的启发和鼓舞，也开启了罗银青探寻革命真理之路。

1926年春，罗银青辗转到了武汉，在同乡青年李梯云(当时在中华大学读书，共产党员)的帮助下，在汉口扎下了根，为以后投身革命创造了有利条件。在武汉生活期间，罗银青经常深入英资泰安纱厂，鼓动工人罢工反帝，在斗争实践中，懂得了许多革命道理，增长了革命斗争经验，逐步成长为一位笃信马克思主义的革命战士。

1927年春，罗银青考入武昌中央农民运动讲习所(1927年3月由广州迁到武昌)，接受了毛泽东、萧楚女、彭湃等领导同志的教育，革命意志更加坚定，同年光荣地加入了中国共产党。

1929年5月，商南立夏节起义胜利之后，为了兴盛苏区教育，罗银青调任果子园乡佛堂坳模范小学当校长。他编歌写戏，积极宣传革命胜利，动员青年参加红军。

1929年9月底，红三十二师由鄂中胜利挥师商南，区、乡苏维埃政府普遍建立，一夜之间，受苦人有了自己的政权。人民群众欢欣鼓舞，张灯结彩，玩灯唱戏，热烈庆祝。为了表达广大劳动群众翻身解放和庆祝苏维埃政府成立的喜悦心情，当时的商城县委书记李梯云和县委委员漆禹源、漆先棣，在花堰白莲宫(现在金寨县斑竹园镇境内)，决定编写一首歌曲，让苏维埃的群众演唱。这个任务交给了当时的少共县委书记徐乾，徐乾与少共县委组织部部长漆先棣、宣传部部长漆先平商量，决定由罗银青来编写歌曲。

这时正值农历中秋前后，桂花飘香，金风拂面。接受任务的罗银青，激情满怀，兴致勃勃。他听到对面山坡上一声接一声的悠扬的山歌传过来，正是大别山区人们特别喜爱的民歌《小小鲤鱼压红腮》：“小小鲤鱼压红腮，上游游到下呀嘛下江来。头摇尾巴摆呀哈，打一把小金钩钓呀嘛钓上来。小呀郎来呀啊，小呀郎来呀啊，不为冤家不到此处来。”他侧耳凝听，心中忽有所动，我何不就用这大家都喜欢的《八段锦》民歌曲调，来唱唱我们的翻身得解放？于是他提笔一挥而就，写下了《八月桂花遍地开》的歌词。

这首歌定稿后，罗银青在佛堂坳模范小学，以打花棍的表演形式进行演唱，编舞由女教师陈觉民(王明的妹妹)来执行，首次表演的队伍由方子翼、方太森、肖大清(女)、刘昔祥、吴文彬，涂诗银(女)、黄祖德等16人组成，每人手持一根系有红绸的花棍，在棍上捆有铜钱，舞起来哗哗作响，十分好看又响亮。在斑竹园长岭岗举行的第一区苏维埃成立大会上，《八月桂花遍地开》的歌舞表演十分成功，受到热烈欢迎。商城县委书记李梯云当场对模范小学进行了嘉奖，并把教唱这首歌作为大会的一个内容。罗银青还把油印好的歌词，散发给参会人员，并当场教唱。会后少共县委将这支歌曲油印发给各团支部、各乡苏维埃，要大家学唱。这首歌因此在当时的苏区家喻户晓，人人会唱。

(金寨县果子园乡佛堂坳小学新校景)

(佛堂坳小学新校内展示的《八月桂花遍地开》歌词)

在鄂豫皖苏区工作的红三十二师副师长漆德玮等一批同志，从鄂豫皖调到中央根据地工作，这支歌就由他们带到江西中央根据地，很快在那里流传开来。1932年10月开始，红四方面军从鄂豫皖苏区转移到了四川和陕西，这支歌曲又随着将士们长征的脚步传唱到那里。就这样，《八月桂花遍地开》传遍了鄂豫皖，传遍了中央苏区和川陕地区。1964年，文化部和解放军总政治部共同受命排演大型音乐舞蹈史诗《东方红》，又把这首歌排在第二个节目上，在北京人民大会堂隆重亮相，使《八月桂花遍地开》成为全国家喻户晓、人人皆知的红色经典歌曲。

除了《八月桂花遍地开》之外，罗银青还先后创作了《兵变歌》《穷人调》《小放牛》《妇女歌》等几十首歌词。

1931年2月，罗银青被调到汤家汇，与何复舟共同创办赤南县《红日》报社和红日印刷厂，罗银青先后任报社编辑主任和印刷厂撰写主任等职务。

1932年9月，红四方面军第四次反“围剿”失利，被迫进行转移，罗银青身受重伤，后经群众相助得以治疗，但终因被捕遭受严重摧残，未能跟上长征队伍的革命征程。不过，他的革命理想始终坚定，革命意志始终坚强。被捕获释后，罗银青留在家乡，继续以笔为武器，坚持战斗，在全面抗战和解放战争期间，写下了许多歌颂共产党和人民群众的诗篇。

1940年，罗银青在《愤世谈》一文中写道：“烈日施威，蒸出万民血汗；南方

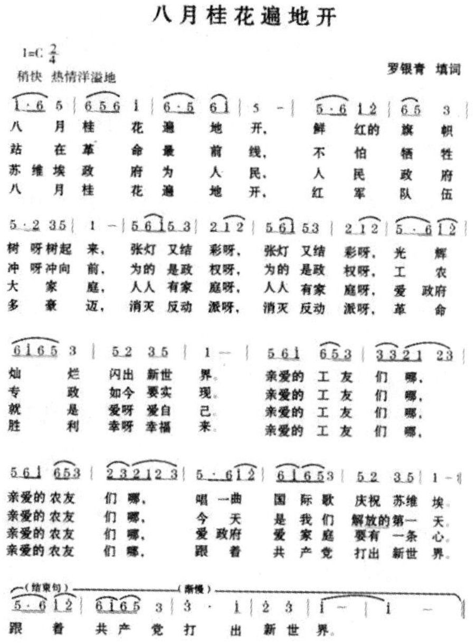

（《八月桂花遍地开》词曲）

解温，怎出百姓烦恼？乡长保长，五殿阎罗；豪门显贵，一路凶神。征粮逼租，谁敢短缺一升半斗？催伕要款，说半夜不能到五更。乡民父老，披星戴月，昼夜辛勤，到头来屋如悬磬；百长流痞，敲骨吸髓，贯行讹诈，全都是巨富名门。这个世道，颠颠倒倒，哪一年月，清清正正！真是要人死命！”充分表达了在国民党统治下普通百姓难以生存的困境与深深的愤慨之情。

罗银青还在七律《自感》中写道：

莫把英雄泪汪潸，丈夫安肯受轻怜！
权威对我难加辱，贫贱骄人自泰然。
蒲柳经秋常萎悴，竹梅御雪耐清寒。
时人莫道由天命，宁看扬眉大有年。

表达了对革命的胜利抱有坚定信念和革命党人不畏凌辱、不屈抗争的坚强意志。

罗银青的七律《飞鹰抓油》又写道：

贫叟携油倚杖行，凶鹰抓夺速如神。
翮坚喙锐持强悍，眼忽心疏遇祸因。
鲜油狡恶充肠肚，苦涩庸感自咽吞。
难怪居民惊破胆，世间禽兽尽欺人。

将国民党政权的帮凶、狗腿子们比作“凶鹰”，写出普通百姓被掠夺、搜刮的惨况，愤恨之情溢于言表。

中华人民共和国成立后，长期缠绵病榻的罗银青病情加重，但看到许多当年他教授的学生(包括成为中国人民解放军高级将领的方子翼、漆远渥等)给他写来问候的书信时，心中特别高兴，在病榻上提笔写道：

老迈徒悲志力衰，频年愤愤总徘徊。
身处污泥防自染，腹藏忧思盼云开。
山河改貌歌千曲，书信传来笑满腮。
英才济济党陶铸，桃李春风亦快哉。

1952年，病痛夺走了罗银青同志的生命，未能让他看到"山河改貌歌千曲"的社会主义光辉前景，但罗银青对党的赤胆忠心，对革命事业的矢志不渝，连同他的传世经典之作《八月桂花遍地开》，激励着一代又一代人，为了革命先辈所追求的共产主义伟大事业，不断努力奋斗。

二、闾中才子

根据当地老人的回忆，罗银青给人比较固定的印象是，个子很高，体型偏瘦，偏分头，长方脸，右边腮上有一颗豆大的黑痣，痣上长了几根毛发，有事无事的时候喜欢捋这几根毛发，说话结巴，但唱歌读书从不结巴。经常穿一件蓝布大褂儿，说话略带湖北口音，为人谦恭，一脸忠厚。

母亲40多岁才生下罗银青，当地人称"秋葫芦儿"。那时正值家中穷困，他的母亲断粮几日了，没有奶水喂孩子，罗银青眼看就要饿死，家里人狠狠心准备把孩子往土里埋，据说罗银青的母亲不忍心孩子就这样死去，哭喊救命，声音凄切，打动了邻居中一位王姓老奶奶，是她到处乞哀告怜，讨来一碗米，给他的母亲煮粥吃下，有了奶水，罗银青才得救。

罗银青的长兄罗选青，曾在北京军阀政府任职。回家见到小弟，认为弟弟天资聪慧，希望罗银青能读书成功，光耀门楣，不能使之才华荒废，责之甚切，在严冬里拘着他读书。因为书背得不熟，常遭到大哥以棒打头，罗银青因此头上到处是包，整夜不能挨枕头，母亲心疼得只能将小儿抱在怀中大哭。

罗银青16岁那年，哥哥将他送到离家20多里的桥口(今天的斑竹园镇桥口村，位于镇中心)，住在学堂读书。每次放假回家，母亲怜惜幼小的儿子学校伙食太差，总是偷偷塞些芝麻饼让他带回学堂，但被祖母和哥哥发现，因此指责母亲溺爱。后来家中又把罗银青送到离家近的洪觉庵学堂，中午别的同学都散学回家吃饭，罗银青家中早已断粮，只好坐在田埂边，一直等到下午，再和同学一起上课。

1914年，年仅20岁的罗银青开始教书了，糊口四方，兀坐寒窗冷凳，受尽世态炎凉。他的学生廖玉英回忆道："那时我在白树庙跟先生读四书五经、隋唐史，先生作诗，然后我们来和，记得有一次先生作了一篇求死文，他一边念一边哭，当时我不理解，好奇地问，'先生，别人都想长生，你为什么要求死呢?'先生的回答我也想不起来，只记得先生念完后便点火烧了文章。"

罗银青因为儿时这段特殊经历，为人性格傲岸耿介，不媚权贵，常写诗文讥讽权贵，就连罗氏族中的权贵财阀也曾被他嘲骂。又因为他文风机敏，写下许多抨击权贵荒淫奢侈、揭露现实黑暗反动的有力诗篇，当地人就将他和他的长兄罗选青一起称作"商南罗家二才子"。在罗银青的老家，至今还流传着许多关于这位才子的脍炙人口的故事。

(一)"杯提冻洒"

1943年夏，斑竹园地方上有一家姓郭的权贵，家中有位女老人家做70大寿，远近的权贵人士都来祝贺，当时立煌县县长郭坚也参加寿宴。这个时候，有人求罗银青代笔写幅寿匾送去。匾上写什么呢？罗银青心想，郭家这位女老人，因为早年生活作风有问题，名声不太好，既不能夸她贤德，又不能贺她母仪，不如送她四个字，叫"杯提冻洒"。

寿匾写好后，敲锣打鼓送到郭府，郭府的人们欣喜若狂，马上就要高挂堂上。就在这时，县长郭坚发现这幅寿匾有问题。此人虽出身行伍，到底不同于其他的胸无点墨之人。他不以为然，暗中向郭氏族人提出，这匾不能挂，如果挂了，声誉不好。但郭家人都不明白。于是，郭坚说，"杯提冻洒"四个字，去掉偏旁就是"不是东西"，是骂人的。女寿星的儿子听了，一时惊呆。但是呢，这匾是别人特意求了罗先生这位大才子写来的，不挂，又怎么向送礼人交代呢？结果还是含糊其词，请郭县长出面，向罗银青说好道歉，支吾过去。

(二)"弟子当求胜于蓝"

过去私塾有两种形式，一种是主人聘请塾师，来自己家里教孩子，并允许其他学生来一起读书，称"坐馆"；另一种是塾师在自己家中设立教学处，称"设馆"。罗银青教私塾一般都是坐馆。

1943年，下楼房周宅请罗银青教私塾，书房3间，学生20多人。开学那天，家长送学生到书房，罗银青在书房张贴新对联：

先生虽然手心黑，弟子当求胜于蓝。

1947 年，罗银青第十次来到下楼房周家教私塾，他又在书房外张贴新对联：

故我又重来，虽然马齿徒增，而一夜思维，岂可辞其命，艰难克己。

诸生其自勉，试看驹光匆过，莫辜负日华，焉能花庭舞，风楼良辰。

(三)“万物土中生”

过去读私塾，凡是先生所教之书，都是要死记硬背的。内容无外乎四书五经，先生也不讲解，有时兴之所至，讲一两句，那是例外。罗银青教私塾则有点不同，他常常教学生对“对子”，写“八行书”。写作文，他要求学生要做到“六议”，就是“顶”(文章的开头)，“面”(文章的点题)，“心”(文章的中心)，“壁”(文章的结尾)，“足”(文章的好处)，“引”(文章的比喻)，都应该有。

有一次罗银青出了个作文题，叫学生写，题目是《先有鸡还是先有蛋》。有一个学生叫张肇坤，想了又想，总觉得这个问题好古怪，不好写，于是写了一首诗，回答先生的作文题：

诸君作的笑呵呵，
独说先生是考我，
提起往年的旧事，
令人难作一家伙。

(注：“一家伙”，斑竹园土话，一下子，数量词或副词)

罗银青看后，反(斑竹园土话，“批评”的意思)他无用，说：“你不知道?!这——这——这，是万物土中生。”罗银青原是个结巴。

(四)“无多钱地不为贫”

从前，商南沙河楼房居住两户人家，一贫一富，一户人称号二爷，一户叫作周殿香。富人周殿香，是当地的大地主。民国十八年(1929 年)立夏节起义后，建立了红色政权。楼房这一小块弹丸之地，因处于红色政权与国民党政权的交界处，反动势力久久不甘败退，周殿香就重整已被击溃的国军军队和区民团的旗鼓，拼凑了 20 多人枪，企图与中国工农红军第十一军第三十二师抗衡。在当地，他有权、有势、有地、有钱，可就是没有儿女。穷人号二爷，高大而稍稍伛偻的个子，时常披着青布破袄，树皮似的双手，将长烟管揣入怀中，脸上看不出什么表情，只是一对有光的眼睛向外斜视。双腮瘪塌，胡子乱了，头发秃了，一张黝黑的面孔，像是受了很多苦的老人。是什么原因使得他像这个模样呢？当然是没地、没钱、子女多、疾病磨。

罗银青过年的时候来到号二爷家，为给号二爷这个穷老哥增添精神，鼓足信心，就写了一副对联：

有好子孙方是福，
无多钱地不为贫。

（五）“秤小骨头大”

从前，沙堰东冲有位可怕的汉子，脸皮粗糙，与橘皮相仿；鼻头和鼻子四周红得像转了色的蜡烛，眼珠很大，眼瞳的光灼灼地摄人，右边的这只手也大得厉害，谁的肩膀给他抓住了，就像捆上了几十道麻绳，紧得难受。这位大汉，就是人们常说的邓老大，他常年在沙堰街上开肉案。

一天，罗银青上街买肉。他拄着拐杖，穿着长大褂，从大西冲慢悠悠地往街上走去。走到邓老大店门口，停下脚步，思来想去，半晌无话。其实，邓老大老远就望见罗银青了，他故意把罗银青喜欢吃的一块肉挂了起来，谁来买他都不卖。这是为什么？罗银青进店来，装着若无其事的样子，边用拐杖敲那块肉，边问为什么把这块肉挂起来不卖？邓老大讥笑他说：“吃肉不给钱，把它吊三年！”罗银青听了风趣地回答：“秤小骨头大，吊二年也罢！”说着，便甩手扬长而去。

（六）“教小书的太苦情”

据说土地革命时期，金寨有“三多”——周香波的田多，拥有良田千亩；郭三义的钱多，拥有银洋 5 万多元；李书发的杉树多，拥有杉树 10 万多亩。

有句老话叫作“越有越抠薄”。身为国民党二十一集团军总司令部直属大队少校大队长的周香波，克扣军饷不算，还吃空饷。平时他还非常吝惜自己的财物。他的一个女儿在罗银青的蒙馆念书。过去念书，学生家长要事先与塾师讲定全年束脩，第一年“启蒙”一般都在 10 元以内，随后逐年略有增加。周香波可不是这样，他舍不得花一文钱，只叫一个田丁，给罗银青送去一小坛腌菜。罗银青收下搁置房中，到了吃晚饭时，罗银青打开菜坛一看，白蛆翻滚，臭不可闻。罗银青觉得又可气又可笑，随即吟诗一首：

三月当时辣菜心，香波辣菜管先生。长蛆吃了无聊味，教小书的太苦情。（“辣菜”，金寨土话，即雪里蕻）

因为山里人家都很穷，孩子读书不容易，所以很多人家常以实物抵充束脩。罗银青因此给学生定了一条规矩：“除了韭菜不要带，其他什么菜都可以带给我吃。”因为韭菜是洗牛嘴的，等于骂先生是畜生。

（七）桃李芬芳

罗银青一生以教书为业，最初只为糊口，后来是为从事革命工作做掩护，在人生的后半段则穷尽心力，为山区的孩子们点亮一盏指路明灯，为他们带来人生的希望。他教书不拘一格，很多山村孩子因而受益终身。在土地革命时期，鄂豫皖苏区许多青壮年参加了红军，走进革命队伍的行列，这其中就包括罗银青的学生漆远才、漆远渥兄弟和方子翼、董洪国、方升普等。漆远渥、方子翼、董洪国、方升普这四位由佛堂坳小学走出来的罗银青的学生，均于1930年参加红军，1955年被授予少将军衔。

1952年2月8日(正月初四)，时任华北空军政治委员的漆远渥，风尘仆仆自北京回故乡探亲，从丁家埠步行10里路回到简家畈老家。第三天得知老师罗银青身患重病，想去看望，可假期只剩一天，兼路程又远，交通不便，只好写封书信以表慰问。信中说："银卿先生：先生该健康，家中人均致意！我近来自北京回故乡省亲，因为时间很短，不能亲来拜望先生，深感抱歉，特来函问好。离乡廿余年来一切大变，家乡一切所见所闻莫不使人悲伤愤恨，家乡人们遭受的一切痛苦使人发指，到今天人们又重获解放，重见天日，人心畅快。惟先生在廿余年来，所遭种种痛苦颇表同情，尚望先生保重健康，至盼！我今后工作在天津，只要交通方便定常来函问安。拟明(十二)日返北京，专此致意。承蒙先生对我的教养深为感谢。祝安。漆远渥上，十一日。"写好后，特意派家人步行送到罗银青家中，并随信带去30元人民币。

三、忠贞义士

1927年夏，已经加入共产党的罗银青从武汉回到家乡斑竹园，以教书为掩护开展革命活动。当年秋天，罗银青在沙堰洪觉庵大庙(现在金寨县斑竹园镇境内)办起了改良私塾，许多学生慕名而来，罗银青不仅教授学生文化知识，还开设了政治课程，启发蒙昧，点燃革命的火种。罗银青曾以"菩萨"为题，为学生写范诗：

满腹无非草与泥，假装体面把人欺。
空因尸位夸尊贵，惯向乡民作福威。

诗歌揭露地主阶级色厉内荏的本质，启迪学生反抗压迫与剥削。

为了传播进步思想，传递革命火种，罗银青在学校大龄学生中组织成立了"农运研究小组"，反复学习毛泽东的《湖南农民运动考察报告》。罗银青还广泛发动群众、宣传进步思想、组织学生参加农会示威游行。洪觉庵学校师生的激进活动，得到了群众的认可与赞扬，却也引起了当地豪绅地主的不安，他们联名向商城县衙状告罗银青"通共"。1928年8月，商城县派来30多个团丁闯进洪觉庵学校，砸毁桌凳，并准备捉拿罗银青。因为罗银青恰巧外出，才免遭灾难。

洪觉庵学校既是革命思想的启蒙地，也是党组织的重要联络点。1928年冬，为了保护罗银青的安全，也为了便于组织联络，党组织改派罗银青前往斑竹园小河王氏祠办学。

1931 年 7 月，罗银青在一次执行任务时，脚被弹片击中，寸步难移，被学生们抬至汤家汇红军医院。8 月，敌军陈继承和张钫所部人马向汤家汇发起进攻，此时红军医院已无力转移重伤病员，罗银青宁愿身死荒郊野谷，也不肯做敌人的俘虏。他咬紧牙关，深夜爬出医院，匍匐而行，爬了二里多地后得到路人相助，跌跌撞撞终于回到老家大西冲。而这时的大西冲也正被民团骚扰，罗银青不能进家门，只好躲在山上的石洞里，吃野果，住山棚，过着白毛女似的生活，苦苦地熬过了一年。

1932 年 5 月，民团将罗家的粮食搜抢一空，两个多月，全家只靠野菜和陈糠度命。罗银青受伤的双脚溃烂，以致伤口生蛆。留在根据地的革命领导人熊存元怜惜他的伤痛，但因为根据地物资奇缺，也只能送给罗银青一酒盅食盐聊作慰问品。

敌军民团搜查越来越严，8 月，因为伪保长罗守胜告密，罗银青被捕。敌人对他施以酷刑，要他说出我党地下组织名单，并要写出自白书，但敌人什么伎俩都用尽，只得到一篇《敢死文》：“笔下无情，今日敢做刀尖魂，守道信义，因行共产，永世难将心性稍移。”敌人气得咬牙切齿，扬言说，罗银青这个共产党老奸细非杀不可。

地方上的老百姓和进步人士都敬佩罗银青的骨气，听说敌人要杀害他，纷纷设法营救。当地的名绅周从先，规劝乡保长，晓以利害：“长岭关一带，经常有共产党来往，你们家难搬姓难改，如果杀了罗银青，当心你以后的日子不好过呀！”乡保长害怕了，便出面担保了罗银青。出狱后，有些好心人劝罗银青，红军大部队走了，现在又是人家的天下了，你孤掌难鸣，以后可要紧开口少动笔呀。罗银青却坚定地回答，宁愿失去生命，也绝不背叛自己的信仰，不改变自己的革命初衷。

遗憾的是，罗银青因身体遭受严重摧残，未能跟上革命的征程。此前他曾作诗感叹：“党中甘苦我都尝，为扭乾坤日月忙。多少英雄酬壮志，惟系落伍好悲伤。”但由他创作的《八月桂花遍地开》这支苏区革命歌曲，随着徐海东率领的红二十五军，走出了鄂豫皖革命根据地，成为唱响在陕北的第一支鄂豫皖革命根据地的民歌。

后来罗银青继续在家乡教书度日。1940 年，国民党立煌县政府下令，凡属公私学校教师，都要受师训（师资培训），否则不准教书。罗银青为生计所迫，又因为早年脚部受伤残无力务农，无奈参加了县政府的师训。后来共产党的部队重返大别山，全中国解放，罗银青因为这段历史，又遭受国民党之牵连，这也使得他在中华人民共和国成立后未能继续参加革命和建设工作。这段不堪回首的憾事，只有靠历史还以公道。

1927 年，罗银青在武昌中央农民运动讲习所受到毛泽东的教诲，两人有师生之谊。1951 年，毛泽东从身边的工作人员处偶然得知罗银青的近况，寄给罗银青一封信、一件蓝呢子大衣和一双带毛的皮鞋。当时罗银青的叔伯侄子罗宗田先收到这份礼品，并偷偷地据为己有。等罗银青收到毛泽东寄来的第二封信后，当地政府追查这件事，经过调查才认定了罗宗田的犯法事实，将他逮捕，东西也物归原主。但在“除四旧、立四新”时，罗银青的儿子罗宗停害怕政治运动，竟将父亲所藏书籍全部烧掉——包括毛泽东寄来的珍贵信件。

因旧疾复发，老病缠身，罗银青的身体一天不如一天。弥留之际的罗银青，万分挂念家中事务，遗言道：“六代书香门第，今已断绝，死不瞑目；儿年过 30 而亲未定，死不瞑目；想为祖父母立碑，今志未遂，死不瞑目；妻子年老，又有痧疾缠身，死不瞑目……”

1952 年 2 月 13 日，罗银青离世而去，时年 58 岁。

（程东霞撰稿）

赵赤坪

（赵赤坪）

赵赤坪（1902—1948），原名赵桐仁，又名赵善甫、赵善夫、赵池萍、赵平，加入中国共产党后改名为赵赤坪。

赵赤坪1902年2月14日出生于素有"襟江带淮望中原，傍水含山秀岭川"之称的皖西古镇叶集十字形街道的北街。

古老的叶集镇位于皖豫两省的霍邱、金寨、固始三县结合部，俗谓"鸡鸣听三县，犬吠惊两省"。叶集原为霍邱县的一个镇，现为六安市的叶集区。叶集是一个物华天宝、人杰地灵的地方，这里既具有悠久的发展历史和深厚的文化积淀，也具有光荣的革命传统和鲜明的红色精神。在20世纪，这里既出现了在鲁迅先生领导下成立于20年代的北京进步文学团体和出版机构未名社的主要成员李霁野、台静农、韦素园、韦丛芜，革命战争时期也出现了一批老红军、老将军和革命烈士。赵赤坪就是生长于叶集，又牺牲于叶集的著名共产党员、革命烈士。

一、"我是一个无产者"

叶集镇因为位于淮河的支流史河的岸边和湾里，故又名史湾。这是一个河流冲击和淤积出的小小的平原，叶集的西边是流经安徽、河南两省交界的史河；南面有一座山；东边是一片荒凉的丘陵，是平岗一带的岗地；北头有一个大池塘，名叫小南海，水中有一个小洲，洲上还有一个名为"帝主宫"的庙宇，这里既是鱼虾们的天堂，也是儿童们玩耍的乐园。

皖西重镇叶集是进出大别山的门户，是安徽省的西大门。史河是水上运输的要道，河里常年有多桅帆船和排筏来往，将大别山里的竹木茶麻等山货运往两岸的城镇乡村，回程时再运来布匹食盐等种种货物，满足百姓的生活所需。叶集因为地理位置特殊，位于交通要道，是商品集散地，因此商业十分兴旺，成为繁华的商埠，时称"小南京"。

叶集富饶而又美好，百姓生活平静而又安逸。但是随着史河向西改道，叶集的繁荣也随之衰落。全镇只留下一些老街旧舍、草棚茅屋，富裕人家已经是凤毛麟角。

赵赤坪就是在叶集衰落之时出生在这里的。他的家庭穷苦而不幸，在他才一岁时，父亲就因为患结核病早早去世了，只留下母子俩孤苦伶仃，相依为命。母亲不得已为地主家做饭洗衣，终日劳累，所获甚少。童年的赵赤坪常常衣不蔽体，时饱时饥，身体瘦弱。家中的两间茅屋破败不堪，已经难蔽风雨。家中除了一床一椅，别无家具，可谓家徒四壁、饥寒交迫。每当父亲祭日，只能勉强烧点纸钱。母子俩常常忍饥挨饿，对坐啜泣。因为无钱上学，赵赤坪只能眼巴巴地看着别人家的孩子上学。此时的赵赤坪正如他在后来的一首诗中所说："我是一个无产者。"

但是赵赤坪自幼聪明伶俐，十多岁时就开始经常在脑子里思考一些问题：为什么有些富人懒汉能够不劳而获、丰衣足食？为什么劳苦人终年劳作，却吃不饱饭，穿不上衣？

赵赤坪有个亲戚在安庆工作，告诉他很多新奇的事情。比如什么照明一点也不需要用煤油(电灯)，在家里就可以与别处的人对话，完全不用动脚见面(电话)，等等。这些为赵赤坪打开了一片崭新的天地，也使赵赤坪非常向往外面的新奇世界。他决心要到向往的大城市去闯荡一番，尽管他舍不得离开母亲。

二、"赤坪立志展经纶"

1922 年，赵赤坪依依不舍地离别母亲，来到省城安庆，经亲友介绍进入职工学校学习，半工半读。他在这里半天学习，半天劳动，做皮鞋，勉强能够得到温饱。但是环境又脏又黑，规矩多而苛刻，他觉得好像进了监狱一样。这里的电灯虽然明亮，但是照不透周围的黑暗；打电话虽然方便，但是无人可以交谈。

赵赤坪特别不满意安庆的政治环境，觉得城里比乡下还要糟糕。当时的安庆军阀专暴横行，无法无天，只知道敲骨吸髓，横征暴敛。教育经费年年拖欠不发，学生们的和平请愿又遭到军阀官府的残酷镇压。学生们抬着死者、拿着血衣上街游行示威，原以为人民的力量坚不可摧，但是军阀使用了更大的压力，星星之火暂时熄灭，希望化为泡影。

赵赤坪亲眼目睹了游行队伍遭到镇压，夜里睡不着觉，泪流满面。他在心里一边痛恨豺狼当道，一边思索着祖国的前途和命运。

失望之余，赵赤坪回到家乡，心里仍然想着这世道非改变不可。此时的他一心向往着新文化和五四运动的发源地北京，1924 年，他说服母亲卖了两间旧房，凑了一点钱，终于到了北京。此时的北京已有好几个来自家乡叶集的乡友聚集在那里学习、工作，如由苏联学习回来的比他小四个月的表弟韦素园，还有韦素园的弟弟韦丛芜，同乡张目寒、李霁野、台静农等，他们既是同一个小镇叶集的同乡、邻居，又是同学、亲戚和朋友。虽然此时他们的生活都很艰苦，但是也都能互相帮助，互相鼓励。

为了探求救国救民的真理，赵赤坪来到了北京；受韦素园的影响，他又到了俄文专修学校学习。这期间他受到了陈独秀、瞿秋白、恽代英、蒋光慈等党的早期领袖和优秀分子的影响，接受了马列主义的教育和熏陶，开始了自觉的政治活动。同年他加入了中国共产党的地下组织，成了一名党员。

赵赤坪入党以后，知识增长了，视野开阔了，性格也开朗了。同乡李霁野后来在回忆此时的赵赤坪时曾经说道：

> 赤坪的艰苦朴素的生活作风固然给了我们很深的印象，但他的乐观主义精神更是鼓舞了我们。不知为什么，那时住在沙滩小楼的素园我们都有些消沉，或许是梭罗古勃和安特列夫的作品给了我们的影响。可赤坪就大不同。那时我们每餐只煮一点大白菜下饭，赤坪在烧饭时往往还低声唱着歌。他的笑声常常破除了我们索居的寂寞。有一次我们眼看就要断炊，又是临近春节的时候，真不免有些发愁。可赤坪总笑着说没过不去的坎，慨然担当了应付危机的任务。我们猜想，他大概要去赊欠或者当衣服。哪知除夕前夜，《妇女杂志》寄来30元稿费，这真是雪里送炭的一笔财富。这时赤坪笑着对我们说，看，发愁悲观有什么好处？没几天他还写了一篇乐观主义的短文。

这些来自同一小镇的年轻人此时血气方刚，充满活力，青春、友谊、乡情、梦想给他们以鼓舞，使他们以果敢勇毅的精神投入反帝反封建的斗争洪流中去。

在这场伟大而激烈的斗争中，赵赤坪曾在天津、河北一带从事建立党组织工作。赵赤坪脱去学生装，化装成小商贩模样，走进农村和工厂，开展宣传。

赵赤坪童年时在他的故乡叶集，就想过做个游乡的货郎。他羡慕货郎走的地方多，百宝箱里的货色花样多，有妇女使用的粉脂针线，老人儿童的灵药玩具。货郎的拨浪鼓到处受人欢迎，鼓声一响就招来妇孺成群。货郎经常带着通俗歌曲唱本，既会说闲书，也会唱山歌。唱本里多半是民间故事，这些故事男女老少人人爱听。赵赤坪也喜爱那薄薄的唱本，听得多了他也勉强能唱些故事歌曲，于是他也常被邻近亲友邀请演唱。

赵赤坪回想起童年时货郎带给他的欢喜，于是决定利用民间说唱文学这个宣传武器。他知道在很少有人识字的农村，说唱民间故事，会有广阔的活动天地。

他自己编写了不少通俗唱本，处处得到男女老少的欢心，人人都说他是个好货郎，谁也不知道他实际上还是个学生！

他就这样用民众喜爱的方式传播着革命的种子，党也随时给他宣传上的指示。为了防范反动派的耳目，他也经常向老百姓讲唱传授一些农业耕种和卫生防疫方面的实用知识。

后来赵赤坪的行动还是引起了北洋军阀的注意，对他进行追捕，1925 年秋，他又回到北京。此时文学团体未名社已在鲁迅先生的领导下成立，他就以该社从事发行工作的职员身份为掩护，白天售书，晚上读书、学习，有时也在北京和天津一带秘密宣传共产主义，发动群众，建立党的基层组织。

当时的北京是军阀专政，一些反动文人又在帮闲帮腔。好在有一位文化巨人鲁迅坚持真理，傲骨铮铮。他关心青年，对来自叶集的张目寒、韦素园、李霁野、台静农、韦丛芜、赵赤坪等更是关爱有加。赵赤坪万分钦佩鲁迅先生，在韦素园他们的引荐下，常去拜访鲁迅，探讨人生、聆听教诲，有时也送一些文稿请鲁迅先生审阅、指导。在 1925 年 5 月至 10 月这段时间的鲁迅先生的日记里，每月都有鲁迅与赵赤坪交往的记载，如："得赵善甫信并稿。""得赵赤坪信。""下午静农、素园、赤坪、霁野来。""下午素园、丛芜、赤坪(赵善甫)、霁野、静农来。""夜李霁野、韦素园、丛芜、台静农、赵赤坪来。"

经过鲁迅先生的引导和韦素园等人的帮助，赵赤坪在未名社编辑出版的《莽原》半月刊上发表了《赠礼》《深葬》等一些诗歌，有的隐含深意，有的直抒胸怀，都能令人叹服。例如，他署名为赵池萍的《深葬》诗中的片段：

……

我是一个无产者，一个天涯的浪人，
在现有的人生里，我怎敢希冀——希冀伊的爱情?
许多豪华的志士，都在对伊微笑，
希冀呵，也只有使伊更加烦恼，更加厌憎。

从今后，我不再做任何幸福的幻想，
我不怨恨，也不悲哀，更不呻吟。
我只热烈地去完成我的工作，
直到燃尽了这蜡烛的人生。

牵牛花满绕在葡萄架上，

织成了一座葱翠的宫殿——啊，一个伟大的墓茔！
莫再惦念了，我的心呵——
莫再惦念着，这么虚幻——虚幻的爱情。

我愿在此地——呵，伟大的墓茔！
我愿交给你：我的热情，我的青春，
我的记忆的心版上，镂刻着的所有的伤痕；
我愿我对伊的一颗赤心捧出，
深藏在这尘土下面，让它永泯。

隔江的灯火，透进这密密的树林，
那边闪耀着，是未来的人生，未来的光明。
我愿踏上那一叶小小的扁舟，在无际涯的惊涛骇浪里，
漫吟着愉快的歌曲，勇猛地向着彼岸飞进！

这首诗表达了赵赤坪作为一个无产者和共产党员的心声，体现了他在当时严峻的形势下和白色恐怖的环境里的热烈向往和勇敢追求。

三、亲历三一八惨案

1926年3月18日，北京的学生先是在天安门广场召开国民大会，反对帝国主义侵略，控诉段祺瑞政府的卖国行径，然后举行示威游行，到段祺瑞执政府请愿。

赵赤坪、韦丛芜和几个熟悉的同志也投入到这场爱国斗争中，一路上高呼着反帝的口号。赵赤坪在人群中大呼：“工人兄弟们、同学们！千万不要忘记，清朝的统治者向帝国主义的屈膝投降，八国联军占领北京烧杀掳掠的耻辱。现在历史又要重演了，工友们、同学们，答应不答应?”“不答应！绝不准历史灾难重演！”在场的群众一片高呼。“走！挺起胸膛向执政府请愿！要求拒绝最后通牒，驱除八国公使！”“同意！”一呼百应。工人、学生、市民六人一排，臂挽臂，高呼着口号“打倒帝国主义！打倒军阀！”向执政府前进。

浩大的声势使反动派震惊，段祺瑞执政府门前军警林立，面对手无寸铁的游行群众，他们却如临大敌。北洋政府面对外侮奴颜婢膝，而对国内爱国民众却是大耍野蛮，威风凛凛。赵赤坪忽然听到枪声响了，此时游行的群众并没有乱跑，还在高呼着愤怒的口号，但是转瞬间已有多人受伤倒下。赵赤坪弯身去扶受伤的

同志，头上的子弹还在嗖嗖作响。刚才还在携手前进的活泼青年，转眼间已经变成了僵冷的死尸！韦丛芜受伤倒下了，被死伤的同学压在身下。此时又有一个同志受了重伤，赵赤坪紧紧贴在他的身旁，请受伤的同志伏在他的背上，他好爬行着把他背出现场。这位受伤的同志只能微微呻吟，勉强睁开蒙胧的眼睛对赵赤坪说："不要在我身上浪费精力了，你快去抢救更有生的希望的人！"赵赤坪在血泊里向前爬行，不一会就到了东边大门，看见一个女子俯身掩护同伴，很快她就倒下去，一颗子弹从她的后背穿过心脏。赵赤坪周围死伤的人横七竖八，有的在呻吟，有的还在蠕动爬行。赵赤坪也不知道自己是否受了伤，只感觉四肢麻木，头很沉重。最后只觉得精疲力竭，眼冒金花，接着眼前一片乌黑。原来他的腿肚子被子弹射穿，出血过多，已经在街上昏厥。

这次震惊全国的三一八惨案，有40多人遇难，数百人受伤。赵赤坪和韦丛芜都身受枪伤，赵赤坪熟识的同志就有两个人死亡。那悲壮的口号，垂危时的嘱咐，在赵赤坪的心里片刻难忘。鲁迅先生后来在《记念刘和珍君》中追忆和痛悼的刘和珍也是死难者，赵赤坪回想起她的圆圆的面庞，那位俯身救人的女子莫不就是她？虽然当时她就在身旁，可是并未看清。记得几天以前刘和珍到赵赤坪的房间，购买鲁迅新出版的著作并订阅《莽原》半月刊，她的言谈笑貌记忆犹新，可是她却突然死了，心中顿觉悲惨！

台静农得到消息，赶忙前来探望赵赤坪和韦丛芜，痛斥段祺瑞惨无人道的暴行，并商量向鲁迅先生报告大屠杀的经过。

赵赤坪知道，要把悲哀化为力量，要在苦难中锻炼坚强，在革命者心里不允许存在有害的彷徨和无益的悲伤！赵赤坪重温党的教育，他的意志比以前更为坚定，他决心踏着死者的血迹前进，投入党所领导的更加艰巨的斗争中去！

党的早期领导人李大钊同志被反动军阀张作霖杀害，他的英勇就义震动了全国。赵赤坪和几个同志秘密追悼李大钊，为了死者，为了祖国解放，他们提出："志不变，头可抛！""死一个同志，会增加十个百个同志。我们只有斗争，不会有丝毫的调和！要与帝国主义、封建地主、军阀，拼个你死我活！"

四、"农运讲习真理明"

由于赵赤坪在负伤的情况下还奋不顾身地抢救受重伤的学生，引起了执政府卫队和军阀的暗探的注意，他们提着木棒追来，赵赤坪幸得市民掩护而脱险。此后赵赤坪在行动时经常有特务盯梢，加上北京的地下党组织遭受严重破坏，赵赤坪被迫离京返回家乡。不久，当地党组织为赵赤坪的安全考虑，同时根据工作需要，派他和刘亚白去广州参加毛泽东同志主办的第六届农民运动讲习所学习。赵赤坪就像是一只欢迎暴风雨到来的海燕，奔赴大革命的发源地广州。他在农民运动讲习所受训期间，教师中就有萧楚女和恽代英。他敬爱这些革命的楷模，把他们宝贵的教导牢记在心里。赵赤坪还学习了《中国社会各阶级的分析》《湖南农民运动考察报告》，通过这次学习，赵赤坪认识到革命的主力在农村，“枪杆子里面出政权”，他提高了觉悟，对世界形势和中国国情有了更清楚的认识，对党的路线方针的理解上升了一个层次。

在广州农民运动讲习所结业以后，赵赤坪身穿戎装，加入了北伐的队伍。北伐战场上声震天地的炮火锻炼了他。在作战中赵赤坪身上受了几处轻伤，但他坚持轻伤不下火线，只要能跛行，仍然继续向前冲去。

北伐战争在胜利进行，北伐大军攻占了武汉。赵赤坪的身体稍稍恢复，被党组织派去参加粤汉铁路工会、汉口总工会的工作，组织教育集会。虽然这段时间他的生活条件有所好转，但是他仍然保持着艰苦朴素的生活作风，看不惯有的人做官摆阔。他在给未名社的朋友们写信时，常常批评一些熟人在形势好转一些的时候，就想过安逸舒服的日子，认为这样的风气很不好。因为革命的路还很长，还要准备吃大苦。赵赤坪是这样说的，也是这样做的。虽然在武汉的炎炎夏天里，他也总是穿着一件破旧的蓝布长衫。他爱同工人们一同劳动，同工人相处亲密无间，得闲时总找他们促膝谈天，大多是畅谈国家大事，有时也闲谈家常，问寒问暖。

1927年，正当革命形势一片大好，却突然出现了逆转，发生了四一二反革命政变，反动派开始对共产党员进行残酷的捕杀，党的革命工作只得暂时转入地下。但是赵赤坪一点也不悲观，因为他坚信谁也阻止不了历史前进的车轮。

五、“几番囹圄豪情在”

1928年，为了保存革命力量，受共产党湖北省委的派遣，赵赤坪辗转到了湖北省应山县农村开展宣传工作。由于口音不同，他行事处处小心。他化装成行商小贩，运卖茶麻。这些货物都是故乡的产品，赵赤坪也略懂一些生意经，因此在相当长的一段时间内，他的宣传工作顺利进行。可是有一个了解内情的人被捕后，因受不了酷刑而叛变失节，赵赤坪受他牵连，在一天深夜里被捕入狱。

不过，赵赤坪早有心理准备，想出一条脱身的计策。他用金钱买通了一个狱卒。敌人审讯时，他供称自己只是个小商贩，与那个告他状的人的牵连仅仅只是金钱。他借钱给那个人只是出于一片好心，哪知道他竟然赖账，一直拖着不还。自己的家就在皖西的小镇叶集，家里是老户人家，已经在那里住过多年，自己一直靠行商做生意来维持家庭生活。除这件事外，没有任何其他牵连。他的情况可以进行调查，他说的话一个字也不会虚假。

赵赤坪的这一番话听起来很有道理，审讯的反动法官答应进行调查，作为判刑的根据。狱卒乘便送信给赵赤坪的一位姓汪的朋友，托这位朋友把他的消息和他在狱中供说的情况向叶集家里的人透露。然后赵赤坪又要求监狱方写信给他家里人，让人来保释他出狱，家里人赶紧派他的大内弟韦崇学带着50块大洋，并送来了申请保释的信件。由于反动法官调查来人谈话所得情况与赵赤坪交代的没有丝毫差错，于是反动派只好收了钱，把赵赤坪释放了。赵赤坪回到叶集老家，肩头还担着剩下来的茶麻。

这年秋天，经朋友介绍，赵赤坪在霍邱县师资养成所任军训教官，前后三个月。期间赵赤坪仍然在镇上乡间进行革命宣传。此时鄂豫皖根据地在慢慢形成，叶集成了红色的重镇。当地的农民已经觉悟，纷纷起来要求分地翻身。乡镇的妇女也纷纷剪发，穿上戎装，胸前佩戴着鲜艳的红花。儿童们也行动起来，背着木枪到处站岗查哨，对来往的可疑行人进行搜查盘问。反动派的王法已被人民踏在脚下，革命的人民自己当家做了主人。地主劣绅们个个胆战心惊，有的龟缩在家，有的逃亡在外。

但随着敌人对江西的“围剿”，我党暂时失利，遭受重大损失，被迫实行战略转移，各根据地的红军部队也先后参加长征。

在革命处于低潮时期，赵赤坪有时装扮成游走于乡村的货郎，深入安徽、河南农村，开展革命宣传工作。他避免总在一处逗留，以避人耳目。可是几个月后赵赤坪还是被抓进了牢房。敌人审讯他，问他是什么地方人，是干什么的？这次他很镇定地回答问话，供称自己是北平的学生，兼做报刊发行工作，路过河南，准备回叶集故乡探亲。反动法官自称是北平朝阳大学毕业生，精通法律，事事公办，断案清白。他详细地问了北平的地理情况，赵赤坪对答如流，面不改色。反动法官又问他在北平的熟人和地址，他就很有把握地回答出北平未名社同乡的姓名和地址。反动法官说还要调查了解，赵赤坪也假装客气地说了声感谢。

此时赵赤坪的心里已在暗自盘算着，他知道敌人一定会向北平方面做调查，一定要提前做好准备。他打算写信给未名社的李霁野等朋友，托他们协助把这场官司解决。

赵赤坪随身藏着平时省吃俭用攒下的一枚金戒指，他写了一封信托狱卒寄出，并把这枚金戒指送给了狱卒。因为他经历了上次入狱，知道了这些狱卒有钱收就会帮你干活。他在信里详细地把在狱中的供词写清楚，以便朋友们在答复监狱方的调查时能够一一吻合。过了几天，敌人的调查信果然就到了未名社，未名社的几位老乡的答复自然完全符合赵赤坪的交代。赵赤坪不久就得到释放，又一次走出敌人的监狱。

河南省当时的情况比较复杂，赵赤坪为了党的工作，没有离开河南，但是工作的地点也不得不随时发生变化。他已经多年从事地下工作，也久已习惯了随地为家无牵无挂的生活。

河南省的地主武装异常凶残，与贫苦农民的斗争也异常激烈。有一个县城反动势力特别嚣张，捕杀共产党人比别处更加疯狂，因此地下党决定举行一次暴动。那时赵赤坪因为被敌人搜出了藏在怀里的传单，无法否认宣传革命的事实，又一次被敌人关进黑暗牢房。恰巧这天街上发生了学生、工人暴动，这次暴动的目标是县政府和监狱，因为有许多爱国志士被关在那里，若不采取紧急措施加以营救，那些同志的生命就危在旦夕。县政府被暴动的群众放火焚烧，看守牢房的敌人忙于应付暴动分子，一片混乱，狱中警备力量比较薄弱，暴动的人们砸毁了监狱的铁锁，赵赤坪和难友们乘机从狱里逃脱。

赵赤坪要赶快找个安身的地方，他乘着夜色茫茫向外逃亡，凭着星光辨认出东南西北。可是荒野里到处是鬼火闪光，让人害怕。好不容易摸到了一个村庄，也不敢贸然进去，因为对村里的居民情况不熟，不能轻信，国民党反动派诡计多端，每个村里都安插有特务坏人。而保甲制度也是国民党反动派从法西斯那里学来的一套反动措施。

此时赵赤坪的衣履已经破烂不堪，他知道故乡叶集正是荒年，于是他冒充一个逃荒的叶集塾师，为了活命，才到处漂泊流连。他小心地进到村里，走到了一户贫苦农家，幸运的是他们有共同的语言。这户农民不仅给了他茶饭以果腹，还送给他一套半新的裤褂以蔽体。赵赤坪因为刚刚逃出牢房，脸色苍白，像个书生模样，嘴上虽然长出了短短的胡须，但是面容倒也显得十分端庄。现在吃饱了饭，穿上半新的衣服，更像一个异地漂泊的书生或塾师了。

不料赵赤坪万幸地逃出牢狱，还遇到了一户善良的农民，却又不幸陷进了更加危险的境地。地主的一大群反动武装，看到一个外地人在这里穿来跑去，很是怀疑，就在邻县把他逮捕捆绑起来。他们在表演了一番审讯的把戏后，对赵赤坪有了更为严重的怀疑。于是他们要高举起大刀。有人主张干脆拉出去砍了算了，要知道这群虎狼杀人是不需要什么铁证的。

赵赤坪当然要为自己申辩，那个地主武装的头子在冷眼旁观，一时也没有发言。他观察赵赤坪的面相和服装，心里在暗自细细盘算。过了一会儿，地主武装头子终于开腔说话了。他问：赵赤坪家住在哪里？听声音绝不是本地人，跑到这里来想要干啥？现在到处是共产党胡闹，地主士绅杀的杀，跑的跑，看样子你好像是一个学生，看面相也是个有出息的人，为什么要参加共产党，跟着乱跑？

赵赤坪听他这样一说，心里顿时灵机一动，有了底气，答起话来态度也从从容容。他说："我不知道什么是共产党，自己只是个北平大学的学生，世道虽乱，自己倒知用功。现在放假回故乡探亲，家里只有七旬老母一人。现在若是被你们错捕误杀，老人家该要多么悲苦伤心啊！也许是我前世欠了冤债，也许是我的不孝使父母伤怀，今天的事情也许是天理报应。上有天，下有地，我死了也许是应该的！"

那地主听了有些惊讶，没想到对方是北平大学的学生，说的话也合情理，看到被绑的赵赤坪一身青布长衫，很有书卷气，于是想了一会，突然用手拍拍大腿，心血来潮，说："我来考你一下，看你所说的话是真是假。若有真才实学，我来保你。我出一副对子给你对一对，你可不要驴唇儿对马嘴。我可是读过四书五经的，你可不要信口胡扯乱吹。对上了保你平安，对不上，嘿嘿……"

赵赤坪只有一点旧学基础，他真不知道这一关能否混过去，但是他也看出了这里也许有一线生机，必须抓住，于是他连连点头认可。

只见这地主头子来了劲，慢吞吞地一板一眼地说道："乱匪横行，只好家败人亡。"

赵赤坪爽爽快快地答出了下联："圣贤当道，才能国泰民康。"

地主头子听了，立时拍腿叫好，连声说道："看面相就知道他是好人，这个学生我作保！"他命令把赵赤坪解开放行，还开了路条，并祝他吉星高照！

赵赤坪在心里暗暗嘲笑：对子中的讽刺竟然无人知晓，人人希望国泰民康，却不明白如今是豺狼当道，哪有什么圣贤？要是真有圣贤，那也只有中国共产党才是救民于水火的圣贤。

就这样，赵赤坪凭着自己的有勇有谋，又一次化险为夷，平平安安地走出了这伙地主武装的地盘。这件事他后来和乡友们谈起，还忍不住哈哈大笑。

据说赵赤坪后来还有一次利用对联嘲讽敌人，创作出中国红色楹联中比较有名的敌我对决的对联的传奇经历。1932 年 10 月，鄂豫皖革命根据地的红军在第四次反"围剿"失利后撤出苏区，赵赤坪奉命留下坚持斗争。1934 年，他在大别山区从事革命活动时，不幸被国民党反动派逮捕。国民党的伪县长在一次审问时趾高气扬地当众对赵赤坪说："听说你很有文才，今天我出个上联，你若能对得出下联，我就放你出去。对不出，休想活命！"说完他当众念出上联：

四次围剿，四面受剿，面山面水面临绝境；

赵赤坪听了暗想，这是反击敌人的一次很好的机会，不妨利用对对子的机会狠狠地讽刺他们一下。他略加思索，对出了下联：

三民主义，三自主义，自私自利自取灭亡。

伪县长听后瞠目结舌，无言以对，无可奈何地摆摆手，示意放了他。

六、"跃上扁舟迎巨浪"

赵赤坪在河南省虽然一连几次度过了危机，走出了牢门，但是却失去了党组织联系，他就像无父无母的孤儿，有时不免觉得孤独凄凉。这时的中原一带白色恐怖极为严重，赵赤坪觉得还是回到有革命传统和群众基础的家乡寻找组织比较稳妥，于是他回到叶集，开了一家小商店，一边维持生活，一边准备联系当地的小学教师和员工，向他们做一些宣传工作。

赵赤坪参加北伐时，母亲已经病故，妻子在娘家生活。这次回来，妻子本想和他一起过几天安稳的日子，哪知道叶集的政治形势也十分紧张，反动保甲长经常找上门来查看，名为关心，实为监视，宣传工作难以开展。不到半年，赵赤坪不得不离开家乡，被迫出走，还不敢向家里通报消息。妻子又回到娘家，靠轧棉花和纺线度日，极其艰难。

北平是赵赤坪熟悉的地方，他认为北平是他的第二故乡，便从家乡匆匆忙忙辗转北上。

北平的未名社此时已经成立三年了，在鲁迅先生的领导下事业也有了发展，在北平城里新开个书店，实际上是党的地下联络站，工作人员是赵赤坪的同乡亲友，他们很快就在书店里见了面。这时家乡党的地下工作者因为组织暴动失败，有的逃到北平来避难，如李何林、王青士、王冶秋、李云鹤、宋日昌等。他们一边以未名社为掩护，一边继续开展党的地下工作。

赵赤坪明白自己的处境很不好，就没有住到未名社里去，但是常常到未名社去谈天。这时候的赵赤坪虽然生活上仍然保持着艰苦奋斗的作风，但是言行举止上却改变了不少。他比以前沉默了许多，也不喜欢大声谈笑了，显得更加成熟老练。在和乡友们谈天时，他常常回忆与敌人周旋的经历和监狱中的生活，在毫不夸张、平平淡淡的叙述中，透露出他坚强、乐观的心态。

1931年的一天晚上，赵赤坪又去了未名社，平淡地向乡友们说道，最近生活可能会有一些变化。台静农他们还以为赵赤坪要到别的地方去，赶紧问他是否需要经费。只见赵赤坪微笑着说："不需要，大概吃饭的钱都可以省下来了。"这下大家都明白他的真实意思了，就劝他走远点躲一躲。可是赵赤坪说："走也不一定就是上策，我已做好了准备。"接着他又小声地向乡友们讲起自己多次经历的狱中生活，他说鞭子打，只是一开始有点难受，头几天有点痛苦，还是可以忍受的，最讨厌的是多数监狱不准读书，这时候只能休息、思索，对他来说这是最野蛮的待遇。

就在这次聊天后的第三天，赵赤坪正在未名社的书店门市部里闲坐，忽然进来一个陌生人，在屋里转了一圈，然后对着赵赤坪，手掌向上一抬，赵赤坪就站起来，跟着这个陌生人出去了。这是当时北平的特务比较"文明"的抓人方式。

这是赵赤坪第五次入狱了，敌人对他严刑拷打，但是他什么也不说，敌人始终抓不到证据。赵赤坪被抓走后，在京的乡友们到处打听消息，千方百计营救。大约过了半年时间，赵赤坪才被李霁野、韦素园等人保释，带着一身的伤痕从狱中放出来了。

在二三十年代北平的白色恐怖笼罩下，赵赤坪做地下工作，时刻面临着被捕入狱的危险。他也在日夜苦思计策，要应付敌人的阴谋诡计。

1932年，党组织派赵赤坪到天津从事地下工作，此时李霁野已在天津河北女子师范学院任教，因此他们经常见面。赵赤坪警觉到时有国民党特务尾随，他也做好了一切应有的准备。有时为了分散特务对他的注意力，他从球场出入。有时他约李霁野一同出去散步，笑着说这次也许是一去不回。他说："我有预感，不是胡猜，我约你出来也不是乱来。反动派捉人往往无影无踪，我不愿一去就石沉大海。"一天，他们出去散步，同行到金钢桥，赵赤坪感觉到有特务盯梢，他告诉李霁野保持点距离，免得因他被捕而受牵连。李霁野钦佩赵赤坪的勇敢机警，可是心里不免半信半疑。当走近了官银号电车站时，李霁野缓步在后，赵赤坪在前。突然赵赤坪伸手向后面摆了一摆，李霁野站住向前看了一眼。有个人向赵赤坪打个招呼，赵赤坪从从容容地随即站住。李霁野坐上电车向前疾驶，从车窗看见赵赤坪被两个特务夹在中间带走了，他就像和人逛街一样，没有丝毫的惊慌，他的脸上露出微笑，仿佛是要李霁野放心，但是李霁野的心里一直在惦念着他被捕后的命运和前途。

赵赤坪曾告诉李霁野应变的策略，但是他的经历，他在做些什么，还有党的机密，丝毫也不会向敌人吐露。

敌人搜查赵赤坪的住处，发现只有各处来信、工作计划和成绩材料，一一都摆在特务的眼前，要抓证据十分困难。

李霁野知道赵赤坪想要供认什么，于是多方设法，最终使他得到解脱。赵赤坪也一再要求调查和保释，终于得到了无罪释放的结果。

赵赤坪又回到北平去工作，他谈话做事比前更为沉着冷静了。赵赤坪刚从监狱出来，到未名社来看乡友。大家都很高兴，纷纷亲热地问他狱中的情况，可是赵赤坪却非常冷淡，不仅不愿谈，还带着仇视的眼光。一时间大家也莫名其妙，只好安排他休息。第二天，国民党特务又将他带走了。原来敌人并不是真要放了赵赤坪，而是想利用他“钓鱼”，看他与未名社的人谈些什么，然后好抓住把柄，把未名社的人一起抓走。但是敌人的花招早被赵赤坪看穿，所以他不愿多谈，使敌人的阴谋诡计落空了。

就这样，赵赤坪一次又一次被捕，从这个监狱到那个监狱。敌人也越来越残酷，花招也越来越多。赵赤坪在残酷的斗争中变得越来越坚强，越来越沉着。

有一次，北平的地下党组织要举行一次示威暴动，讨论时他并没有随声附和。这时从南方来了两位同乡，他们也不赞成暴动的主张，可是其中一位竟被派做一路指挥，他们觉得这事做得有点荒唐。

暴动终于还是如期举行，多位同志因此白白地牺牲了。可是据说暴动导致革命高潮，赵赤坪还被批评为个人任性。赵赤坪依然如前埋头工作，坚持团结，绝不制造不和。他保留个人意见，服从党的纪律，绝不夸耀自己的意见多么正确。

阶级敌人越到穷途末路，越要加紧制造白色恐怖。1933 年，随着同志们举行飞行集会，赵赤坪两次险些遭到逮捕。可是日久天长，赵赤坪还是被捕入狱，仍然是毫无判罪的证据。敌人对赵赤坪动用酷刑无效，为了软化劝诱，准许赵赤坪的亲友每周送些食品、衣服和书籍，亲友来时可以谈一小时的话。

李霁野接到赵赤坪的来信，可是信的内容怎么样也弄不清楚是什么意思，左猜右猜都摸不出个头绪，于是李霁野怀疑赵赤坪在狱中患了精神病，特去监狱探视。表面上看赵赤坪的精神不是十分清醒，等监视的狱卒走得稍远些，赵赤坪低声对李霁野说：“申请保释医病。”李霁野这时才恍然大悟：原来他是在假装疯癫糊涂。于是李霁野送去经过检查的信，申请保释赵赤坪外出医病。监狱这时已把赵赤坪当作一个活废人，反动法官又找不到证据，加上有人保释，因此申请得到了迅速批准，经受了十个月的刑讯折磨后，赵赤坪又一次从虎口脱身。

赵赤坪住到李霁野家里，有好几位朋友前来欢聚庆贺，有的人来自或远或近的郊区，还有一位来自外地。谈到深夜大家还不愿分离，人人心情舒畅，欢天喜地。

此时，窗外透进黎明曙光，可是这一缕曙光带来的不是希望，而是失望。朋友们听到急促地扣门声响，接着几个便衣大汉走进了客房，手枪对准了几个人的胸膛。几个人十分从容镇静，听着一个大汉厉声开腔："我们奉上司命令前来搜查，要知道家有家规，国有国法。我们要把你们中的四个人一同带走，留下一人帮我们抄家。"

特务用手重敲客房的四壁，检查是不是有洞穴夹层暗藏东西。没有发现有暗藏，他又打开一个书柜，用药水逐页涂抹书籍，希望找到密写的内容。搜来搜去，还是没有什么发现，于是特务懒洋洋地坐下抽烟，同留下的人攀谈，东扯西扯，想从闲谈中捞点什么东西。留下的人当然心里有数，谈的一切只会有利无害。这番谈话表面倒很融洽，特务还允许他到后院去一下，表面上是安慰受惊的老幼，实际是想让他写封信托付邻家，好从中发现一些秘密。邻家将信按地址送达，捕人范围并没有因此扩大。

赵赤坪同被捕的朋友们晤面，对他是个安慰，至少也是略通消息的机会。五个人中两人被敌人放回，剩下的赵赤坪等三人一同被押送到南京监狱。这时监狱里已经关着的两位地下党员，凭着多年的地下工作经验，开始侧面观察了解赵赤坪的一些情况。他们非常谨慎地向赵赤坪发出试探性的暗语。通过一番秘密对话，赵赤坪告诉他们自己未暴露身份，一直坚持说自己是未名社的书刊发行员。这两位地下党员也告诉赵赤坪，他们已被叛徒出卖，身份已经暴露，他们要设法帮助赵赤坪出狱。

于是他们三个就在狱中演起了"双簧"，经常争吵对骂。两位地下党员有时高声斥责赵赤坪："一个有知识的青年学生，不思报国，不干革命，实属迂腐，儒家败类！"赵赤坪则笑着反驳他们："人各有志，人各有欲，我就喜欢孔夫子的'学而时习之，不亦说乎'，你能怎么样？"

暗探和狱卒们听了，就一次一次地向上面汇报。敌人将信将疑，就用刑拷问，但又抓不到把柄，只好拖着不放。监狱的折磨让赵赤坪九死一生，赵赤坪视生命已如浮云。赵赤坪毕竟是被牵连而非主犯，病残的身体保住了他的一条命。抗日战争全面爆发后，国共合作，敌人只得释放了他。

七、"点燃红炬献青春"

赵赤坪拖着伤残的身体，又回到家乡叶集，他腰背上的伤痕还依然可以见到，很长时间内走路还像戴着脚镣一样。赵赤坪通过经商维持生活。为了生计，他摆过小摊，挑过货郎担，开过小店，送过报纸。

由于环境险恶，又失去组织联系，赵赤坪常常回忆往日艰苦的斗争生活，感到现在很孤独寂寞，有时买点酒喝喝，以排遣苦闷。喝着喝着，他会回想起这么多年来轰轰烈烈、波澜壮阔的革命斗争，忍不住放声大笑；有时候又会回想起那些为革命牺牲的战友，忍不住放声大哭。他的一会笑一会哭，令众乡亲无法理解，于是就有人说"赵善夫疯了"。对此，赵赤坪也无所谓，一方面他要为谋生而奔忙；另一方面，他觉得别人以为他是疯子，不注意他也是好事，他可以乘机隐藏、休息、观望、等待。

有一次，叶集召开各界人士抗日动员大会。知名人士盛旨仁讲话刚结束，赵赤坪突然将手中的拐棍往地上一拄，跳上台，大声说道："现在国共合作，共同抗日，有人还在搞一个政府、一个领袖，抱着先安内后攘外的怪论不放，老百姓能答应吗?"台上台下的人大吃一惊，顿时鸦雀无声。稍停一会，台下有人议论道："赵疯子不疯嘛!"赵赤坪一听此话，猛然醒悟，怕暴露真相惹祸上身，立即转过话头，故意大声喊道："乡亲们不要怕，我是玉皇大帝派来的镇魔元帅，专降日本鬼子和那些害人虫的!"台上台下立时哄笑起来，有人又说"他是疯子"。这时大会的主持人、国民党特派员、小学校长芮毓英赶忙叫人把赵赤坪拉下去。

其实芮毓英心里清楚，一个走南闯北、久经磨难的老共产党员怎么会是个疯子呢？不过现在是国共合作抗日，不能明目张胆地抓捕共产党人，自己现在的公开身份是小学校长，不如聘他到小学来教书，把他放在自己的眼皮子底下，也好暗中监视他。

就这样，没几天，赵赤坪就到帝主宫小学当起了高年级的教员。当时的学生清楚地记得，赵老师在课堂上给大家讲文天祥的《正气歌》："人生自古谁无死？留取丹心照汗青。"讲岳飞精忠报国的故事，还大声朗读岳飞的词作《满江红》："莫等闲，白了少年头，空悲切。靖康耻，犹未雪。臣子恨，何时灭……"赵老师那慷慨悲壮的声音，感染着每一个孩子。学生们专注地听赵老师讲课："孩子们，国难当头，希望你们长大成人后，要拿起枪来，不仅要把外国侵略者赶出国门，也要把那些吃人肉喝人血的吸血鬼消灭掉。未来是你们的，你们就是国家的新主人。"学生们听了赵老师的课以后，再也没有人喊他"赵疯子"了，见到他都恭恭敬敬地先鞠一躬，然后再亲切地喊一声"赵老师好"。

一天，赵赤坪用石灰水在学校的墙上写了一排斗大的字："炮火中成长的主人翁，应肩负起建设新中国的重任!"学生们正围着看，校长来了，他左看右看都觉得不对劲，就问："老赵，你这个'新'字是什么意思?"

赵赤坪回答说："这还要问？旧的不去新的不来，新的代替旧的，自然规律，你要反对吗?"

"你说，现在的中国是新的还是旧的?"校长想将赵赤坪一军。

"是旧的!"赵赤坪毫不客气地说。

"你……"校长很生气。

"你们蒋委员长不是说'抗战必胜，建国必成'吗?"赵赤坪一边说，一边扭头问学生："你们要建设新中国，还是旧中国?""我们要建设新中国，做新中国的主人翁。"学生们异口同声地高呼。

校长见此情形，只得灰溜溜地走了。

赵赤坪在经商做小生意和当帝主宫小学、叶集中学教员期间，还在尽力为党和人民做点工作。全面抗战时期，他毅然辞掉在学校的工作，参加霍邱县抗日游击大队，并任第四支队第一分队指导员。他还组织起抗战回乡的同志和当地人士李耕野、王杰三等人，成立了一支抗日游击队，组织同志们进行游击战。

全面抗战期间，日寇几度占领叶集，烧杀抢掠，无恶不作。1938 年，随着抗日战争形势日益危急，金寨陷落后，叶集再度沦陷。9 月，一批日寇由合肥、六安向武汉方向进攻，在离叶集不远的河南省固始县境内的富金山，遭到国民党将领宋希濂部爱国官兵的顽强阻击，日军伤亡惨重。在此期间，赵赤坪和一些开明的爱国人士，动员老百姓冒着枪林弹雨向富金山上送饭送水、运送弹药、抢救伤员。

日军在仓皇撤离叶集时，有后勤部队和伤员数百人滞留叶集。敌军进驻，营房高悬敌旗，赵赤坪和同志们切齿痛恨，神圣领土岂容敌人占领！赵赤坪、李耕野等人带领群众上富金山捡拾日寇丢弃的一百多支步枪和子弹、手榴弹等弹药，挑选年轻人组建了一支抗日游击队。虽然手持大刀，只有少量枪弹，但是赵赤坪还是在黑夜里勇敢地率领游击小队偷营。赵赤坪先派人潜回镇里了解情况，然后兵分三路进行夜袭。敌军因为地方小放松警惕，没有料到会有这次突然袭击，当被枪声、喊声从睡梦里惊醒时，想要回击，一时措手不及。此战打死打伤日军 100 多人，还缴获了一批武器弹药，武装了游击队；又缴获了一些粮食和衣物，解决了老百姓缺衣少食的问题。

不久，参加徐州会战的李宗仁部转移到大别山区立煌县(今金寨县)，派出一个营的部队进驻叶集，成立五县联合指挥部，收缴了地方上几个抗日队伍的枪支，重新委派镇长。赵赤坪又不得不靠卖报度日。

但是在赵赤坪的心里，只要是爱国家、利人民的事情，他都愿意倾力而为。抗日战争期间，还有一段与赵赤坪有关的故事，一时间传遍了叶集和大别山区。有一次，一架苏联援华航空志愿队的飞机在帮助中国袭击占领南京的日寇时，被日寇击伤，飞机勉强飞到叶集，不得不降落，降落地点就在史河的八里滩沙滩上。由于人地生疏，语言不通，几位苏联飞行员十分为难。不仅围观的群众无法沟通，就是当地政府也没有见过苏联人，也不知道上级的意图，一时也无所适从。这时候赵赤坪和正在家乡休学的学生韦德培来了，赵赤坪在北京学的一点俄语还未忘完，韦德培会讲英语，他们充当翻译，协助当地驻军热情地接待了苏联飞行员，妥善地安排了他们的生活。他们还帮忙修飞机，两三天后飞机修好了，当地军民送苏军飞行员归队。临起飞前，飞行员们站在机舱门口，激动地跷起大拇指，用俄语高呼口号："伟大的民族不可侮！中国人民万岁！抗日必胜！"当赵赤坪把这些话的意思用汉语翻译出来后，在场的群众欢呼雀跃，掌声雷动，一起高呼："苏联人民万岁！"

后来，赵赤坪通过关系在国民党培训区乡干部的皖干团任教官，他利用这一公开的身份，经常在下操后把学员带到偏僻的地方，宣传抗日，讲共产党的军队英勇抗击日伪军的故事。不久被国民党当局发现，经托人斡旋才免遭被捕。赵赤坪又通过关系到庐江税务局担任局长，刚刚过去三个月，又因为他没收奸商货物，被奸商告状，说他是共产党，有政治嫌疑，他闻讯逃回叶集，再一次免遭被捕。

1941 年下半年，赵赤坪利用在叶集火神庙教初中补习班的机会，向学生宣传抗日救国的道理，教唱《保卫安徽》等抗日歌曲，受到学生的欢迎。教书的薪水微薄，赵赤坪则利用课外时间送报、卖报，补贴一家人生活所需。

赵赤坪 19 岁时和当地韦家姑娘韦湘君结婚，婚后育有一个儿子、三个女儿。儿名赵本成，不幸于幼时夭折。大女儿赵德秀也不幸于十几岁时病故。二女儿赵德群和小女儿赵德全后来活到成年(赵德群于 90 年代中期去世，赵德全于 80 年代初病逝于霍山县)。

为了养家，赵赤坪什么活计都愿意尝试，如他曾于抗战胜利后，在家用纸装裱一种装鞋样子和枕头花的八折四方斗子形纸夹子样包出售。1947 年，借高利贷开米坊，自己记账，自己当斗把，但是他从不搞大斗进小斗出的剥削行径，相反，经常赊米给断炊的乡邻。

此时的赵赤坪虽然与党组织失去了联系，但是他的心是永远跟党联系在一起的。1946 年 5 月，李霁野回故乡探亲，终于又见到了赵赤坪。让李霁野感到欣慰的是，赵赤坪的革命精神依旧，还是硬骨头。1946 年农历 6 月 24 日，他利用去大顾店赶会期的机会，在路上教侄儿赵德玉唱《党旗歌》。1947 年他开米坊以后，经常与穷人拉家常，传播革命思想。

抗日战争胜利后，又起战争风云，解放战争已在猛烈进行。叶集有光荣的革命传统，叶集人民始终对党充满向往和信任。赵赤坪虽然身体伤残，但是还想为党做点事情，他又全心全意投入新的斗争。国民党派驻叶集的特派员芮毓英带领国民党军队来抓赵赤坪，赵赤坪在亲友和乡亲们的保护下，暂时躲藏起来，幸得脱险。

1947 年夏季，刘邓大军千里跃进大别山。8 月 31 日，一支部队解放了叶集。赵赤坪见到自己的队伍来了，喜出望外，马上以叶集抗日游击队队长的身份，求见解放军叶集驻军首长。见面后，他拿出自己珍藏了 20 多年的在广州农民运动讲习所第六期学习的结业证书，简单介绍了自己几十年的革命经历。驻军首长见到他特别高兴，热情接待。10 月 1 日，部队首长经过研究，任命赵赤坪为鄂豫皖边区南霍固县爱国民主政府负责人兼叶集镇镇长，成为我党任命的叶集镇第一任镇长。部队首长还拨了 100 支步枪给赵赤坪，他迅速领导成立了鄂豫皖游击队。他还带领群众帮助解放军抬伤员、运马料，非常积极。

不久，蒋介石调集 30 万大军，一层层将大别山区围困。驻叶集一带的国民党第四十八师、四十六师、五十师、五十八师以及当地的“铲共团”团长台育祥和匪首岳葫芦、张良合、陈绍芳等不甘心走向失败，时常与解放军作对，打拉锯战。

入冬，天寒地冻，刘邓大军没有棉衣，没有粮食。赵赤坪带领群众积极从事支前工作，筹集钱粮，支援大军。在极端困难的情况下，不到一个月，赵赤坪他们就征齐粮草，保证了第二野战军路过叶集的两个纵队的人员每人带走了五天的粮食。

八、“琴正响时弦断音”

解放军驻军离开叶集后，反动地主武装进行疯狂反扑，成立铲共团、还乡团，勾结顽匪，乘虚而入，眼睛也对赵赤坪盯得很牢。赵赤坪只得带领少数游击队员和政府工作人员转移到距离叶集 20 多里的山区打游击，一边发动当地的人民群众，一边与反动地主武装斗争周旋。赵赤坪非常推崇东周时期发生在叶集的吴楚鸡父之战，经常和部下谈论这次以少胜多的经典战例，认为在敌强我弱的情况下，就要讲究战略战术。

1948 年 2 月，鄂豫军分区一支队伍奉命到叶集镇剿匪，叶集镇民主政府的武装积极支持和大力配合。有一次，一股顽匪约数百人盘踞叶集。解放军以赵赤坪的队伍为向导，兵分三路，歼灭顽匪200多人，为叶集民主政权的巩固，创造了有利条件。

但是，革命斗争是激烈和残酷的。4月，鄂豫军分区的部队奉命调往金寨县、霍山县剿匪，离开叶集，叶集又一次陷入革命力量空虚的局面。赵赤坪为了保存地方革命武装的实力，暂时转移到邻近的河南省固始县境内，谋划剿匪事宜，继续开展斗争。

1948年4月19日，赵赤坪一两百人的队伍与国民党残部、当地土匪和地主武装近千人在五尖山激战，终因寡不敌众，弹尽粮绝，赵赤坪只得带领队伍转移到山区，在朱家澄沟收粮。敌人跟踪追击，经过一天的激战，赵赤坪身先士卒，身体负伤。晚上赵赤坪召开紧急会议，一直开到深夜还未休息。会议警戒的力量十分薄弱。突然枪声在周围响起，敌人如狼似虎地闯进会场，赵赤坪被围起来无法脱身。他面不改色，横眉冷对。由于手无寸铁，不幸落入匪首张良合的手中。

赵赤坪受尽种种酷刑折磨，被打得血肉模糊，但他咬紧牙关，志坚不夺，始终未吐露一个字。敌人又千方百计威胁利诱赵赤坪，解送到叶集新街子交给匪首陈绍芳部，他又遭到严刑拷打，皮开肉绽，也不吐露一个字。为了撬开他的嘴巴，敌人又将他解送给叶集“铲共团”团长台育祥。

台育祥早年参加共产党，不久叛变投敌，成了叶集的土皇帝，人称“小头阎王”。他是赵赤坪的小学同学和亲戚，于是假装关心地说：“善夫，你自己看看，你搞了几十年，到现在衣衫褴褛，骨瘦如柴，体伤肢残，还搞什么呢？你只要说从今以后不再当共产党了，写出悔过书，说出枪弹藏在什么地方，我看在同乡、同学和亲戚的面子上，就放了你。”但是英勇的战士岂肯折腰低头！赵赤坪早就准备好随时献出生命，他发出令敌胆寒的狮吼：“呸！你敢放我，我还和你干！我等了多少年的日子到了，你们的末日也到了！我也看在老同学的情分上，代表鄂豫皖边区人民政府接受你投降，可以按照人民解放军优待俘虏政策优待你！”台育祥不敢再听下去了，心慌意乱地说：“他不疯！他不疯！”又歇斯底里地对赵赤坪吼叫道：“好！我成全你！”台育祥将赵赤坪关进了牢房里。

一天，赵赤坪13岁的二女儿赵德群去给父亲送衣服，看到父亲被绑着坐在地上的铺草席上，身穿褪了色的旧衣服，头发很长，面容憔悴，她忍不住哭了，劝父亲在看守们面前多说好话。赵赤坪严厉地说：“不要哭，哭就不是我的好后代。”

台育祥知道硬的不行，就来软的。他乘机假惺惺地劝说道：“赵善夫，你看你女儿多可怜！只要能把枪弹交出来，写个悔罪书，我们不计前嫌，立刻放你出去，让你们亲人团聚。”

赵赤坪严词痛斥：“我有什么罪？有罪的是你们！要写悔罪书，应该是你们去写！”

“如果你不干共产党，什么都好商量，想当官，我给你推荐；想做生意，我出本钱，我们是亲戚嘛。”台育祥想继续软化赵赤坪。

赵赤坪义正词严地说道：“亲戚没有共产党亲！让我背叛共产党，办不到！你的钱是搜刮人民的，谁稀罕你的臭钱！要杀要剐由你，别说废话！”赵赤坪说罢闭上眼睛，再也不愿搭理他。

1948年4月22日下午，敌人要下毒手了。台育祥仍不死心，他最后一次审问赵赤坪：“现在给你五分钟考虑，只要你说不给共军办事了，我马上就放你。”赵赤坪坚决地说：“你要杀就杀。只要你放了我，我马上就去找解放军！”台育祥只得灰溜溜地说：“好吧！我现在把你解到固始去。”赵赤坪轻蔑地一笑，转身就往外走，手里还拿着人民解放军政委临别时赠送给他的斗笠，上面写着“将革命进行到底”七个红色大字。

敌人要把赵赤坪解到固始去是假，杀害他是真。台育祥带着100多个敌人押着赵赤坪沿着叶集北街游街示众，赵赤坪昂首高呼“共产党万岁”，高唱雄伟的国际歌。赵赤坪从容不迫地走过大街，来到叶集镇北头张家油坊下面的河底沙滩刑场。台育祥又问道：“赵善夫，给你最后五分钟考虑，今后你不干共产党，即刻放你。”赵赤坪怒不可遏，愤怒地说道：“共产党是杀不尽斩不绝的。今天你杀了我，明天就有人给我报仇！开枪吧！”说罢高呼：“革命成功万岁！”“中国共产党万岁！”“打倒国民党蒋介石！”“消灭还乡团！”46岁的赵赤坪慷慨赴死，从容就义。

在场的群众触目惊心，无不动容落泪。张家油坊张德贵夫妇，悲痛不已，抽泣着说：“这样的好人，怎么被杀了？”台育祥听到后愤怒地说：“你们至少通共党。”张家夫妇随即被打了耳光，并被带走。后来经请客罚款，才被释放回家。

不久，解放军经过战斗，再次解放叶集。群众欢呼革命成功的歌声响彻云霄，史无前例的二万人大集会在沙滩刑场举行，会场周围红旗高高飘扬。台育祥兄弟这两个匪首被押上台，两颗子弹完结了这两条狗命，人民为赵赤坪烈士报仇雪恨，“共产党万岁”的呼声高高入云。

九、“忠诚无畏一生战斗”

赵赤坪烈士为了革命出生入死，一生多次被捕入狱，在国民党的监狱里进进出出，受尽酷刑，从不妥协投降。赵赤坪烈士的一生，是传奇的一生，革命的一生，战斗的一生，光荣的一生，也是可歌可泣的一生。他的百折不挠、视死如归、大义凛然、铁骨铮铮的革命事迹感动了很多人。

赵赤坪曾说过，坐牢就是休息。果真如此，那么在赵赤坪不断进出国民党监狱的二三十年代，他的休息时间似乎比工作时间还要长。实际上赵赤坪在狱中也在坚持斗争，而且是更加艰苦危险的斗争。

赵赤坪早年在北平屡遭牢狱之灾，未名社的同人和乡友们为他感动，也替他担心。大家本来想瞒着当时已因染重病正在京郊治疗的韦素园，但是韦素园还是听到了赵赤坪那些惊险而忠贞、机智而坚韧的斗争故事。1932 年 6 月 25 日上午，韦素园得知赵赤坪又一次入狱后，心中难以平静，不顾经常咯血的虚弱的身体，“垂死病中惊坐起”，倚着枕头写下了一首题为《怀念我的一位亲友——赤坪》的劝勉诗：

你是一个热烈渴慕自由的人
不想现在你又久久关在牢狱里
我无时不向见面的友人
打听你几时能够出狱的消息

可是全是些不幸的回答
我知道你的出狱一时是无望的
想起你当年那种豪放气概
大江南北哪里不踏遍了你的足迹

几处牢狱关不住你
从探奸手里你也曾用谎语脱离
有一次归家省亲的途中
又遇着“好意”的法官把你释去

呵，好多艰险的遭遇
我不愿为你一一述起
总之，你是一个热烈渴慕自由的人
不想现在你又久久关在牢里

不过，敌人的“黑铁”的高压
终敌不过我们“赤血”的奋起
朋友，等着吧
未来的光明的时代终究是我们的
不要悲伤
不要愁虑
今日的牢狱生活
正是未来的甜蜜回忆

未名社的另一位乡友李霁野始终没有忘记赵赤坪，他曾于“文化大革命”前写下了一首长达2000行的诗《史湾赵平》，只有两三个友人读过，可惜在十年动乱中被抄走丢失。他觉得惋惜，担心赵赤坪这位英勇的战士的业绩将会永远湮没不闻。后来他偶然发现《河北文学》杂志上发表过那首长诗中的两个片段，他还曾经写过一篇悼念文字，便有了用同样的素材再重新将长诗《史湾赵平》写一遍的想法。过了很长一段时间，到了1984年10月20日，李霁野重新写的长诗《史湾赵平》终于写完了，总算了却了他心头的一个宿愿，也是他奉献给万千先烈的虔诚祭奠。重写的《史湾赵平》比原先的短了一半还多，共计764行。当时的六安地区文联《映山红》杂志最早发表了李霁野这首诗的重写稿。《史湾赵平》用诗歌记叙了赵赤坪不平凡的一生，让后人知道了赵赤坪烈士的许多生平事迹，特别是曲折坎坷、坚贞不屈的战斗历程和一生为党工作奉献的红色故事。

赵赤坪牺牲后，1948年8月，中共固始县委决定恢复他的党籍。中华人民共和国成立后，人民政府追认赵赤坪为烈士。叶集镇政府和人民群众为了深切悼念和永远纪念赵赤坪这位叶集籍的著名革命烈士，将他的遗体移葬于叶集郊外破岗口，并立了碑。远在天津的李霁野闻讯后，悲喜交集：想起赵赤坪的一生受尽了磨难，正当盛年可以大有作为之时，却又在中华人民共和国成立的前夕壮烈牺牲了，实在可惜；又想到好在党和人民没有忘记他，营造墓碑永远纪念他，又令他欣慰。于是多次保释赵赤坪出狱、为他写下传略、纪念文章和叙事体革命长诗《史湾赵平》的李霁野，怀着对革命烈士的深深敬爱之情，提笔为赵赤坪的纪念碑写下了挽联和碑文：

挽联：报国有门天将晓，
　　　琴正响时弦断音。
碑文：忠诚无畏一生战斗，
　　　坚贞不屈慷慨就义。

赵赤坪家乡叶集的政府部门、亲友乡贤和晚生后辈们也没有忘记他，用各种形式悼念他、怀念他。2014 年年初，政府部门将赵赤坪烈士墓从荒山野岭迁移到平岗莲花山公墓，安葬在叶集烈士墓园，重新立碑纪念。每年清明节，叶集的中小学生和社会各界人士纷纷前来扫墓，敬献鲜花和花篮，鞠躬默哀，开展祭奠英烈活动，表达对赵赤坪烈士深深的哀思和敬意。

（叶集干部群众和学生在清明节时祭奠赵赤坪烈士）

还有不少人用文字记录赵赤坪的英勇事迹、传奇故事，表达对他的深深怀念和敬仰之情。如叶集籍知名学者和作家天国（安天国）、锡九（方锡九）、韦顺合写的《“未名社”成员赵赤坪烈士》，详细地介绍了赵赤坪烈士的生平事迹，对我们了解赵赤坪忠诚无畏、坚贞不屈的一生有很大的帮助，是赵赤坪烈士的第一篇个人传记。

赵赤坪家乡的后辈和他的学生们也写下了大量悼念他的文章、诗词，如六安市民间文艺家协会主席史红雨先生的《叶集四字赋》，其中赞扬赵赤坪：“抗日神勇，夜袭军营。千里跃进，粮草相迎。无私奉献，名垂丹青……英风浩气，壮烈赤坪。”对赵赤坪的主要贡献和壮烈牺牲作出了公正评价。

还有一首诗《悼赤坪师》，也对赵赤坪的一生作出了简要的概括和准确的评价：

赤坪立志展经纶，
农运讲习真理明。
跃上扁舟迎巨浪，
点燃红炬献青春。
几番囹圄豪情在，
数次清乡敌首惊。

就义从容呼万岁，

满腔碧血铸人仁。

叶集中学教师、中国作家协会会员黄圣风查阅了大量有关赵赤坪的资料，亲自到荒山野岭里的赵赤坪烈士墓前踏勘凭吊。她敬佩赵赤坪是个了不起的革命者，是一条为党赤胆忠心的硬汉子，于是怀着感动和震撼写下了《皖西小镇上的红色记忆》(与李云胜合作)及《铁骨铮铮赵赤坪》《一身硬骨赵赤坪》《李霁野的故土情》《荒凉的烈士墓》《叶集赋》等相关文章，是叶集镇上最为关注和积极宣传赵赤坪的人了。

其他的相关文章还有刘士洪的《百折不挠的革命者——赵赤坪事略》、李业坤的《钢铁志士赵赤坪》、李正辉的《怀念我的祖父李霁野》、朱德奎的《皖西名镇——叶集》等，也记载了赵赤坪的革命生涯，赞扬了他的革命精神，表达了对他的敬仰之情。

（马启俊撰稿）

艾 煊

艾煊(1922—2001)，原名光道，安徽省舒城县人，当代知名作家。2001 年 8 月 10 日在南京病逝。

(艾煊)

艾煊青少年时期曾于抗日中学读书。1939 年春，在国统区救亡团体中工作。1940 年参加新四军，同年加入中国共产党。曾任文工团指导员，抗日军政大学八分校队长、教员、指导员，新四军《抗敌报》及《先锋报》记者、编辑，华东野战军前线新华社分社、支社编辑主任、采访主任、特派记者，曾在涟水、鲁南、莱芜、孟良崮、莱阳、淮海、渡江、上海等战役中进行火线采访报道。后任《新华日报》编委、特派记者、副刊主编，中共江苏省委文艺处处长，江苏省文联副主席、秘书长，江苏省作家协会主席、党组书记。

艾煊在“反右”和“文革”运动中受到冲击，先后被下放到江苏省苏州市太湖西山明月湾和宜兴市太华山劳动，但始终达观处世、宠辱不惊，始终保持着对党的忠诚，表现出一个共产党员的崇高气节和坚定信仰。

艾煊自小热爱文学，从 1943 年起开始发表文学作品。著有中长篇小说《战斗在长江三角洲》《秋收以后》《大江风雷》《山雨欲来》《乡关何处》《散发弄扁舟》《清浊界》《郊鄂外史》《太极之野》《苍颉之过》，散文集《碧螺春汛》《太湖漫游》《雨花棋》《艾煊散文选》《金陵·秣陵》(后改名《金陵梦华录》)，散文丛书《烟水江南绿》(包括《人之初》《茶之余》《海之潮》《绿醉天涯》《醒时的梦》《海内存知己》6 部)，电影文学剧本《风雨下钟山》(已拍摄发行)等。艾煊在江苏文艺界声名显赫，被誉为“江苏当代文学领军人物”“江苏当代散文之父”。

一、皖西古镇走出来的文学少年

1922 年 12 月 22 日，艾煊出生于舒城县一个美丽古朴的小镇——桃溪镇。桃溪镇是千年古镇，现在是人们通往“省城合肥后花园——舒城”的第一站，这里物产丰富，商贸繁荣，有着悠久的历史和著名的人文景观，历史上曾有“日有千帆过，夜有万盏灯”的繁荣，素有“小上海”之美誉。桃溪地如其名，山清水秀，民风淳朴。艾煊的少年时期是在这个小镇上度过的，当时，虽然五四运动的热潮还在持续，但这个偏安一隅的皖西小镇，却依旧遵循着旧的传统与思想。地方上的乡绅与启人智慧的小学老师，被当地人视为最有身份和思想的人。多年以后，离开家乡数十年的艾煊在回忆自己是如何踏上文学创作这条道路的时候，仍满怀感激之情地表示，自己的文学启蒙老师是桃溪镇小学的国文老师翟味西先生。

艾煊的这位文学启蒙老师身上留有传统私塾先生的影子，深受儒家经义学说的影响，且对学生极其严厉。艾煊后来曾回忆说：“他喜欢打手心，极其苛严，学生畏之如鼠畏猫。”翟先生教书遵从孔老夫子的有教无类和教无定法的教育观，坚持因材施教，授课方式非常独特，风格也很鲜明。这位翟先生从来不按照教科书的内容给学生上课，而是自己编写讲义作为上课的教材和学生的读本，选的篇目都是古今文学名著。

古话说得好，严师出高徒。在这位小镇国文教师的指引带领下，少年艾煊顺着翟先生手指的方向，怀揣着梦想，推开了一扇奇妙的文学之门，走进了神圣的文学殿堂，正式开启了自己的筑梦之旅。每每兴之所至，艾煊就会信笔写来，虽然这些文字无缘发表，但实实在在地锻炼了艾煊，让他自小练就扎实的写作功底，并养成了“我手写我口”“我手写我心”的良好习惯。

（艾煊的故乡——舒城县桃溪镇）

二、投身烽火岁月的战地记者

1940年，由于日寇的入侵，中国大地满目疮痍，烽火连天，国人饱受战争之苦，军民伤亡惨重。睹此情形，年仅18岁的艾煊毅然加入新四军。不久后因表现出色，学识出众，成为抗日军政大学第八分校的教员，并于同年光荣加入中国共产党。在繁忙的工作之余，艾煊仍用心编织着自己的文学梦，写作样式主要是散文与诗歌，这些文字陆续见诸各大报端。

1943年，中国正处在生死存亡的十字路口，内忧外患，风雨飘摇。这一年艾煊21岁，他清醒地意识到诗情画意的散文和诗歌不属于革命年代的主基调，于是他应时而动，把写作重心转移到战地报道，深入前线，成为一名光荣的战地记者。

艾煊先后在涟水、鲁南、莱芜、孟良崮、莱阳、淮海、渡江、上海等大大小小的战役中进行过火线采访报道。在那段烽火岁月里，艾煊冒着生命危险深入火线，换回一篇篇真实的战地报道。作为爱国青年，他从未畏惧过死亡，始终站在战争的最前沿。战场上发生的一切，通过他的眼睛看，他的头脑思考，最后，用他手中的笔将真实的见闻一一记录下来，见诸报刊。艾煊所做的这一切都只为作出最客观、最公正、最及时的报道，让更多的人了解最真实的战场，见证那段血雨腥风的苦难历程。而在采访中亲身经历的那些战斗场面，在艾煊的脑海里留下了不可磨灭的烙印。他后来以真实经历为素材写成了一部优秀的作品——《内战战场闻见实录》。而这些亲身经历以及后来的写作，都为他编写剧本《风雨下钟山》奠定了坚实的基础，成就了他在当代文坛的盛名。

年轻的艾煊在炮火震天、硝烟弥漫的前线，接受了血与火、生与死的洗礼，这段出生入死的战地记者经历，锻造了艾煊大无畏的精神和坚韧不拔的毅力，也坚定了艾煊以身报国的爱国理想。后来艾煊也正是凭借着这股坚不可摧的顽强意志与力量，去对抗多舛的命运，成为扼住命运咽喉的主人。

三、矢志不移坚持红色文学创作

1949 年 4 月 23 日，人民解放军占领国民党的统治中心南京，宣告了国民党反动统治的覆灭。荷枪实弹的人民解放军气宇轩昂地将总统府踩在了脚下，南京解放了。此时的艾煊先后在《新华日报》和江苏省委宣传部工作，并从事业余文学创作，出版了《朝鲜五十天》《战斗在长江三角洲》等著名散文集，并着手构思撰写他的第一部长篇小说。

长篇小说的创作，需要一个安静的环境，不容外界的干扰。但艾煊当时的实际情况是无法满足这个条件的，为此，艾煊深感苦恼。他曾不止一次地向江苏省委提出过专业创作的意愿申请。最终他的要求被批准，但省委附加一个条件，要求他担任江苏省文联的行政职务。为了专心致志写他的第一部长篇小说，艾煊决然离开了省委宣传部，由此可见，艾煊先生对名利的淡漠，对文学的执着。然而，好景不长，小说刚酝酿起稿，就赶上"反右"运动。艾煊蒙受不白之冤，被打成右派分子，下放到太湖孤岛，从事着繁重的体力劳动改造。在这段艰苦的"反右"运动时期，孤岛上的艾煊在劳动中接触并了解到底层社会的生活，为日后的文学创作积累了丰富的素材。几年后，艾煊调回江苏省文联继续工作。他的长篇小说计划又得以继续，很快第一部长篇小说《红缨枪》完成，并于 1965 年年底更名为《大江风雷》，由人民文学出版社正式出版。

艾煊坚持社会主义现实主义创作原则，以满腔热忱和质朴的表现方法，讴歌了我国人民艰苦卓绝的奋斗历程和蓬勃向上的精神风貌，他的这部小说属于红色文学范畴，在中国当代文学史上占有重要的地位。这部小说一经问世，广受好评，甚至奠定了艾煊在我国当代文坛上的重要地位。

《大江风雷》讲述了全面抗战初期，一支新四军部队东进途中发生的一系列故事。艾煊在小说中用精准的文字生动地描写了频繁的“扫荡”、暴动、叛变、和平谈判、家庭冲突、社会变革等大大小小的斗争，塑造了一大批不同类型的社会众生，人物形象鲜明有力，情节惊心动魄，叙事恢宏，大气磅礴，是值得我们阅读的史诗性的鸿篇巨制。

1982 年，一部名为《风雨下钟山》的彩色电影正式在全国各地上映，影片上映之后好评如潮，反响热烈，一时间人们都在谈论这部令人热血沸腾的电影。担任主演的几位演员如张克瑶、王铁成、孙飞虎等也迅速红遍大江南北。影片公映后，先后获得文化部优秀影片奖、首届中国人民解放军文艺奖等奖项。影片讲述的是南京解放前后的故事。1949 年 4 月 20 日，南京国民党政府拒绝了和平协定，毛泽东主席和朱德总司令立即发出向全国进军的命令。当日午夜起，我军百万雄师强渡长江天险，势如破竹，一举摧毁长江防线。国共谈判破裂后，周恩来真诚挽留张治中等国民党代表团的代表一同共事，并帮助张治中一家在北平团聚。1949 年 4 月 23 日，南京解放，蒋家王朝彻底覆灭。电影真实地再现了 1949 年那场对中国人民意义重大的国共对决，而这场对决的亲历者之一，正是这部电影的编剧艾煊先生。

（电影《风雨下钟山》剧照）

四、平生最爱是散文，曾获鲁迅文学奖

艾煊在小说创作上卓有成就，但是他一生最爱的文学创作体裁却是散文。其实早在青少年时代，他就开始尝试散文创作，而且从未停歇。艾煊一生中的大部分时间都生活在六朝古都江苏南京，这是他的第二故乡。对他而言，南京乃至整个江南都是意义非凡的，艾煊对这片土地爱得深沉，充满眷念之情。所以，他的散文大多是围绕着江南风物展开描摹的，文字明丽洗练，不染铅华，充满江南的诗情画意。历史悠久的江南街巷，古老的历史传说，小桥流水，风土人情，六朝兴废……都被先生写进了散文里，可见先生对江南饱含深情。长期笔耕不辍的高质多产的散文创作，也为艾煊渐渐赢得了各种荣誉。1998 年 2 月 9 日，艾煊因散文作品《烟水江南绿》荣获第一届鲁迅文学奖优秀散文杂文荣誉奖，与他同时获得这一奖项的还有当代著名散文大家冰心、国学大师季羡林。

艾煊并没有因为已经登上了文学创作的高峰而止步不前，他继续保持着多产的创作频率，新作不断问世。在世纪之交，艾煊又奉献出一部精心创作的散文力作——《祖先的慧光》。那是他以文化学者的身份，对绵长而又浑厚的中国历史所提出的一种严肃的文化思考。在他的这些散文中，作者用写实而又抒情的文字，展现了文化、历史以及散文语言的亲和力，有一种大文化的穿透力贯穿始终。在《始祖祭》中，艾煊写道：“人类有文字记载的历史不过几千年。是从始猿开始后的万分之一的时间。路漫漫兮，若再过四五千万年，人类演进的面貌又将如何？这是连科幻小说也难以想象的题材了。”历史，被称为唯一的科学，也是所有文学作品永恒的母题。艾煊笔下的历史，却展现着一种穿越时空的活力，他提纯了历史中的散文美学，同时又在散文美学中注入深邃的历史精神与人文关怀。

诚如艾煊谈他自己的散文创作时所言：“我写散文没太注意地域的因素，更多注重的是中国的传统文化。上古文化虽无文字记载，现已被考古发掘所证明，不仅发现了古代文化，同时也发现了古代的哲学思想，中国文化的根在秦汉，在黄河中游，这是我们所能够接触到、看到的。我们有责任对历史作出回答，因此我写的散文不是游山玩水之作。”艾煊所言不虚。读过艾煊散文的读者都知道，先生的散文既不是游山玩水之戏笔，也不是故作模山范水之工笔，他是“见山还是山，见水还是水”之后的深刻洞察，别有一番大境界，这是艾煊先生历尽千帆之后对生命和自然的大体悟、大智慧。比如《灵洞》一文，先生通过人类与酒的渊源关系，道出最原始的人类自由意志和生命的根性所在。再如《汉字之祖》篇，全文折射着

汉字的光辉魅力，我们从中看到了一脉相承的大文化无所不在的生命伟力，这种对历史的深邃探寻，体现出中华文化的浪漫和天人合一的理趣。

艾煊散文史诗合一，既有史家笔墨的融注，又含诗家笔墨的渲染。例如，从《游临淄》与《中国第一任烹饪大师》中，我们读到了作家文笔的蕴藉和文思的妙趣，其中更有作家艾煊的理性思考。再如，高屋建瓴的《嘶马悲风》一文，作者对历史、战争与人类命运的揭示，显得深沉而旷远。而艾煊在《祁连古道》中的思考，同样是冷峻而肃穆的，这种冷峻和肃穆主要表现在作为主体的人的退场，而另一个主体——自然，则在辽远的人文背景中凸显，作家叙事抒情视角的转变，令我们读来别有一番新意。还有《辉煌的六朝灯火》一文，也是精彩绝伦的美文代表，在艾煊笔下，六朝古都犹如不施粉黛的布衣美人，繁华勘落，金粉洗尽，风姿清约，呈现在读者眼前的是好一个独具风采的美学时代的辉煌六朝。

艾煊的文章充满睿智与哲思，我们在阅读时自然也需要用一颗真诚宁静的心去细细地领悟感受。我们不妨读一读《胭脂井》中的一节：

> 中国的国情不同。中国的皇帝，太平年月，既爱江山又爱美人。一旦面临亡国之灾，那就只爱皇帝的权位和享受，而将亡国的罪责归咎于美人了。唐玄宗李隆基不惜犯下逆伦罪来爱儿媳杨玉环，此时，正统的伦理道德，全从陛下的眼中消失了。但当他的皇帝权力受到安禄山威胁时，竟绝情绝爱地将杨玉环娇嫩的颈脖，吊到路边的大树上。如此推论下去，希特勒的灭亡，是否也应该归咎于演员爱娃？但爱娃并未蒙受此委屈。这就是中国和西洋国情不同的地方。

艾煊从唐代的李杨史实入手，做了即兴式的追思发问，他所探讨的已跳出了简单的道德评判，也不是简单地对个人命运的追问与思考，而是上升到对整个中国传统价值体系的俯瞰、审视、解构与颠覆。

在生命进入倒计时的最后几年，艾煊远离了俗世的干扰和羁绊，进入一种自由逍遥的写作状态，并在文学理论上有所建树。2001 年 7 月 15 日，80 岁高龄的艾煊饱受重疾折磨，但矢志不渝，仍在坚持思考和写作。据艾煊的家人回忆，这一天，卧在病榻之上的他仍意志顽强地用无力的颤巍巍的右手写下他对文学的终极思考：

> 没有想象就没有艺术。散文可写亲见亲闻亲历的真实事物。可以破除时空间隔，时间转化为空间，空间转化为时间。现在可嫁接遥远的过去，身边可嫁接茫茫太空。散文的对象是宇宙和人生，一切外物都是心灵的反映。物与心交融，景与情相通，化实为虚，构成一种灵妙的境界。

至此生命的最后时刻，先生依然没有停止文学创作，依旧强忍着病痛著文不倦。写作，成了先生矢志不移的理想和精神寄托，伴随其一生。这一年的 8 月 10 日，先生因病在江苏南京溘然长逝，驾鹤西归。虽然时至今日，我们无法再睹先生风采，但他著作等身，以不朽的文字将他的精神遗产留了下来，这些伟大的作品，特别是充满革命理想与斗志的红色文学，将温暖和激励着后世一代又一代的读者，指引我们怀揣梦想继续奋然前进。

五、先生之风，山高水长

在当代文艺界，艾煊是一个既有崇高的人生理想，又有丰富的生活情趣的作家，也是一个雅俗共赏、可爱可敬的作家。他的豁达大度、耿介正直、幽默风趣、慷慨热情、苦中作乐，也是有口皆碑的。

艾煊平生执着的事业就是读书写作，而在个人生活的爱好上，最爱做的事情莫过于下围棋，这也是圈内友人都知道的。据说当今江苏文艺界人士大都爱下围棋的风尚，就是艾煊倡导和引领起来的，而且江苏文艺界的围棋水平高居全国文艺界之首，也与先生长期身体力行的教诲砥砺有关。艾煊嗜棋如命，不光在文艺界传为佳话，他也把下围棋的一些经历写进了作品里。譬如在他的一篇散文《雨花棋》中，就提起过一段跟围棋有关的生活趣事：据先生回忆，早年因为物资匮乏，生活清贫，艾煊没有条件购买围棋。于是他就想方设法发挥聪明才智，亲手“研制”围棋。艾煊就地取材，用彩色的石头作过棋子，甚至用大米作为棋子。他把白米粒当作白棋子，把用墨汁染过的黑米粒当作黑棋子。制作完成后，就呼朋唤友至家中下几局“米围棋”，而对弈酣战结束后，再把这些“棋子”淘洗干净，下锅煮成米饭填肚子。先生在研制围棋棋子的路上乐此不疲，屡有创新，甚是自得。这种自娱自乐、安贫乐道，艺术化的人生态度，深深地感染了他的亲朋好友。通过先生的文字，我们也感受到了先生的身上颇有几番古代名士的神韵风采，也给读者带来了阅读的喜悦和快乐。

艾煊的文坛好友、当代知名作家、曾任江苏省作协副主席、电影《天下无贼》原著作者赵本夫先生，曾于 2017 年 2 月 6 日在《人民政协报》上发表过一篇纪念艾煊的文章，题为《永远的艾煊》，值得一读。里面追忆了这么一段往事：“上世纪 90 年代，艾老写过一部小长篇，交给了《钟山》。编辑看后，觉得不适合在《钟山》发表。但艾老的稿子怎么能退？他们犯难了。我从 1993 年开始兼任《钟山》主编，那时，《钟山》在刘坪主持下已办成全国名刊，对作家有极大的号召力，平日稿源不缺，但经费遇到很大困难。全国文学刊物都是如此。许多刊物在组稿之外，还给每个编辑下达创收任务，既分散了编辑的精力，也影响了刊物形象。我平时不管编辑业务，只每年初开一次会。我对大家说，钱的事都不要操心，我去拉赞助，大家安心做好编辑工作就行了。并且提出：平时，你们的主要任务不是组稿，是退稿！不适合在《钟山》发表的作品，即使是名家稿也要敢退。我之前一些重要作品，包括《卖驴》《涸辙》等，都是在《钟山》发表的。但当了主编就不同了。为了办好刊物，就不能发关系稿、人情稿，我表示自己带头，从今以后不在《钟山》发表任何一篇小说。因为分管期刊，也不在《雨花》发表小说。没想到，这一坚持，就是 25 年。我已退休 8 年了，至今也没在《钟山》《雨花》发表过一篇小说。那时退名家的稿子是要有胆识的，《钟山》退过不少名家的稿子，也因此得罪了一些人。但大家坚持这个办刊理念，保证了《钟山》的纯正和风格。当时我看过艾老的小长篇后，也觉得不适合在《钟山》发表，只好退，也只能由我去退。我带着稿子和忐忑去了艾老家，他一看到我就笑了，说是来退稿的吧？没关系，来！我给你泡杯茶，咱们下盘棋。关于稿子，他一句话没说，也不让我作任何解释，这件事就过去了。他当时没有任何不快，事后也真的没有生气。一次我生病住院，他坐公共汽车来看望，居然陪我坐了一上午。艾老仍然每次来作协都会到我办公室坐一会，看看我，聊一阵，问我在写什么。然后执意不要派车送，一个人走了。每次目送他慢悠悠消失在楼梯口，我常会眼含泪水，感动于他的慈爱无私和高风亮节。艾老曾领导江苏文学界几十年，他对文学的清醒和成就，对江苏文学事业的高瞻远瞩、无私奉献，对名利的淡泊，做人的坦荡胸襟、善良温厚，都堪称一代名士。”

当代著名作家储福金先生，既是艾煊的同行，也是家人。他曾写有《艾煊印象》一文，透过字里行间，我们可以看到一个更为真实的艾煊。

现在我们已知道，艾煊喜欢下围棋，储福金在文中也提到下围棋的往事：“很长一段时间，我去他家里，随便聊上几句，他就说：我们下盘棋吧。于是便摆下棋局。艾煊下棋落子很快，几乎不假思索。他根本不在意棋的输赢，下完一盘，把盘上的子往下一撸，接着再开始第二盘。虽然不论胜负，艾煊对棋还是有一种敬业感，好几次我们下棋时，家里另来了客人，他嘴里与客人寒暄，眼睛却还在棋盘上，一直把眼下的一盘棋下完了，他一撸棋子，才转身含着歉意地笑与客人对话。”

储福金还写到他与 70 岁的艾煊同游虎跳峡的一段经历，“夜行的长途汽车上，乘客很少，看到古稀之年的艾煊横躺在两张连着的硬板座位上，我自有一种人生悲凉的感觉。而从丽江到虎跳峡的路上，当地州政府派的吉普车到峡谷前就无法行驶了，只有徒步从尚在铺建的峡谷小道上往前走。陡峡里是金沙江的湍急激流，两岸山头是常年不化的玉龙雪山和中甸雪山。窄窄的谷道上是高低不平的碎石，正有修路工人在敲着石头。艾煊坚持往前走着，并不要别人搀扶，风吹着他稀疏的花白头发。此时，我感到他真有一种精神，执着地走自己的路的精神”。这段文字勾起了我们对那个烽火岁月里在枪林弹雨间穿梭的战地记者艾煊的想象，对那个不畏艰险、乐观开朗、坚韧不拔地在太湖孤岛受难的作家艾煊的想象！

江苏省作家协会《钟山》执行主编徐兆淮先生曾于2012年3月8日在《新华日报》上发表名为《忆江苏文学领军人物艾煊》的文章，他在文中这样评价艾煊：“近三十年来，江苏实为全国文学重镇，而艾煊无疑曾经是江苏文学的领军人物。”可见，这位从大别山走出去的皖西籍作家，用毕生的心血完成了一部又一部优秀的文学作品，最终成就了他在江苏文坛上的大师地位，甚至被誉为“江苏当代散文之父”。

（崔玲撰稿）

杨美清

杨美清(1931—1990)，男，汉族，笔名杨桂、亦兵，安徽省六安市霍山县与儿街镇石河村人，中共党员，高中毕业。1949 年参军，随军南下云南，是云南省著名作家、诗人，中国作家协会会员，中华诗词学会会员，云南省作家协会理事。

杨美清一生创作了大量的文学作品，在文学上的建树，得到了文学界的广泛认可。《中国文学家辞典》(现代第 3 分册)、《中国现代作家》(续集)、《中国诗歌大辞典》《中国当代文艺家名人录》和《白族文学史》等，均对他做了介绍。杨美清的作品多以少数民族生活为题材，颇得当地人民喜爱，有“洱海的螟蛉义子”之誉。他的作品曾获 1952 年云南省文联文艺创作征文一等奖、二等奖和云南解放 40 周年征稿三等奖等。

1990 年，59 岁的他仍然身体健康，精力充沛，创作激情饱满。但是，该年 5 月 4 日，他在去参加大理白族自治州党代会的途中，不幸遭遇车祸，因公殉职。

一、从淘气小子成长为文学少年

位于霍山县东部的与儿街镇石河村，村边的石河穿流而过。村子周边气势磅礴的复览山、婀娜多姿的牛头山、巍峨气派的指封山，尤其是以奇山怪石著称的西石笋景观，都让人惊叹。

(全国环境优美乡镇——霍山县与儿街镇)

1931 年 2 月 18 日，这里的一个农家小院迎来了一个新生男婴，他叫杨美清。

杨美清小的时候，特别淘气，上树掏鸟蛋，下河摸鱼虾，样样都少不了他的参与。在当地私塾读书期间，其祖父是塾师，对孙子杨美清要求非常严格。有一次，杨美清早上不来上课，偷偷溜到河边钓鱼。第二天祖父知道情况之后，恨铁不成钢，看到杨美清远远地背着书包来上学，就拿起戒尺追着杨美清满院子跑，吓得杨美清一边跑一边喊着："爷爷，饶了我吧，下次我不敢了!"祖父训斥道："看你下次还敢不敢逃学!"后来在祖父的严厉管教下，杨美清终于收心，对学习逐渐产生浓厚的兴趣，在语言方面表现出与众不同的天分。

因家庭经济困难，不能到外面的新式学堂继续求学，1947 年年初，年仅 16 岁的杨美清只身前往合肥谋生。由于他年纪尚小，只能找一些不太累的体力活干，比如卖报纸，但是经常饥一顿饱一顿，小小年纪就感受到了人间的残酷。由于从小受其祖父的教育和熏陶，杨美清自幼酷爱文学，长于写作，少年时代就会写律诗。在外谋生期间，中秋节到了，杨美清独自一人走在合肥的大街上，看着人来人往的街道，不禁热泪盈眶，更加思念家乡，回到宿舍很快写出一首律诗《中秋感怀》，尝试着投稿，后来竟然在合肥《公正报》上发表了。这是他第一次在报纸上发表作品，由此体会到了写作的乐趣，自信心树立起来了。

1948 年 5 月，杨美清转往南京，投奔在国民党海军部供职的堂叔。堂叔觉得这孩子聪明伶俐，喜欢文学创作，就想把他留在自己身边培养。但是后来由于两人信念不同，出现分歧，杨美清 17 岁时就离开堂叔，到位于南京珠江路 207 号的私营"大中华印刷厂"当排字工人。工厂环境很差，气味难闻，工作时间长，他为了学排字吃了不少苦头。有一天下午，他在工作时，因为平时睡眠不足，昏昏欲睡，差一点把手指头卷进机器里，险些酿成大祸，因此遭到工头的训斥和扣钱。当天晚上，他独自一人躺在宿舍里偷偷地掉眼泪，恨不得立刻回到亲人的身边。当然，生活的磨炼对于杨美清来说也是一笔宝贵的精神财富。后来，他在南京《新民晚报》上发表了散文《生活在最底层的人们》，艺术地再现了当时城市里一线工人挣扎在生活底层的状况。

两次公开发表作品，激发了杨美清的文学创作热情，也使他在枯燥乏味的体力劳动之余，找到了精神上的快乐与自信。丰富的生活经历与早期的创作经验，为他后来走上文学道路奠定了重要的基础。

二、投奔西南服务团

1949 年 6 月下旬的一天，《新华日报》刊登了招收西南服务团的消息。那天，杨美清一直在忙厂里的工作，没有及时得到消息。傍晚，他在下班回宿舍的路上，看到大街上围了很多人，锣鼓喧嚣，彩旗飘扬，不知道是干什么的，他凑到人群中一打听，原来是召集优秀的年轻人，响应共产党的“解放西南、建设西南”的号召，报名投奔西南服务团。

云南与其他省区不同，1949 年 12 月，国民党云南省主席卢汉率众起义，云南和平解放。当地各级地下党迅速接管政权，并全部留用旧的军、公、教人员。等到西南服务团到达云南后，就要全面接管各级政权及职能机构。

中华人民共和国成立之初，云南省很多地方接连发生暴乱，到 1950 年 5 月仍有 200 余股土匪，达 10 多万人，一度攻下 6 个县城。怎么巩固新建立的政权，这些任务就落在西南服务团这些年轻人身上。

杨美清对报名参加西南服务团兴奋异常，但是兴奋过后，他站在南京的大街上，开始冷静地思考自己未来的命运，是在南京继续谋生呢？还是奔向遥远的彩云之南，接受建设云南的工作任务？如果去了云南，就会离家乡亲人越来越远，以后回老家将会路途遥远、很不方便，但是留在南京继续当工人，他又心有不甘，自己虽说只是一个普通工人，但是对文学创作很有兴趣，所以不愿放弃这个改变命运的大好机会。杨美清在想好决定之后，立刻报名，没想到顺利通过考核，被编入中国人民解放军西南服务团一大队云南支队。

（西南服务团）

这个好消息传到霍山县东部的与儿街镇石河村时，整个村庄都沸腾了，家人朋友都很欣慰、骄傲，杨家孩子终于长大了，要去遥远的西南建设新中国了。

在南京经过 3 个多月的集训，1949 年 10 月 3 日，杨美清离开南京，先是坐火车到汉口，车是闷罐车，每节车厢坐 80 多人。抵达汉口后，取道湖南，自此不得不开始徒步行军。为了防止路上给养供不上，每人身上背了 7 斤大米、3 斤盐和 5 斤柴，加上背包、步枪等，重约 35 斤。到了湘西，整天阴雨绵绵，身上里面一身汗，外面一身雨，差不多个个身上都长了虱子，脚上没有不打泡的，打了泡又干，干了再打泡。走在泥泞的小路上，胶鞋太滑，杨美清在鞋上加上草鞋包起来，但是草鞋糊了泥巴也滑得很，于是就买马掌，把马掌反过来，使钉朝下绑在鞋上，这样一路坚持下来，历时140天。

在赴滇行军途中，他除了担任中队壁报委员，完成沿途宣传鼓动工作外，还创作了大量的诗词，真实而艺术地记录了当时的真情实景，具有较高的史料价值和艺术价值，后来被编辑成《西南服务团诗词选》，得到老作家杜宣先生的高度评价和赞扬。

历经4个多月的行军，1950年2月20日，西南服务团云南支队到达云南。短暂的休整之后，他们在小石坝集中，然后分配工作。从此一别，各奔西东。他们被分往玉溪、武定、曲靖等地区，参加基层工作队。杨美清被分配到云南省邮政管理局人事科工作，1952年加入中国共产党。他先后任祥云县邮电局局长、祥云县委宣传部部长、大理州宣传部文教科长、大理州文联副主席等职。

对于这一段从南京出发前往云南的特殊旅程，杨美清曾经饱含深情地说："关于这一段经历，我要写一部长篇小说，名字叫《八千里路云和月》，这里面可能有些凄凉、有些悲壮，但我一定要写，要让后人了解和记住这段历史，不然无以告慰那些牺牲的战友们！"可惜这个宏愿，永远也不能实现了。这既是杨美清的遗憾，更是牵挂那段历史的人们和读者的遗憾！

三、描绘云南风土人情的文学创作

自1949年参加工作后，杨美清一直工作和生活在云南，把青春和热血奉献给祖国西南边疆的建设事业。他深入基层，贴近群众，深得当地少数民族人民的拥戴，被誉为"洱海的螟蛉义子"。

1952年，云南省文联举办文艺创作征文，再次激发了他的创作激情，他的应征诗歌、小说作品分别获得一等奖和二等奖，他受到极大的鼓舞，从此开始了真正意义上的业余文学创作。他在云南工作40余年，主要从事文化宣传工作，主编过《大理文化》《点苍山》等刊物。他的作品主要是宣传介绍少数民族风土人情，赞美云南美丽的自然风光和英雄模范人物，讴歌西南边疆的社会主义革命与建设事业。

（《点苍山》1980年第1期封面）

1955年8月中旬的一天，杨美清随友人一起到大理民间采风，首先参加了当地的火把节。火把节是白族的传统节日，节日当天，男女老少聚集一堂祭祖。通过拜火把、点火把、耍火把、跳火把等活动，预祝五谷丰登、六畜兴旺。当天晚上，他们到达大理，发现大理已经变成了火的海洋，从黄昏时星星点点的火光，到最后蔓延四野的火海。初始星星点点的火光，是各村各寨点燃的大火把，后来的火海、火龙，是人们在狂欢，迎接火把节的高潮。大理古城内明令禁火，火把节的气氛会弱一些，但是周边的白族村寨，把火把节这个传统的节日过得非常热闹。中和村坐落在苍山脚下，离古城一街之隔，交通便利，这成为最大的优势，吸引了不少人。

杨美清与朋友到达中和村火把节活动现场的时候，其实有点晚了，扎火把的过程已经结束，只有一些村民忙碌着，做最后的收尾工作；同时，准备晚上点火把的长竹竿。高达十几米的大火把，如果没有足够长的引火设施，点火就是个大问题。不多时，所有工作准备就绪。村里请来了最年长的老人，拜火把，祈福。老人已是104岁的高龄，如此硬朗，实属难得。偌大的火把，仅凭人力，竖起来是一种考验。杨美清心里想：如果有起重机，竖火把会简单许多。但是等他亲自看完全过程，才发现就算有了起重机，竖火把依然是很难的事，因为这是个技术活。需要反复调整角度、力度。最终，众人协同作战，终于把火把竖起来了。为了安全起见，还用了脚手架，加固了火把。

一些人在这边竖火把，另一些人在那边准备晚宴。择菜、炖肉、裹丸子，蒸米、切瓜、洗白菜，分工明确，各自忙碌。接下来，白族八大碗开席。当地人告诉杨美清，他们都是好手，知道谁家有多少客，需要准备几桌，村里做宴席可以做得妥妥的。

一些人还在吃饭，杨美清才吃个半饱，就看见乌泱泱的人群，把火把围了个水泄不通；继而听见说那边在拜火把，准备点火了。然后拜完火把，点火把，此时，整个中和村广场聚集了越来越多的人，一个个扛着大小各异的火把，大有火拼的姿态。不过一看着装，就知道他们只是凑热闹。点完大火把，天愈加黑了。抛开仪式、风俗的话，火把节的高潮应该是耍火把、打火战。无论是本地居民，还是外来游客，人手一火把，在广场上，草地中，点燃火把，撒松香，一把松香过去，火苗蹿出老高，既刺激，又惊险。当天晚上，杨美清与朋友在火把节现场一直玩到很晚才回到住处睡下。

第二天上午，简单地吃过早饭，杨美清一行又向苍山出发。层峦叠翠的大理苍山，有十九峰、十八溪，其中有一峰叫玉局峰。据当地人说，每到冬天，玉局峰上便会出现一缕洁白的云彩，袅袅婷婷，宛如一个美丽的女子，伫立在玉局峰顶，向洱海眺望，那景色十分迷人。这朵云还有一个动人的名字，叫“望夫云”。只可惜，眼下是夏天，玉局峰上没有望夫云。

在苍山的玉局峰做短暂的停留之后，杨美清与朋友继续前往苍山斜阳峰东麓，那里有著名的蛇骨塔，原名佛图塔，为十三级密檐式空心方形砖塔。蛇骨塔建筑技艺高超，自唐至今，稳固如初。而伴随着塔的存在，千百年来，在云南各族人民中一直流传着一段惊心动魄的故事。

当地村民告诉杨美清，相传南诏时，苍山马龙峰下出现了一条硕大无比的巨蟒，这畜生是吃人的魔王“薄劫”变的：它的头像狮子，身子像龙，两只碧绿的眼睛闪着阴森森的寒光，一张血盆大口吐着凶焰。只要它一张口，几十丈外的人畜就被吞进肚里。它还时常跑到洱海里兴风作浪，打翻船只，淹没田庄，害得洱海边上的百姓难以为生。蟒蛇危害百姓的消息，不久便传到南诏王宫，从国王到文官武将，一个个都被吓得面无血色，惊慌失措。但文武百官没有一人想得出降伏巨蟒的办法来，最后，只好张榜招贤，悬赏斩除恶魔的能人异士。苍山应乐峰下的绿桃村有个年轻英武的石匠，名叫段赤诚，看到巨蟒危害，人民受难，便决心为民除害。他揭下招贤榜，手执两刃“浪剑”，身捆 24 把钢刀，辞别了挥泪送行的父老乡亲，只身扑向波浪翻滚的洱海。那巨蟒正在海中寻觅食物，忽见有人向它扑来，便张开大口，等待一顿美餐。段赤诚身上绑着刀乘势跃入蟒蛇口中，蛇被刀子刺死了，段赤诚也因为在蛇腹内没有空气而死。

水患平息后，人们把蟒蛇打捞上来，剖开蟒腹，取出段赤诚的尸骨，把英雄隆重地安葬在苍山马龙峰下。为了永远纪念这位为民除害、以身殉难的英雄，人们把蛇骨烧成灰后和泥烧制成砖块，在段赤诚墓地上建起了一座雄伟的大塔，这就是蛇骨塔的来历。几百年来，蛇骨塔之名一直沿袭至今。因此，当地许多人，只知有蛇骨塔，却不知道佛图塔。

现存的这座被民间称为“蛇骨塔”的佛图塔，始建年代约为南诏劝丰佑时期，其造型与崇圣寺三塔中的千寻塔相似。第一层至第四层为直砌，五层开始逐渐收方。整座塔造型古朴，具有典型的唐代佛塔风格。听着村民的介绍，杨美清看着眼前这座古朴简洁的白塔，头脑里闪现出段赤诚与蟒蛇格斗的场面。

在大理待了三天之后，杨美清一行结束了这次民间采风。大理白族百姓的民俗生活与传说故事给他留下了深刻的印象。回去之后，杨美清陆续写出了叙事长诗集《火把节》《望夫云》《蛇骨塔》《南国藏僧》，散文集《大理风物散记》，游记集《大理风光》等一系列文艺作品。著名作家老舍先生，在 1960 年 7 月全国作家协会第三次理事(扩大)会议上所做的工作报告中，称赞杨美清的长篇叙事诗《望夫云》《火把节》《蛇骨塔》："这些作品对于民族的团结与繁荣民族地区的文学创作都起了积极作用。"这个评价对杨美清而言应该是实至名归、当之无愧的。后来杨宪益先生还把《望夫云》译为英文出版。

杨美清先生在文学创作上，涉足小说、诗歌、散文等领域。通过40余年勤奋笔耕，共创作各类文学作品上千万字，包括诗词一千余首。1957年至1989年已正式出版的著作有：中篇小说《战斗在大石山上》《闪光的琴弦》，短篇小说集《苍山脚下》，并与他人合著了《西双版纳风物志》《白子将军——民族英雄周保中文学传记》《大理风情》和童话集《神笛》等。

(《闪光的琴弦》封面)

(《西双版纳风物志》封面)

四、割舍不断的故乡情

杨美清这位苍山洱海的螟蛉义子，虽然身在祖国的西南边陲40年，与聚居在那里的各族人民结下了血浓于水的深厚情谊，但却无时无刻不眷念着生于斯、长于斯的故乡——霍山。杨美清先后四次回故乡探亲。有一年春节，他回到家乡和亲人朋友团聚，看到了很多熟悉的面孔，心情格外好。茶余饭后，他告诉家乡的亲人与朋友："在边疆的日子里，时常和身边的同志谈起心中对故乡的记忆。每次决定回来，前几夜怎么也难以入眠，故乡的山，故乡的水，故乡的人和事，像电影一样在脑海中鱼贯浮现，每当乘坐的汽车前行，别人都在打呼噜，我怎么也按捺不住激动的心情，当故乡的青山绿水呈现在眼前的时候，激荡的情感撞击着我的心灵，恨不得立即跳下车，扑进阔别多年的故乡，融入她温暖的怀抱，这种心情不是久别故乡的人，怎么也体会不到的。"有朋友开玩笑地问他："你是爱生你养你的家乡，还是更爱云南边疆?"杨美清说："我爱祖国的边疆，更爱我的故乡，我是故乡的阳光雨露、故乡的山水养育的一棵青苗，移植到祖国边疆，虽然没有长成参天大树，但也没有枯萎掉。”他还说：“一个人出生的时候衣孢子(胎盘)埋在哪里，哪里就是他的根，无论你走到天涯海角，这个根无时无刻不把你攥在手中，你取得成绩和遭遇挫折、拥有欢乐和感到忧愁，故乡一定会一起分享你的成功欢笑，帮助你排遣忧伤，这也是我这个游子几十年来的生命体验。故乡在我的心中，是永远的圣地!”杨美清对故乡刻骨铭心的理解和诠释，对故乡源于生命的牵挂，表现出一种与生俱来、融入生命的胎记般的浓浓情怀。

杨美清对故乡的文学和文化事业也给予了极大的关注。1984 年，在美清先生的激励下，家乡的一些爱好文学的青年拟组织一个文学社，霍山县文化部门负责人把他们的打算和聘请他做顾问的想法，以及事先酝酿好的几个社名写信告诉他，请他定夺。美清先生接信后，积极支持这个做法，欣然接受聘请(后为名誉社长)，并建议采用“小南岳文学社”的社名。

就这样，1984 年 10 月 3 日，“小南岳文学社”成立了。不久，美清先生给文学社寄来了几十本文学方面的书和一首七律诗、一副对联。其诗为：“莫道湘江南岳名，淠河南岳出新声。浮云常掩登山路，暮霭半明孤寺灯。疏树峭岩风飒飒，碎花浅草露沁沁。名山孕育名山秀，南岳丛生南岳人。”对联为：“淠河含珠，地灵人杰，书画名邦不忘开拓者；南岳蕴玉，石宝林泉，文坛秀美犹赖后来人。”

(霍山县小南岳文学社部分社员)

接到美清先生的书籍和诗联，文学社全体社员备受鼓舞，对美清先生关心、关爱的拳拳之情铭记于心。社员们把美清先生的厚望化作创作的动力，也陆续取得了一些成绩，受到各方关注。1986 年，《皖西群众文艺》《映山红》《皖西报》《安徽日报》均辟专栏或专版介绍文学社活动情况，并刊发作品。当杨美清启程去北戴河的头天收到社员寄去的样刊和样报时，没来得及回信，到达目的地后，当即写来了热情洋溢的贺信。在随后的岁月里，美清先生只要与家乡的朋友和文化部门同志书信往返，总会惦念文学社的情况。小南岳文学社的成员们没有辜负美清先生的殷殷期望，成立以来在省级以上报刊发表文学作品数百篇，获全国、省级各类文学奖 50 多个，出版小说、诗歌和散文集 20 多部，有 11 人加入了省作家协会，还被全国和省总工会评为职工读书自学活动先进小组。

1984 年 7 月，美清先生为了撰写著名抗日将领周保中的传记而去东北和北京，返滇时顺道回乡探亲。在文化部门负责同志的精心安排下，他从十分紧张的逗留日程中，牺牲了和家人、同学以及亲朋好友叙旧的机会，抽出宝贵时间和县城一些爱好文学的青年进行座谈。美清先生毫无大作家的架子，用他那十分地道的家乡话，谈笑风生，妙语连珠，从文学到人生，时而是深邃的哲理，时而是绝妙的抒情，给到场听讲的每一个人以深深的启迪。座谈会从中午一直进行到黄昏，大家才依依惜别。

美清先生得知故乡的文化部门在编纂《霍山县文化志》，非常高兴。他经常与主编书函来往，为编好文化志出主意、想办法、提建议，还寄来了一笔可观的捐款。1987 年 12 月，在收到主编寄来的已经完成的文化志《文化大事记》部分时，他十分高兴，立即给主编回信，并附上他 1964 年 7 月至 9 月第一次返乡时的诗作，共六十四首。美清先生在信中说："能编出这样一本《文化大事记》，实在难得。从旧诗本里抄了一点，现在寄来。这类老诗词共有一两千首，写故乡的也有一两百首，抄几十首，也只是给你们作存档之用，并无多大价值。"这是一本名叫《还乡诗抄》的诗集，分旅途篇、梓里篇、童年居篇、别夜篇和归来篇，不仅非常讲究韵律格调，更重要的是，诗里凝结着这位在外游子对故乡的山水、人事的热爱和思念。

（潘应撰稿）

参考文献

[1]朱世同：《我的父亲朱蕴山》（未公开刊行），三河市春园印刷有限公司，2013。

[2]朱蕴山：《朱蕴山纪事诗词选》，合肥，安徽人民出版社，1981。

[3]政协六安市金安区委员会编：《金安文史（第二辑）·朱蕴山传》，合肥，安徽人民出版社，2007。

[4]余学玉、江琼主编：《皖西现当代作家研究》，合肥，安徽大学出版社，2017。

[5]《皖西学院校史》编写组编：《皖西学院校史（1918—2018）》，合肥，安徽人民出版社，2018。

[6]安徽省金寨县地方志编纂委员会编：《金寨县志》，上海，上海人民出版社，1992。

[7]朱蕴山：《回忆五四运动前后在安徽的活动》，见中国国民党革命委员会、中央委员会宣传部编：《纪念朱蕴山文集》，北京，中国文史出版社，1987。

[8]吴腾凰、徐航：《蒋光慈评传》，北京，团结出版社，2000。

[9]马德俊：《蒋光慈传》，合肥，安徽人民出版社，2001。

[10]赵英秀：《瞿秋白与蒋光慈：一对殉于而立之年的亲密战友》，载《党史纵览》，2011(3)。

[11]方铭编：《蒋光慈研究资料》，北京，知识产权出版社，2010。

[12]周勇：《略论蒋光慈对中国现代革命文学的贡献》，载《求索》，2001(4)。

[13]徐航、吴腾凰：《明月为君侣：蒋光慈的情感历程》，重庆，重庆出版社，2008。

[14]王智慧：《激情叙述下的革命言说：蒋光慈小说创作简论》，载《现代文学研究丛刊》，2002(2)。

[15]李霁野：《李霁野文集》，天津，百花文艺出版社，2004。

[16]李霁野：《李霁野自传》，载《晋阳学刊》，1981(1)。

[17]李霁野：《我的生活历程(一)》，载《新文学史料》，1984(3)。

[18]李霁野：《我的生活历程(二)》，载《新文学史料》，1984(4)。

[19]李霁野：《我的生活历程(三)》，载《新文学史料》，1985(1)。

[20]李霁野：《我的生活历程(四)》，载《新文学史料》，1985(2)。

[21]李霁野：《我的生活历程(五)》，载《新文学史料》，1985(3)。

[22]李霁野：《我的生活历程(六)》，载《新文学史料》，1985(4)。

[23]李霁野：《鲁迅先生与未名社》，北京，人民文学出版社，1984。

[24]张尔安：《"将光明传到新人手里"——纪念李霁野先生诞辰100周年》，载《民主》，2004(6)。

[25]李正辉：《许寿裳先生与我的祖父李霁野》，载《鲁迅研究月刊》，2013(9)。

[26]上海鲁迅纪念馆编：《李霁野纪念集》，上海，上海文艺出版社，2004。

[27]李方仲：《梦到梅花即见君——父亲李霁野与台静农的友情》，载《台声》，2014(5)。

[28]吴仁录主编：《叶集文史资料》，北京，中国文联出版社，2006。

[29]杨建民：《时空不能阻隔的友情——台静农与李霁野的晚年交往》，载《文史天地》，2018(8)。

[30]解志熙：《"严肃的工作"——〈李霁野文集〉阅读札记》，载《鲁迅研究月刊》，2005(1)。

[31]陈漱渝：《未名社及其文学精神》，载《新文学史料》，2005(1)。

[32]陈漱渝：《鲁门弟子李霁野》，载《民主》，2014(3)。

[33]杨联芬、刘伟：《生命的微光 人间的智慧——谈李霁野的散文》，载《中国现代文学研究丛刊》，2005(2)。

[34]谷峰：《皖籍翻译家李霁野的翻译历史考察》，载《长沙大学学报》，2014(6)。

[35]江琼：《李霁野——鲁迅精神的承传者》，载《皖西学院学报》，2014(3)。

[36]张登林：《"孤寂的发掘者"——论未名社时期的李霁野》，载《保定学院学报》，2015(1)。

[37]韦顺、方锡九、安天国：《未名春秋·鲁迅和未名社的青年们》，北京，五洲传播出版社，2012。

[38]夏明钊：《台静农传略》，载《江淮文史》，2001(3)。

[39]董炳月：《台静农乡土小说论》，载《中国现代文学研究丛刊》，1994(2)。

[40]台静农、黄乔生：《淮南民歌集》，郑州，海燕出版社，2015。

[41]陈漱渝：《台静农曾是中共地下党员》，载《百年潮》，2000(1)。

[42]台传馨：《难忘的"松子"大哥》，载《未名文艺》，2007(3)。

[43]鲁迅：《忆韦素园君》，见《鲁迅全集(第六卷)》，北京，人民文学出版社，1981。

[44]鲁迅：《韦素园墓记》，见《鲁迅全集(第六卷)》，北京，人民文学出版社，1981。

[45]韦顺：《韦素园传略》，见《韦素园选集》，合肥，安徽文艺出版社，1985。

[46]韦顺：《韦素园的星火之恋》，载《江淮文史》，2009(5)。

[47]李霁野：《厄于短年的韦素园》，载《天津师院学报》，1977(6)。

[48]郭汾阳：《台寿铭与"未名社"》，载《鲁迅研究月刊》，1990(2)。

[49]韦德锐：《鲁迅和韦氏兄弟》，载《大江南北》，2016(11)。

[50]冯锡玮：《一株悄然早谢的丁香——韦素园简论》，载《中国文学研究》，1990(4)。

[51]汤逸中：《鲁迅和未名社》，见上海鲁迅纪念馆编：《浩气千秋民族魂——纪念鲁迅逝世六十周年论文集》，上海，百家出版社，1996。

[52]杜一白：《鲁迅与韦素园》，载《辽宁大学学报(哲学社会科学版)》，1977(3)。

[53]哈晓斯：《蒋光慈早期史实三题》，载《安徽大学学报(哲学社会科学版)》，1987(4)。

[54]俞乃蕴：《"未名四杰"故乡采风录》，载《江淮文史》，1995(3)。

[55]史挥戈：《未名社概述》，载《济南教育学院学报》，2000(2)。

[56]皇甫云霞：《并非无名的"未名"》，载《新闻出版交流》，2003(2)。

[57]胡从经：《并未枯萎的花卉——〈黄花集〉——读鲁迅编校书札记》，载《读书》，1981(10)。

[58]彭龄、章谊：《韦素园与果戈理的〈外套〉》，载《世界文化》，2011(10)。

[59]陈福宇：《韦素园在20世纪早期的文学译介》，载《重庆交通大学学报(社会科学版)》，2011(2)。

[60]黄艳芬：《独夜有知己——鲁迅与韦素园交往的深层思考》，载《合肥学院学报(社会科学版)》，2012(5)。

[61]余学玉：《论韦素园的文艺理论成就》，载《皖西学院学报》，2012(6)。

[62]江琼、李国宏：《韦素园的人格魅力与文学才华》，载《皖西学院学报》，2012(6)。

[63]韦顺：《苦涩的念忆》，载《新文学史料》，1998(3)。

[64]《韦丛芜选集》，合肥，安徽文艺出版社，1985。

[65]政协安徽省霍邱县委员会：《霍邱文史资料(第二辑)》，内部资料。

[66]《呈控霍邱县长韦立人祸霍》，原件现藏于安徽省档案馆。

[67]韦丛芜：《读〈鲁迅日记〉和〈鲁迅书简〉》，原件现藏于安徽省霍邱县公安局。

[68]沈从文：《我们怎样读新诗》，载《现代学生》，1930 年 10 月创刊号。

[69]李南蓉：《韦丛芜简论》，载《齐鲁学刊》，1984(1)。

[70]马德悟：《未名社作家韦丛芜的梦与悟》，载《人物》杂志，1998(9)。

[71]高璐：《韦丛芜和霍邱的乡村建设运动》，载《安徽史学》，1993(1)。

[72]高璐：《介绍韦丛芜的“全国合作化”实验》，载《安徽农业大学学报(社会科学版)》，1999(2)。

[73]谢昭新：《论韦丛芜的诗》，载《安徽师范大学学报(人文社会科学版)》，1985(2)。

[74]谢昭新：《现代皖籍作家艺术论》，合肥，安徽文艺出版社，1998。

[75]杨克：《韦丛芜及其长诗〈君山〉》，载《诗探索》，2002(Z1)。

[76]杨克：《马悦然推崇的长诗——韦丛芜的〈君山〉》，载《作家》，2001(11)。

[77]史挥戈：《韦丛芜“合作同盟”问题辨析——从新发现的两件韦丛芜的史料说起》，载《山东师范大学学报(人文社会科学版)》，2000(4)。

[78]张堂会：《论韦丛芜的长诗〈君山〉》，载《中国现代文学研究丛刊》，2007(4)。

[79]张堂会：《大志未酬含恨死，等身译著亦千秋！——简论被遮蔽的皖北现代作家韦丛芜》，载《阜阳师范学院学报(社会科学版)》，2009(5)。

[80]江琼：《韦丛芜“神驰宦海”之探究》，载《安徽科技学院学报》，2010(5)。

[81]张登林：《改良主义者的穷途与末路——也谈未名社作家韦丛芜及其“合作同盟”实验》，载《社科纵横》，2014(2)。

[82]陈亭编著：《高一涵传》，北京，群言出版社，2019。

[83]张宝明：《自由神话的终结——20 世纪启蒙阙失探解》，上海，上海三联出版社，2002。

[84]张春丽：《“五四”新文化运动中高一涵启蒙思想初探》，载《中共党史研究》，1999(3)。

[85]吴汉全：《高一涵研究的现状及今后的努力方向》，载《安徽史学》，2007(6)。

[86]六安市人民政府网，http://www.luan.gov.cn/，2019-06-21。

[87]高一涵：《民约与邦本》，载《青年杂志》，第 1 卷第 3 号。

[88]徐友春编：《民国人物大辞典》，石家庄，河北人民出版社，1991。

[89]高一涵：《杜威演讲录》，载《新青年》，第 7 卷第 1 号。

[90]高一涵：《卢梭的民权论与国权论》，载《东方杂志》，第 23 卷第 3 号。

[91]金观涛、刘青峰：《五四新青年群体为何放弃“自由主义”？——重大事件与观念变迁互动之研究》，载《二十一世纪》，2004 年 4 月号。

[92]高一涵：《我国宪法与欧洲新宪法之比较》，载《东方杂志》，第 19 卷宪法研究号。

[93]章清：《胡适派学人群与现代中国自由主义》，上海，上海古籍出版社，2004。

[94]暨爱民：《在学术与政治之间——高一涵“社会主义”的概念表述》，载《党史研究》，2013(5)。

[95]项松林：《高一涵国家学说的理论建构》，载《中国社会科学报》，2012-03-23。

[96]李新宇：《高一涵与五四新文化运动的国家理念》，载《湘潭大学学报(哲学社会科学版)》，2009(3)。

[97]郭玉珍、马育良：《高一涵监察思想研究——以高一涵〈宪法上监察权的问题〉为中心》，载《皖西学院学报》，2007(6)。

[98]陈良亭：《民主运动的先驱者——高一涵传略》，载《江淮文史》，2014(5)。

[99]毕海林、姜路平：《浅析高一涵与马克思主义的缘起缘失》，载《文教资料》，2008(26)。

[100]穆欣：《“龙潭三杰”中的胡底》，载《世纪》，2004(5)。

[101]穆欣：《胡底：隐蔽战线的英烈》，载《党史文汇》，2003(3)。

[102]秦言：《追记胡底》，载《国家安全通讯》，1999(3)。

[103]刘向上：《李克农、钱壮飞、胡底“虎穴三杰”的传奇人生》，载《档案天地》，2009(6)。

[104]杨新跃：《蒋介石身边的红色间谍——记钱壮飞、李克农、胡底》，载《党史纵横》，1994(6)。

[105]张应松：《明星光环下的谍报奇才——“龙潭三杰”之胡底》，载《党史纵横》，2017(10)。

[106]刘琦：《我所了解的“情报三杰”之一——胡底》，载《党史文苑》，2017(4)。

[107]刘琦：《我所了解的情报战线三杰之一胡底》，载《江淮文史》，1994(6)。

[108]姚永森：《中共秘密战线三杰之一胡底》，载《文史精华》，1998(11)。

[109]姚永森：《中共初期情报战线三杰之一——胡底的一生》，载《上海党史研究》，1995(1)。

[110]李安葆：《胡底：倒在张国焘屠刀下的红色戏剧家》，载《党史纵览》，

2000(2)。

[111]曹海峰：《传奇特工胡底之死》，载《江淮文史》，2015(2)。

[112]雷钦：《永远忘不了那座藏民小楼——忆长征途中遇害的胡底》，载《福建党史月刊》，2008(5)。

[113]于继增：《红色特工传奇之：浪漫而传奇的谍报英雄胡底》，载《党史博采(纪实)》，2012(7)。

[114]何立波：《红色戏剧运动的主将胡底》，载《检察风云》，2017(18)。

[115]余英华：《胡底喜剧艺术研究》，载《文艺理论与批评》，2016(3)。

[116]李一氓：《模糊的荧屏》，北京，人民出版社，1992。

[117]钱江：《战斗在国民党最高情报机关里——忆爸爸钱壮飞》，见《红旗飘飘(23集)》，北京，中国青年出版社，1981。

[118]王志怀主编：《大别山飞起的雄鹰——舒传贤传》，合肥，安徽大学出版社，2007。

[119]中共六安地委党史工作委员会编：《皖西革命史》，合肥，安徽人民出版社，1987。

[120]中共安庆市委党史工作委员会编：《中共安庆地方党史大事记(一九一九·五——一九四九·九)》，合肥，安徽大学出版社，1991。

[121]中央档案馆、安徽省档案馆等：《鄂豫皖苏区革命历史文件汇集》(甲种本1—5册)，内部资料，存霍山县党史办，1985。

[122]中央档案馆、安徽省档案馆：《安徽省革命历史文件汇集》，内部资料，1985。

[123]储鸣谷：《决定全面发动六霍起义的两次重要会议》，见《六霍起义》编辑委员会编：《六霍起义》，北京，中共党史资料出版社，1989。

[124]马德俊：《六安精神读本》，合肥，安徽人民出版社，2011。

[125]朱绍堂：《赤卫师长车厚桥》，合肥，合肥工业大学出版社，2016。

[126]张经济、唐荣泉：《"八月桂花遍地开"作者罗银卿》，载《世纪》，2005(2)。

[127]《〈八月桂花遍地开〉的词作者罗银青》，载《神州》，2004(9)。

[128]沈荣光、廖敏杰：《"八月桂花遍地开"产生的时间、地点及作者》，载《党史纵览》，1996(5)。

[129]李皓：《〈八月桂花遍地开〉及其词作者》，载《党史纵览》，2002(2)。

[130]李皓：《八月桂花谁催开——著名历史民歌词作者罗银青简介》，载《教育文汇》，2002(12)。

[131]王全兵：《金寨县征集到开国少将漆远渥写给恩师罗银青的书信》，http://www.zgdazxw.com.cn/news/2015-03/04/content_86125.htm，2019-06-21。

[132]王全兵、喻林源：《开国少将漆远渥写给恩师罗银青的书信现身金寨》，http://www.crt.com.cn/news2007/News/jryw/141223101016G9GHI6FF2JAG18869G17.html，2019-06-21。

[133]史红雨主编：《六安民间故事全书(金寨卷)》，合肥，黄山书社，2011。

[134]李云胜、黄圣风：《皖西小镇上的红色记忆》，载《江淮晨报》，2011-07-06。

[135]天国、锡九、韦顺：《"未名社"成员赵赤坪烈士》，载《炎黄春秋》，2001(10)。

[136]刘士洪：《百折不挠的革命者——赵赤坪事略》，载《江淮文史》，1996(4)。

[137]黄圣风：《李霁野的故土情》，载《中国社科报》，2010-08-12。

[138]汪浩：《六安叶集：清明节前祭英烈》，http://la.wenming.cn/wmbb/201404/t20140402_1092101.htm，2019-06-21。

[139]李正辉：《怀念我的祖父李霁野》，载《天津日报》，2014-04-02。

[140]张雨义：《革命对联》，载《郑州日报》，2011-07-04、2011-07-05。

[141]李业坤：《钢铁志士赵赤坪》，http://www.crt.com.cn/news2007/News/jryw/2018/11/181161728056BG5B288HI8HI2044HG.html，2019-06-21。

[142]韦顺编：《未名春秋——叶集"未名四杰"追忆》，北京，五洲传播出版社，2012。

[143]储福金：《艾煊印象》，载《光明日报》，2008-11-21。

[144]何镇邦等编：《当代文坛点将录(1)》，成都，四川文艺出版社，2013。

[145]艾煊：《烟水江南绿》，全6册，珠海，珠海出版社，1996。

[146]艾煊：《祖先的慧光》，北京，人民日报出版社，1998。

[147]谢明：《洱海螟蛉义子的故乡情——纪念杨美清先生逝世20周年》，载《安徽文学》，2010(10)。

[148]谢明：《美清先生》，载《安徽文学》，2012(1)。

后 记

“皖西”是一个地理名词，它除了指安徽省西部地区以外，还是对安徽省六安市的通俗称呼，狭义的“皖西”可以与六安市画等号。本书的“皖西”就是指六安市，包括六安市现辖的金寨县、霍山县、霍邱县、舒城县和裕安区、金安区、叶集区。

皖西可谓物华天宝，人杰地灵。这里既是一块山川秀美迷人、自然资源丰富的土地，也是一块历史文化悠久、人文特征鲜明的土地，还是一块战略位置显要、军事斗争激烈的土地，更是一块古今名人众多、各路英才辈出的土地。大别山区、淮河平原形成了皖西的自然形貌，皋陶文化、吴楚文化孕育了皖西的人文脉络，而辛亥革命以来皖西在中国近现代史上历次斗争中的先驱作用和核心力量，使皖西成为中国革命的重要策源地和人民军队的重要发源地。

众所周知，皖西是红军的摇篮、将军的故乡，这里有金寨县、原六安县两个全国著名的将军县，从这里走出了108位中华人民共和国的将军。关于皖西籍将军的军事生涯、斗争业绩和传奇故事，已经有不少将军个人传记和各种革命战争体裁的史学著作、文学书籍、影视作品、图文汇集、资料汇编等加以介绍和宣传，还有众多的革命遗址、革命博物馆、将军纪念馆、将军塑像、将军故居等向人民群众直观地展示将军们的光辉形象、生平事迹和感人故事，因此他们的革命故事广为人知，他们的丰功伟绩和革命精神感染和教育了一代又一代皖西人、安徽人乃至中国人。

实际上，在皖西，还有一大批战斗在文化战线上的革命先驱和仁人志士，用他们的知识和才华、智慧和胆略，用公开的或隐秘的方式，各自在政治、宣传、情报、民主、统战、文学、艺术、学术、法律、监察等各个领域、多条战线上，为对敌斗争的胜利和中国革命的成功立下了不朽的功勋，也为中国的文化发展、学术进步作出过杰出的贡献。细数皖西文坛，可谓名家众多、才人辈出；纵观皖西文苑，可谓繁花似锦、霞光灿烂。皖西红色文化人物有的本人是国内甚至国际知名人物，有的则与国内甚至国际知名人物相识相知、并肩战斗；有的在中共党史上留下了浓墨重彩、不可忽略的一笔，有的则在中国革命和建设史上留有他们短暂而珍贵的记忆。他们和在军事斗争中涌现出的皖西英雄人物一样，永远值得尊重和怀念，需要大力讴歌和宣传。虽然过去有一些皖西红色文化人物的个人传记和介绍性的文章、书籍传世，但是将皖西红色文化人物的故事单独汇编起来，以读本的形式供人们学习和了解，接受熏陶和教育，这样的书籍还一直缺乏。

皖西学院作为皖西地区唯一的省属本科院校，历来重视发挥人才培养、科学研究、社会服务、文化传承与创新、国际交流与合作等高校职能，在推动皖西地区社会经济发展、地方文化建设等方面作出了突出贡献。2018 年 3 月，六安市委宣传部与皖西学院携手，在皖西学院联合设立了皖西文化研究中心和六安市思想政治工作研究中心，开启了在具有大别山革命老区特色的地方文化、传统文化、红色文化、思想政治工作研究等方面的相关合作。2018 年 7 月，“两个中心”批准《皖西红色文化人物故事选讲》等 8 个项目为 2018 年研究课题，加以立项，并给予经费资助。

皖西学院文化与传媒学院承担了《皖西红色文化人物故事选讲》项目的研究任务，组成了由院长马启俊教授牵头，6 位中青年教师参加的项目组。该项目的最终研究成果是《皖西红色文化人物故事读本》，项目组成员马启俊、程东霞、潘应担任本书主编，江琼、陈红梅、崔玲、付为贵担任本书副主编，大家共同承担起 14 位皖西红色文化人物故事的撰写任务。接受任务后，项目组成员积极开展实地调查研究，先后赴霍山县、舒城县、金寨县、金安区、叶集区等县区做专题调查采访。大家在实地调查的基础上，又围绕选题开展文献搜集研究、网络搜索研判、专家走访面谈、会议座谈交流、通信咨询补正等工作，尽可能详尽地搜集、记录、整理、研读相关的材料。然后在此基础上认真撰写初稿，反复修改书稿，先后四易其稿，在规定的时间内完成了书稿的撰写、修改、统稿、定稿、校对等项工作。

项目组成员书稿撰写任务分工情况如下：

马启俊：《胡底》《赵赤坪》

程东霞：《罗银青》

潘　应：《沈子修》《杨美清》

江　琼：《蒋光慈》《台静农》

陈红梅：《李霁野》《韦素园》《韦丛芜》

崔　玲：《朱蕴山》《艾煊》

付为贵：《高一涵》《舒传贤》

本书具有一定的理论认识意义和实践应用价值，切合当前讲好中国故事，传播中国声音，保护中国文化，弘扬中国精神的时代主题。本书以所介绍的皖西红色文化人物的生平事迹为线索，重点介绍他们在文化战线上的生动故事和突出贡献。既有事迹讲述，又有理论评述，内容深入浅出，浅显可读，语言娓娓道来，平实中肯。本书既可以作为皖西红色文化人物和红色文化历史的知识普及性读物，为广大读者提供精神食粮；也可以作为皖西革命精神宣传教育的宣讲用书，为六安市各级政府部门、企事业单位的文化宣传工作提供成果支持；还可以作为六安市大中小学等各类学校的校本教材和乡土教材，把皖西红色文化资源和相关研究成果引入校园和课堂，强化革命传统教育，传承红色文化基因。总之，本书可以为六安市本地和外地从事皖西红色历史文化保护、研究、宣传、教育的工作者和爱好者提供资料帮助和成果借鉴，也可以为促进皖西地方文化的建设发展和红色文化资源的开发利用作出一定的贡献。

本书的撰写人员也是文化与传媒学院语言学省级教学团队、文学省级教学团队和皖西文学校级教学团队的负责人或成员，因此本书的出版也是这些团队建设的一项重要成果，对提高文化与传媒学院教师队伍的教学科研水平和增强各教学团队的整体实力有着积极的作用。

本书的撰写出版工作前后历时一年多，其间得到了从事皖西红色文化资源调查和红色文化人物研究的众多专家学者的大力支持，也借鉴和运用了他们的调查研究成果。我们还得到了皖西学院校党委和党委宣传部、六安市委宣传部、金寨县党史县志档案局、金寨县汤家汇镇、各县区革命烈士纪念场所等部门领导，社会各界人士和广大基层群众的热心帮助。他们积极提供相关历史资料和研究成果，协助我们联系调查采访地点和安排接受采访人员，为本书的撰写提供了多种便利。

在本书即将付梓之际，我们要向在本书撰写出版过程中给予大力支持和热情帮助的各位领导、专家、同人、朋友一并表示衷心的感谢。在这里要特别感谢中国作家协会副主席徐贵祥、六安市委宣传部调研员倪安东、中国作家协会会员黄圣凤等在资料提供和书稿撰写中给予的帮助和指导；还要感谢中国作家协会会员、六安市著名的大别山革命文学创作者和六安精神研究者、《蒋光慈传》的作者马德俊先生，在百忙之中抽出时间为本书作序；也非常感谢北京师范大学出版社对本书的出版所给予的厚爱、关照和支持，特别要感谢鲁晓双编辑和李春生编辑为本书的出版所付出的心血和辛劳。

本书参考和引用了相关党政部门工作人员、专家学者和民间人士搜集汇编的资料和整理研究的成果，还使用了部分从网络、书籍、报刊、博物馆、纪念馆等渠道获得的图片资料，因为体例限制，未能一一注明，我们在此向有关人员表示真诚的谢意和歉意。

因为篇幅所限，还有很多重要的皖西红色文化人物的故事未能收进本书；因为受制于调查范围不广、研究资料不足、撰写时间仓促、作者水平有限等不利因素，本书肯定还存在诸多疏漏错讹之处，敬请广大读者朋友批评指正。

马启俊执笔

2019 年 9 月 24 日